実践的コミュニケーション能力のための
英語のタスク活動と文法指導

Structure-Based Tasks
and Grammar Instruction
for Practical Communicative Competence

髙島 英幸 編著
Hideyuki Takashima

大修館書店

まえがき

　1999年の春，本書の企画案がまとまりつつあるとき，日本では「だんご3兄弟」ブームが巻き起こっていた。CDショップはもちろんのこと，スーパーマーケットでもおなじみの曲が流れ，いつの間にか「だんご，だんご，だんご，だんご，だんご3兄弟」のフレーズが頭の中でタンゴを踊っていた。一方では，ポケモン（Pokémon）が人気を博し，ジェット機の胴体に描かれたり，海外でもビデオが売れているという。夏には，スターウォーズのエピソード1が異常なまでの観客動員数をうち立てていた。このような時代の流れの中で，本書の核であるタスク活動やコミュニケーション活動の大部分が作成され，実施されてきたために，それらの流行から何らかの影響を受けていることは否定できない。しかし，「だんご」ブームは，「熱しやすく冷めやすい」日本人の消費動向を映し出しており，5月末にはブームが去ったと報じられている（『日経流通新聞』5月27日）。

　一般的に，ブームを利用した教室における活動は，学習者の乗りも反応もよいはずである。ただ，カンフル剤的な一時的な面白さや笑いを狙う活動は，一見賑やかではあるが，幻想のコミュニケーションに終始していて実のない授業になってしまうことが多い。教師は学習者の興味関心に敏感でなくてならないが，その一方で活動の枠組み（本書ではタスク活動の原則）をしっかりと踏まえ，活動の中味を教師の裁量で学習者に合わせて自由に修正すべきである。学習者が活動についてくると思ったら，時にはブームを取り入れるという柔軟な姿勢が求められる。

　本書の題目には，「実践的コミュニケーション能力のための」という修飾語が付いている。2002年（平成14年）から施行される学習指導要領の外国語（英語）科目のキーワードを意識したものである。この「実践的コミュニケーション能力」とは端的に言えば，4技能，とりわけ今回の改訂では聞く・話す技能による意思伝達，すなわち，メッセージのやりとりができるよ

うになることであり，コミュニケーション能力の育成が前面に強く押し出されていることが特徴である。私たちの願いは，この機会に，文法説明と教室における活動の内容を見直し，新たな活動を提案し，広く実践していただくことである。したがって本書では，第2言語習得理論研究の成果を理論的な基盤とし，新学習指導要領が目標の重点としている「聞くこと」と「話すこと」の実践的コミュニケーション能力の伸長を図る具体的な提案をしていくことにする。

　私はよく，学習者の教室で学ばれた言語知識を雲の成立に喩えることがある。日本の英語教育は，中学校入学時より原則として教科書の構造シラバスにしたがい授業が流れ，毎時間知識が積み上げられる手順が一般的である。この積み上げによって学習者の知識としての言語能力がつき，さまざまなコミュニケーション活動を通してコミュニケーション能力をつけるのが教師の役割であると認識されている。これまで多くの先生方の授業を観察させていただき，現場の先生方との議論の中で感じてきたことは，学習者の知識は実際には積み重なっておらず，小さな知識の固まりが散在しているという印象であった。学習した項目ごとの筆記テストをすれば一応できるが，学習者が自分の考えを表現しようとする場合，どの知識をどのように用いてよいかわからないのが実態のようである。

　教師は，断片として散在している学習者の知識を学習者自身の力でまとめ上げる援助を行い，同時に学習者の言語体験の不足を補う役割を担っている。このために，「文法説明を通して知識を整理させること」と「実際に言語を使用させる機会を与えること」の両方が必要となる。言語体験を通した学習者自身によるまとめ上げのための核となる活動が，本書で提案する「タスク活動」である。空中に浮遊している水蒸気が塵を核としてまとまり雲となるように，散在する知識を文法説明やタスク活動を通して，コミュニケーションのための体系を持った知識とすることが大切であると考える。

　しかし，現状では，入学試験に「話すこと」が要求されることはないために，「聞くこと」は一応重視するが，学年が上がるごとに，「読むこと」を最重点に授業が構成されることになる。「読むこと」が充分できれば，「話すこと」や「聞くこと」はいずれできるようになるであろうという考えは依然強く，どうしても必要であれば英会話スクールなどで話す力や聞く力を身につければよく，学校教育では「買い物」や「電話」の会話をする必要がないという考えになり，文法説明と読解中心の授業を正当化することになる。本書

では，決してこれらのことを軽視するものではない。ただ，4技能はそれぞれが技能として訓練されなければ力がつかない一面もあることを心に留めておきたい。つまり，話す力を伸ばすためには，話す練習をしなくてはならないし，聞くことができるためには聞く練習をしなくてはならない。話すことができるためには，発声器官を通して音声で効率よく表現しなくてはならないし，聞くことができるためには，瞬時に音の流れを分析して理解しなくてはならないのである。

　本書の執筆者には全員，学習者がコミュニケーション，とりわけ口頭によるコミュニケーションが可能となるためには，コミュニケーションのための活動と文法説明とを合わせて考えるべきであるという共通認識がある。すなわち，文法説明で学習者に伝えられた抽象的な知識を，どのような活動を通して具体的に使えるようにするかが課題なのである。しかし，「文法説明とコミュニケーションのための活動は独立したものではなく，それぞれ関連をもって考えるべきである」と言われても，具体的に何がどのように関連しているかがわからなくては，変え様がないことも事実である。文法説明の時間を少なくして，言語を使う活動の時間を多くすればよいと言われても，何をどうするかが示されない以上，時間を少なくするには，早口で説明をするか，説明を簡潔にすることしか考えられないのではないだろうか。残念ながら，これまでの活動や文法指導を繰り返さざるを得ないし，「実践的コミュニケーション能力」などつくはずがないという結論に達してしまいそうである。真剣に授業の在り方を考える程，日々の授業で何か満足がいかず，学習者共々物足りなさを感じている教師は多いようである。さりとて代わりになる活動も思い浮かばず，与えられたものに若干の工夫を凝らしたり，研究会での活動を参考にした授業を行ったりして模索を続けているというのが現実であろう。

　本書は，現状の文法説明と，まとめの段階として通常行われている，いわゆる「コミュニケーション活動」との関連性を見つけられず，学習者に充分な活動をさせることができていないのではないかという不足感を感じてこられた方々への提案である。私たちの提案は唯一決定的なものではないかもしれないが，教室で自由に満足のいく活動をするための，授業改善のヒントとしていただけるものと確信している。とりわけ第3章の具体的な提案は，これまで3年間，中・高等学校や大学での授業実験から得られた資料，また，各学校での学習者の反応をイメージしながら，現場の教師2人と大学院生と

毎週口角泡を飛ばさんばかりの議論を重ね，さらには月1度の全執筆者との共同研究から生まれてきたものである。

編者として一番大切にしてきたものは，現場の教師の指導経験に支えられてきた「勘」であった。この「勘」に見合わない活動はすべて修正し，同時に私の授業に対する「センス」にあわないものは執筆者との合意の元で修正していただいている。この意味で，本書は執筆者全員の統一理解がない箇所はないと申し上げることができる。また，英語が第二言語として教えられている English as a Second Language (ESL) の世界での膨大な研究成果がどこまで日本の英語教育に役立つかを常に考えるスタンスが，理論的なサポートとして常に背後にある。私の師であり友人でもある Rod Ellis (University of Auckland), Eric Kellerman (University of Nijmegen), Mike Sharwood Smith (University of Edinburgh), Roger Andersen (UCLA) との徹底した議論が根底に流れている。

本書は5章から構成されている。第1章では，新学習指導要領のいくつかのキーワードと本書との関わりについて，第2章では，タスク活動の必要性について，そしてなぜこれまでのコミュニケーション活動では不充分であるのかについて，第3章では，コミュニケーション活動とタスク活動の具体的な実践例とその解説，第4章では，タスク活動の授業における位置づけとその扱い方について，第5章では，本書で使われている基本的な用語の解説がなされている。各章の執筆者は以下の通りである。

　第1章　髙島
　第2章　髙島・前田・村上・田中・小野寺
　第3章　村上・山田・鈴木・小野寺・田中・前田・山本・髙島
　第4章　髙島・村上・山本・鈴木
　第5章　鈴木・髙島・村上・山田

本書が多くの英語学習者の「実践的コミュニケーション能力」の育成に幾分なりとも貢献できれば本望である。不充分な点は多々あるかもしれないが，今，この時期に出版し，多くの現場の先生方や研究者の方々から批判をいただき，本書の内容や活動をより一層洗練したものにし，これからの日本の英語教育を一緒に考えていくことができればと考えている。

最後に，本書の発案段階から出版まで終始お世話になった大修館書店編集第2部の須藤彰也さんに心よりお礼申し上げます。また，全ての英文に丁寧に目を通して下さり，活動で使用される英語が自然なものになるように訂正下さった兵庫教育大学の Albert John Chick 氏，連日遅くまで時間を惜しまず，最後までついてきてくださったひとりひとりの執筆者の方々とそれを可能にして下さった周りのご家族の方々にも心より感謝いたします。

2000年3月24日

髙島英幸

目　次

まえがき ……………………………………………………………………… iii

第1章　実践的コミュニケーション能力の育成 …………………… 3

1.1　新『中学校学習指導要領（外国語）』の求める英語教育 ……… 3
1.2　学習指導要領における「言語活動」の内容 ……………………… 5
1.3　実践的コミュニケーション能力の内容 …………………………… 9
1.4　コミュニケーション活動の内容 …………………………………… 10
1.5　「活動のバランスをとる」の意味 ………………………………… 11
1.6　教室における活動の目標 …………………………………………… 13

第2章　実践的コミュニケーション能力のための
　　　　 タスク活動 …………………………………………………… 17

2.1　「理論の実践化」と「実践の理論化」 …………………………… 18
2.2　学習者の第二言語運用への教師の関わり ………………………… 20
2.3　日本における英語授業の現状 ……………………………………… 22
2.4　コミュニケーション活動に関わる問題点 ………………………… 31
2.5　タスク活動の必要性の理論的根拠 ………………………………… 34
2.6　タスク活動の条件 …………………………………………………… 36
2.7　授業実験によるタスク活動の有効性 ……………………………… 38
2.8　タスク活動と4技能 ………………………………………………… 40

第3章　コミュニケーション志向の文法説明とタスク活動　43

3.1　be 動詞の *is* …………………………………………………………… 45

3.2	*There is/are* 構文	63
3.3	現在進行形	77
3.4	過去進行形	92
3.5	受動態	104
3.6	助動詞 *have to*	120
3.7	現在完了形	134
3.8	比較級	147
3.9	冠詞	162
3.10	未来表現 *be going to*	176
3.11	不定詞	189
3.12	関係代名詞 *which*	201
3.13	仮定法過去	212
3.14	比較の特殊構文	227

第4章　タスク活動の作成と評価　　245

4.1	タスク活動の作成	245
4.2	タスク活動の実際	254
4.3	フィードバックと評価	258
4.4	21世紀のコミュニケーション志向の英語教育に向けて	261

第5章　用語の解説　　263

参考文献　　273
索引　　281
執筆者一覧（2001年6月現在の所属）　　284

実践的コミュニケーション能力のための
英語のタスク活動と文法指導

第1章
実践的コミュニケーション能力の育成

　本章では，2002年（平成14年）度に施行される『中学校学習指導要領』の外国語（英語）と本書の求める「タスク活動と文法指導」との繋がりを検討する。とりわけ，第2章以降のタスク活動をめぐる議論とこの「タスク活動」に呼応する「文法説明」が，実践的コミュニケーション能力（practical communicative competence）とどのような結びつきがあるのかを概観する[1]。

1.1　新『中学校学習指導要領（外国語）』の求める英語教育

　1998年（平成10年）12月14日に告示された小・中学校の新学習指導要領は，同年の7月，当時の町村信孝文相への教育課程審議会（教課審）の答申を受けたものである。今回の学習指導要領は，より大綱化・弾力化され，学校の裁量幅が広げられ，各学校が特色ある教育と学校づくりを進めることができるようにとの提言に沿った10年ぶりの改訂となっている。
　この学習指導要領全体や各教科の詳細な解説や議論については，多くの出版物や書物を参照していただきたいし，中学校の外国語（英語）のみに絞っても，学習指導要領の『解説』の他，『解説』の解説書的な書物も複数出版されている[2]。このため，以下の項では，本書に直接的に関係があり，新学習指導要領外国語（英語）のキーワードである「実践的コミュニケーション

---

[1] 本書では，「文法説明」と「文法指導」という用語を区別して扱っている。「文法指導」は「文法説明」のみならず，教室における他の「ドリル」や「コミュニケーション活動（CA）」など当該文法項目の定着を図るために行う活動全てを含むものと定義する。英語では，grammar [grammatical] explanation と grammar instruction と区別している。図1-1 (p.8) で，実線で囲まれた「コミュニケーションにつながる文法指導」は，ドリルやCAなどを含んでいる。

能力」の内容をまず明らかにする。次に，この能力を主に中学校段階の学習者に身につけさせるには，今後どのような指導や活動がなされていかねばならないのかを述べていくことにする。

これからの英語教育のあり方を論ずることは大変なことであり，一朝一夕にその方向性を明らかにすることは困難である。しかし，本書との関わりにおいて結論を先に述べるならば，この能力の育成には，日々の授業に，第3章で提示されている具体的な活動や文法説明が組み込まれることが必須である。また，英語教師の持つべき知識としては，第3章の理論的バックボーンの役割を果たしている第2章・第4章でまとめられている内容の理解が大切であると考えている。教師の側での充分な理解なくしては，学習者にその意が伝わることはないからである。

今回の学習指導要領の改訂の基本方針は，教師が「指導計画を立てたり，実際の指導にあたる際に，参考となるものにする」ことであり，「単なる理想論だけでなく，大学入試の現実や，英文和訳や和文英訳が主流になりがちな授業の現実などを踏まえ，それらの現実からどうしたら一歩前へ進むことができるか，という視点」からなされている（新里，1999a）。学校の主体性や教師の自主性をこれまでになく重要視していることがひとつの特徴ということになる。これは，第一に，学習指導要領が大綱化され弾力的な扱いが可能になったこと。第二に，中学校では外国語が必修教科となったことによる変革であり，教師の意識改革がますます求められることになる。この「教師の意識改革」に関して，中学校で英語が原則として必修化されたことに関連して先へ進む前に一言述べることにする。

中学校での英語は，これまで選択科目でありながら，ほとんどの学校で外国語は英語が選択され，事実上の必修科目に近かった。このため，原則必修化は現状の追認として単純に考えてしまう向きもあるかもしれないが，それでは教師の意識改革には繋がらない。今回の改訂において選択科目が必修科目に変わるためには，完全週5日制に伴い総授業数を1050時間より70時間減らし980時間とし，他の必修教科の内容や時間数を減らして外国語（英

---

[2] たとえば，『中等教育資料［臨時増刊］』（平成11年2月号　文部省），「新学習指導要領を読む」『教員養成セミナー3月号別冊』（1999年　時事通信社），『改訂中学校学習指導要領の展開　外国語（英語）科編』（1999年　明治図書）や『中学校新教育課程の解説（外国語）』（1999年　第一法規）などがある。また，これまで『指導書』と呼ばれてきたものが，今回の改訂より『解説』と名称の変更がなされている。その名の示す通り，学習指導要領の解説のための書物であることを考えれば自然なことである。

語）を必修科目としたのである[3]。必修科目となったため，多くの面で予算請求が今まで以上に強くできることもあるかもしれない[4]。しかし，より大切なことは，外国語（英語）教師は，必修科目の専門家としての意識を高め，これまで以上に積極的に自己研鑽に取り組まなくてはならないことである。同時に，学習者の言語能力の伸長に，より一層努めなくてはならないという使命感を持ち授業に臨むことが求められる。しかし，使命感を持ち，意識は高揚できても，『学習指導要領』や『解説』には，具体的な授業のあり方についての言及や例示は何らなされていないため，何をどのように変えるのか分からないままになってしまう。具体的な方法については，全て学校や教師自身に任されているためである。したがって，何も解決策が与えられない場合の最善策は，これまで行ってきたことを踏襲することになる。

では，教師がどのような授業をすることによって，学習者に「実践的コミュニケーション能力」がつくのであろうか。その答えが，本書で提案する活動や文法説明にあると考えている。これをひとつの参考資料として授業に取り組み，意識改革の一歩を踏み出すヒントにしていただけると期待している。章を進めるごとに，本書が意図している活動とはどのようなものかを徐々に明らかにしていくことにする。

1.2　学習指導要領における「言語活動」の内容

「実践的コミュニケーション能力」と「言語活動」という用語の内容に触れる前に，ほぼ10年ごとに行われている学習指導要領改訂の歴史を振り返り，不用な混同を引き起こしている「学習活動」と「言語活動」について最初に触れておきたい。

「学習活動」という用語は，1958年（昭和33年）の学習指導要領の改訂に現れ[5]，後者の「言語活動」は次の改訂の1969年（昭和44年）が初出となっている[6]。その後，「言語活動」だけは，今回改訂された新学習指導要

---

[3]　「授業時間数等教育課程の基本的枠組みについて」では，「選択教科等に充てる授業時間数」としての時間が保留されており，これを外国語（英語）に充てるならば，各学年105時間の時間数にさらに上乗せされるため，計算上，週3時間は保証されることになる。

[4]　たとえば，大学入試センター試験に「リスニング」を加えるという動きや，「筑波研修」と呼ばれている指導者講座の全国ブロック数を6から10に，対象とする教師の数も600名から2000名に増やそうとする計画がひとつの現れと考えられる。（新里眞男　「21世紀の英語教育を考える――コミュニケーション重視の英語教育実現のために――」　Language Expo '99 での講演より）

領まで続けて用いられている。1969年の改訂に伴う『中学校指導書外国語編』(1970年（昭和45年）)では、「言語活動についての考え方」において次のように述べられている。

　…言語活動とは、言語を聞いたり、話したり、読んだり、書いたりするなど、言語を総合的に理解したり表現したりする活動をさすものである。したがって、英語の学習指導の過程において、音声の練習をさせたり、文型の練習をさせたりすることもあろうが、このような言語の一面についての練習は、言語活動の中には含めてはいない。これに対して、言語活動は、音声や文型なども含めて、総合的に行なわせるものであり、言語の実際の使用につながるものである。(p. 22)

1969年の改訂では、「学習活動」を「言語活動」に改めた訳であるが、宍戸(1968)は次のように理由を述べているという（和田　1995）。

　　その理由は、学習活動は、現行の学習指導要領（中学校・昭和33年文部省告示）にもあるように、文の一部を置き換えて言わせるとか、範読にならって音読させるとか、文を転換して書かせることなど、ややもすれば部分的な練習のための活動である。
　　　　　　　　　　　（中略）
　　したがって、これらのものを集約し、もっと部分的ではなくして全体的なことばというものをまとまりとして運用する、という意味の言語活動というものを打ち出したのである　(p. 16)。

---

[5] 1958年（昭和33年）改訂の学習指導要領では、第1学年の「学習活動」の下位項目として「ア　聞くこと、話すこと」「イ　読むこと」「ウ　書くこと」に分けられている。「聞くこと、話すこと」の項目としては、たとえば、「英語を聞かせ、これにならって言わせる」や「文の一部を置き換えて言わせる」などがあり、「読むこと」では、「範読にならって音読させる」や「ひとりで音読させたり、集団で音読させたりする」などが、「書くこと」では、「英語を見て書き写させる」や「文の一部を書き換えて書かせる」などが挙がっている。

[6] 1969年（昭和44年）改訂の学習指導要領では、第1学年で行う言語活動の下位項目として「ア　聞くこと、話すこと」「イ　読むこと」「ウ　書くこと」に分けられている。「聞くこと、話すこと」の項目としては、たとえば、「身近なことについて、話し、聞くこと」や「ある動作をするように言い、それを聞いてその動作をすること」などがあり、「読むこと」では、「語、句及び文を読むこと」や「まとまりのある数個の文を読むこと」などが、「書くこと」では、「語、句、および文を見て書き写すこと」や「身近なことについて、文を書くこと」などが挙がっており、現行や新学習指導要領の原型を呈している。

この考えにしたがえば，「学習活動」は「言語活動」の基礎であり，個人やクラス全員による音読や置き換え練習，パターン・プラクティスなどが中心の活動となる。これに対して，「言語活動」は，言語を総合的に理解したり表現したりすることが中心となる活動として区別される。両者はその活動によって相対立する場合も，また，連続性を持ち相補い合う場合もある。しかしながら両者は，現在もなお区別化され，対立する概念のように捉えられる傾向にある。

　このような定義や区別化をすることが，今日の英語教育の日々の実践に役立つのかは疑問である。教室における活動を二分化することが，授業の効率化や学習の促進になったり，あるいは，教室における活動をより客観的に分析ができ授業改善に繋がるのであればよいかも知れない。しかし，「学習活動」の不足を補うものとして「言語活動」という概念を出してこなければならなかった経緯や，今後，よりコミュニケーション志向の授業を目論まなくてはならない現実を考慮すれば，「言語活動」という用語で充分であろう。事実，1998年（平成10年）に告示された学習指導要領では，この種の区別はなされておらず，教室における活動は全て言語活動であると考えている。つまり，教室におけるいかなる活動も，原則として外国語（英語）を習得・学習するためのものでなくてはならず，言語（英語）と何らかの関連があるはずであり，また，関連性を持たせなくてはならない。教師の一方的な文法説明であれば言語活動と言い切ることはできないが，第3章で具体的に導入と指導例が記載されているように，通常の文法説明は，学習者と教師との相互作用（interaction）を通してなされている。このため，教室における全ての活動は（目標）言語を使った活動，すなわち，言語活動という考え方に合致することになり，学習活動という用語は存在価値を失うことになる[7]。

　第2章以降で詳細に解説される「ドリル」「エクササイズ」や他の様々な活動を言語活動という枠組みの中で概観すると，図1-1のようにまとめられる。実線で囲まれた全ての活動が言語活動となり，その中に含まれる実線の円の部分が実際に行う活動となる。次章以降で詳細に述べられる「タスク活

---

[7] 『解説』には，「言語材料についての知識・理解を深める言語活動から，考えや気持ちを伝え合う言語活動（p. 11）」という記述があり，教室における全てが言語活動と考えられていることがわかる。また，「実際に言語を使用してコミュニケーションを図る活動と言語材料についての理解や練習を行う活動とのバランスに配慮しつつ指導する（p. 24）」（波線は筆者）をいう文言があるが，両者は二項対立的に捉えるべきものではなく，「言語材料についての理解や練習」は「コミュニケーションを図る活動」が円滑になされるために存在するものと捉えるべきである。

図 1-1　言語活動が含意する代表的な活動

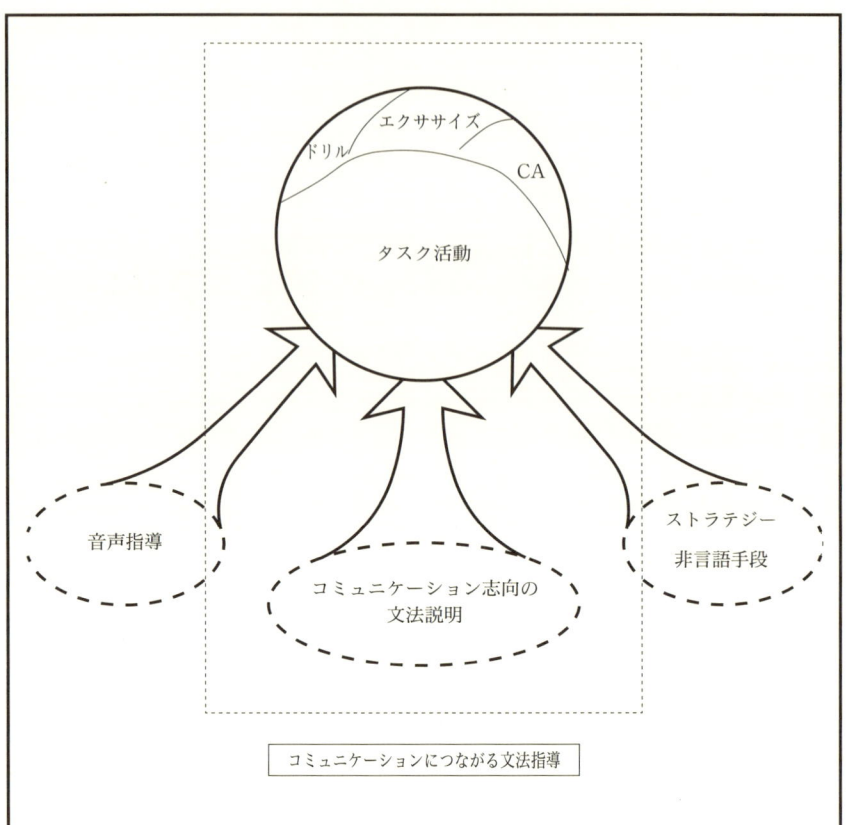

動」は,「ドリル」「エクササイズ」「コミュニケーション活動（CA）」などの活動を基礎としている。種々の活動の周りにある「コミュニケーション志向の文法説明」「音声指導」, 理解ができなかった時などに繰り返しや説明を求めるなどの「ストラテジー」, ジェスチャーなどの「非言語手段」は, 当該活動, とりわけ「タスク活動」をより効果的・効率的にすることが図 1-1 で示されている[8]。

1.3 実践的コミュニケーション能力の内容

「実践的コミュニケーション能力」については，次のような定義がなされている。

> 「実践的コミュニケーション能力」とは，単に外国語の文法規則や語彙などについての知識をもっているというだけではなく，実際のコミュニケーションを目的として外国語を運用することができる能力のことである。
> (『解説』: p. 7)

> 「実践的コミュニケーション能力」の「実践的」は「実践する」という動詞をイメージして考えられたものであろう。そこには，「実際に使用する」「現実に行動する」という意味があるのである。言い換えれば，「英語をコミュニケーションの手段として現実の場面で実際に使う能力」というのが，この言葉の原初的定義であることになる。
> (新里　1999 b: p. 68)

1989年（平成元年）に改訂された学習指導要領でも，コミュニケーション能力の育成を重視している点では基本的に新・旧とも同じ方向性を持っていると考えられる。しかし，「実践的」という修飾語は，教室外，すわなち，より現実的な場面での言語使用を強く意識している点で異なり，必然的に場面や言語の働きを前面に押し出したコミュニケーション能力という意味合いになることがわかる。すなわち，「実践的コミュニケーション能力」は，元年の学習指導要領で述べられている「外国語を理解し，外国語で表現する基礎的な能力」，「外国語で積極的にコミュニケーションを図ろうとする態度」の育成や「国際理解の基礎を培う」という目標を全て網羅している。その上で，より現実的な言語使用を意識したものとなっていることが今回の改訂の特徴のひとつであると考えられる。

そこで，このような現実場面を意識した活動は，これまで教室で行ってき

---

[8] 図1-1においては，「ストラテジー・非言語手段」が言語活動の中に含まれている。これらのみを独立して取り上げれば言語活動とは言い難いが，教室における活動の中で，コミュニケーションを効果的に促進したり，コミュニケーション障害を回避するための補助的役割として指導されるならば，言語活動の一部と考えることが可能である。

たもので充分であるのかを今一度考え直す必要がある。その上で，何が必要で，どのようなことがなされねばならないかを具体的に考えていくことが大切である。本書のねらいのひとつは，これまで教室の授業活動の中で最終段階にあると考えられてきた「コミュニケーション活動（CA）」を越えた活動を提案することである。同時に，これに呼応する内容の文法説明の必要性を主張する。言い換えるならば，これまで行ってきたCAや文法説明のままで，求められている「実践的コミュニケーション能力」がつくのであろうかという疑問への答えを出すことである。

1.4　コミュニケーション活動の内容

　新学習指導要領が，教室における全ての活動を言語活動と見なす立場をとっていることは明らかになった。では，「コミュニケーション活動（CA）」はどのように捉えればよいのであろうか。本書では，CAを「与えられた場面で学習した特定の文法構造を情報交換などを通して使用する活動」と定義する[9]。やや具体的には，未知，あるいは既知の情報を求めたり交換したりする活動に，ある文法構造を少なくとも教師は意識的に学習者に練習させる目的でなされるものをCAと考えることにする[10]。

　たとえば，学習したばかりの「現在完了形（"Have you ever ～ ?"）を用いて友達に日本のどこに行ったことがあるかを尋ねてみましょう。そして，同じ都市に行ったことがある人を3人早く見つけて席に戻りなさい。」という指示を用いて自由に情報を求める活動や，ある場面の途中まで会話を与えておき，ペアになった二人で締めくくりを自由に考えさせる活動などを指している。学習者に，コミュニケーションの醍醐味を味わわせるための活動と

---

　[9]　『中学校学習指導要領』の『解説』では，「実際にコミュニケーションを図る活動」という表現が用いられ，「コミュニケーション活動」という用語は用いられていない。これに対して，『高等学校学習指導要領　第8節　外国語』の本文には，「コミュニケーション活動」という用語が用いられ，これは実践的コミュニケーション能力を育成するために不可欠な活動と見なされている。この条件として，(1)　メッセージのやりとりをする　(2)　生徒が情報の考えの受け手や送り手になる　(3)　具体的な言語の使用場面を設定するの3つが挙げられている（新里　1999a）。本項では，主として中学校の学習指導要領を対象としているので，中学校と高等学校の学習指導要領の用語の差異や使われ方のニュアンスの違いなどについては触れないことにする。

　[10]　活動を与え，活動の目標を設定するのは教師である。学習者がコミュニケーション活動の際に特定の文法構造を意識して使うか否かはわからないため，「少なくとも教師は」との限定が付けてある。

考えてもよいかもしれない。特に，ペアやグループで会話をする場合には，聞き手と話し手の間に情報の差（information gap）が設けられたり，既知の情報を利用して未知の情報を得るために，できる限り伝達の意味内容に焦点が置かれるように，用いるべき構造が提示されていたり，モデルダイアローグが提示されていたりすることが多い[11]。自由会話といっても，情報交換であり，未知，あるいは既知の情報を求めたり，与えたり，交換することによって，得られた結果を記述し，報告するという形式である。

　ここでは，CA の問題点のみを指摘することに止めるが，教師が教室でCA と称する活動を行わせる場合，その目的が今ひとつはっきりしていないことが活動の内容以外に問題となる。多くの教師からは「CA はコミュニケーション能力」をつけるための活動であるという答えが返ってくるかもしれない。では，たとえば，前述の「現在完了」の例で，現在完了形を用いてお互いに情報交換したり，未知の情報を得ることの目的は何であろうか。また，場面を与えて，自由に会話をさせ結論を自由に考えさせる活動では，言えたことが学習者のコミュニケーション能力の育成にどの程度貢献していると判断して活動をさせているのであろうか。単に，英語でコミュニケーションすることを通して，お互いに何らかの情報を得ることができると実感させるための時間と考えられているのかもしれない。いずれにせよ，これらの活動が全く意味がないと言うのではないが，それらはいずれ言語習得・学習を促進するはずであると教師が「信じて」行っているにすぎないのではないであろうか。果たして，これらの活動で学習者にコミュニケーション能力をつけることができているのであろうか。学習者は自分の伝えたいことが英語で言えるようになったと，活動を通して感じているのであろうか。これらのことを今一度考え，第2章以降でその解答を求めていきたい。

1.5 「活動のバランスをとる」の意味

　突然コマーシャルを引用して恐縮であるが，あるマーケットのアイスクリーム・コーナーで次の様な掲示が目についた。
　この掲示を読んだ買い物客は，アイスクリームには蛋白質や脂肪などの栄養素が均等に入っていると考えるだろうか。答えは「否」であり，このコマーシャルが意味することは，身体に必要な栄養素がそれぞれ適量含まれてい

---

[11] 第3章の CA はこの種のものを提示してある。

> アイスクリームの栄養って何 …？
> 牛乳を原料としているため，蛋白質，脂肪，糖質，カルシウムをはじめ，身体に必要な栄養素がバランスよく含まれる食品です。

るということである。「バランスをとる」という時，確かに天秤のように左右とも同じ量であるという意味もあるが，「必要な量を適切に」という意味でも用いられるのである[12]。

今回の学習指導要領の『解説』では，「バランス」が後者の意味で用いられている。具体的には，2カ所「バランス」という語が『解説』書の中で見受けられる。ひとつは，「話すことの言語活動」の中で，「理論的な説明よりも実際に発音しながら練習を繰り返したり，発音練習とコミュニケーションを図る活動とのバランスをとったりすることなどに配慮する必要がある。(p. 16)」である。今ひとつは，「3年間を通した全体的な配慮事項」で，「実際に言語を使用してコミュニケーションを図る活動と言語材料についての理解や練習を行う活動とのバランスに配慮しつつ指導する (p. 24)」ように求めているところである。これは，実際のコミュニケーションを図る活動を行うにあたり，基本的な言語材料についての理解や練習は不可欠であることを意味している。つまり，発音の基本，語や言語の構造についての指導がなおざりにされることがあってはならないということである。また，言語材料についての理解や練習を行う活動にのみ終始し，コミュニケーションを図る活動が不充分にならないように配慮する必要があることを述べたものである（同書，p. 24）。

因みに，4領域（聞くこと，話すこと，読むこと及び書くこと）について平成元年改訂の学習指導要領を見ると，それぞれにバランスをとるように求めていることに気がつく。しかし，あくまでもこれは等分に25％ずつという意味ではなく，いずれかの領域に偏ることがないようにという程度の意味であろう[13]。しかし，今回の改訂ではこのバランスを「聞くこと」と「話すこと」の領域に，より比重を置くことが認められ，また，求められているのである。ただ，他の2領域と「聞くこと」「話すこと」の領域とは，「有機的

---

[12] *The American Heritage Dictionary of the English Language* (New College Edition, Houghton Mifflin) には，*balance* の意味のひとつに，"To bring into or keep in equal or satisfying proportion or harmony." が挙げられている。

な関連を図った上で，結果として聞くこと，話すことに重点」を置くというのが本来の考え方なのである（新里　1999c：10）。

　新学習指導要領の求める「コミュニケーションを図る活動」においては，「具体的な場面や状況に合った適切な表現を自ら考えて言語活動ができるようにすること（p. 24）」が望まれている。ここでは，「生徒全員が同じ表現を使うような指導」を越え，「表現しようとすることを個々の生徒が自ら考え，ふさわしい表現を選択できるように配慮すること（p. 24）」が強く求められている。『解説』では，「適切な表現を自ら考え」るためには，「その場面や状況に合った表現方法をいくつか示して練習をさせておくこと」をはっきりと提案している。しかしながら，「ふさわしい表現を選択できるように」なるためには，どのような知識が必要で，それをいかなる方法で指導するのか，また，そのためにはどのような活動が必要なのかについての具体的な言及はなされていない。本書の提案するタスク活動とそれに伴うコミュニケーション志向の文法説明がその答えのひとつとなり得ないであろうか。

1.6　教室における活動の目標

　新学習指導要領によれば，「選択教科等に充てる授業時間数」を適用することにより，必修科目としての英語の時間数を平均週3時間より増やすことは可能となった[14]。常に，エビングハウスの忘却曲線[15]に沿って，記憶と忘却の鼬（いたち）ごっこをしている「ことばの学習」という現状から考えると歓迎される面が多い。しかし，その増加分が担当教師の負担増として反映されるならば，授業以外の職務，生活指導，学級・クラブ活動の指導などで忙殺されている現状をさらに過酷なものとすることになる。この是非に関し

---

[13]　『中学校指導書外国語編』「第3章　指導計画の作成と内容の取扱い」1の(1)で，「聞くこと，話すこと，読むこと及び書くことの言語活動の指導においては，学習段階に応じていずれかの活動に重点を置いても差し支えないが，3学年を通してはいずれかの活動に偏ることがないようにすること。(p. 84)」とあり，4領域のバランスを配慮するようにとの考えが示されている。

[14]　『中学校学習指導要領』「第3章　指導計画の作成と内容の取扱い」2の「選択教科について」を参照。

[15]　エビングハウスの忘却曲線とは，あることを学習した場合，20分後にテストを行うと記憶保持率は58％つまり42％のことを忘れる。さらに1時間後にテストすると44％，9時間後だと36％の記憶保持率となることを示したグラフである。したがって，最初の学習から20分以内に再度学習し直すと最も忘れにくいということであり，逆に20分以上経つと学習したことは半分以上は忘れてしまうということを意味している。

ての議論は別の機会に譲ることとして，現実，教師の定員増やクラスの人数減が実現されない限りは，これ以上負担を受け入れる余裕のないことは多くの教師達からの正直な意見である。

　現状の時間数を維持したとして，時間増があった場合にはどのように学習者に還元されるのであろうか。1時間の授業をもう少し余裕をもって教えることになるのであろうか。コミュニケーション活動にもう少し時間を費やすことになるのであろうか。あるいは，先取りして学年末を待たずに次学年の内容を取り込むのであろうか。いずれにせよ，各学校に応じて，また，教師の考え方で色々な可能性が出てくることが考えられる。

　ここでは，これまでなされてきた文法指導の内容に若干の修正，または補足をした上で，積極的に口頭によるコミュニケーションがなされて定着を図るための活動を以下に提案したい。これは，学習者が「具体的な場面や状況に合った適切な表現を自ら考え[16]」，「表現しようとすることを個々の生徒が自ら考え，ふさわしい表現を選択できる[17]」活動である。この活動の導入により，教室におけるコミュニケーションを教室外でも使用可能とする手段となると確信する。

　この活動は，主に口頭で行う総合復習学習である[18]。口頭でできることは，綴りの間違いを除けば，ほぼ書き取りでも，また，読みでもその力は応用できるからである。しかし，一方では口頭練習のみをしていると英語力が低下するという危惧を持たれるかも知れない。それは，活動の内容と方法に問題があるのであり，これまでの文法説明を，コミュニケーションが可能となるための内容に修正し，それを単なる練習のために用いることに留めず，言語習得・学習の理論的基盤を持ったコミュニケーションの観点に見合った活動を行うのであれば，何も問題はないはずである（髙島，1995（1999））。

　「実践的コミュニケーション能力」を育成するためには，教室における目標はこのような活動（第2章・第3章で扱われる「タスク活動」）を行うことに置かねばならないが，各学校や学習者の状態によっては，オプションとして取り扱うことも可能である。しかし，オプションとしたとしても，これまでなされてきたコミュニケーション活動は必須であることには変わりはな

---

　[16]　『中学校学習指導要領外国語編』「言語活動の取扱い」(イ)
　[17]　『解説』p. 24
　[18]　第2章以降で詳細が述べられるが，タスク活動とは「与えられた場面で特定の学習した複数の構造を比較使用しながら情報交換を通して問題解決をする活動」と本書では定義している。

いし，タスク活動を行わなくても現状維持であるという安心感を与えるものでもない。もし，ここで，タスク活動を行った授業方法とこれまでの CA を用いた方法という2つの方法の学習効果を比較し，学習者の習熟度が少なくとも同じレベルであれば，タスク活動を行うことに何ら問題はないはずであり，むしろ，現実場面に近い口頭での活動が多い方がよいというのは自然な結論であろう。事実，このことが日本の中・高・大学生を対象としてなされた複数の授業実験で明らかにされているのである（第2章参照）。

今後，EFL という教室環境で実践的コミュニケーション能力を育成するためになされねばならないことは，少なくとも3つあると思われる。

① 文法説明の現実場面に則した具体化，すなわち，文法説明の内容に話し手の視点や意識を組み込む必要性
② 発音・イントネーションなど基礎的な音声面のさらなる充実
③ 構造シラバスを基本とする，よりコミュニカティブな「タスク活動」の考案

第2章以降では，上記の①と③に対するひとつの提案を試みることにする。

第2章
実践的コミュニケーション能力のためのタスク活動

　次の2つの例は，英語を専門としていない大学2年生のペアにタスク活動をしてもらった際の会話を録音し，記述したものである（Yamada 1999）。
　　Hirata:　You are, uh, have you, uh, are you having, no, do you eat eeh, lunch?
　　Suzuki:　No, uh, OK. Let's go.
　この場合，Hirataは既習事項を総動員して，「昼食がまだであれば一緒に食べに行こう」と相手を勧誘している。目標文の"Did you eat lunch yet?"や"Have you eaten lunch yet?"には届かないものの，コミュニケーションは成立している。別のペアの会話も聞いてみよう。
　　Sasaki:　Let's go Kobe with me.
　　Nakata:　Yes, let's.
　　Sasaki:　あれ，let'sって let us やから with me はいらんな。
　会話の途中で，Sasakiは自分の発言を振り返り，自ら文法的なコメントをしている。
　いずれの例からも，発話と同時，あるいは，発話直後に自分の言語知識に何らかの揺さぶりをかけていることが観察される。これらは一例であるが，言語習得・学習は多面的な様相を呈していることがわかる。このため，すべての現象（例えば，個人差による到達度や学習速度の違い）を明示的に解説する包括的な理論は存在しない（Larsen-Freeman 1995）。実際に言語を用いてコミュニケーションが可能となる能力の育成を目指す言語教育は，1970年代から，それまでの文法・訳読式やALM（audio-lingual method）などの教授法の不充分さへの批判から生じ，とりわけ，英語を第二言語として教育が行われているアメリカなどにおける環境（ESL）の教室ではすでに主流となっている。1980年代後半からは，このコミュニケーション能力の育

成を目標としながらも文法指導を行う必要性が唱えられ，focus on form などといった術語で，流暢性と正確性の向上を狙う具体的な指導方法が模索され始めてきている（例えば，Doughty and Williams 1998）。

一方，EFL の環境下にある日本においては，国際化の一途をたどる時代の要請として，学習者の「実践的コミュニケーション能力」を育成することが，学習指導要領に前面に強く押し出されている（第1章参照）。外国語（以下，英語）を用いて，実際に聞いたり話したりし，情報やお互いの考えを交換し合うことが出来る力を育成するという，ある意味では言語教育としては極めて自然な方向性が明確に打ち出された今日，これまで行われてきた「文法指導」と「コミュニケーション能力の育成」との兼ね合いはどのようになっていくのかという懸念の声も聞かれる。両者は別次元のものであるという「文法・コミュニケーション異質論」的発想は英語教育界だけにとどまらず巷にも溢れていることは，多くの市販されている「英文法書」によっても明らかである。しかし，文法力とコミュニケーション能力はそれほど拮抗するものなのだろうか。次項ではこのことを検討する[19]。

2.1 「理論の実践化」と「実践の理論化」

Canale and Swain（1980）や Savignon（1983; 1997）などによるコミュニケーション能力（communicative competence）の定義を持ち出すまでもなく，コミュニケーションが可能となるために必要不可欠な要素のひとつは文法力（知識）である。日本の中・高等学校の多くの英語学習者にとって，教室外で英語を授受する機会は，特別の努力をしない限り多くはない。このため，教室における文法説明やそれに伴う活動が，当該言語（ここでは，英語）の習得・学習の決定的な要因になることがあると言っても過言ではない。これが，英語を外国語として学習している環境（EFL）の特徴のひとつであるが，何らかの効果的な指導や活動を通して不充分さを克服しなくてはならない課題でもある。文法を帰納的に学習するための時間的余裕がほとんどないのである。

---

[19] 本書のすべての項目に共通することであるが，2002年度以降より順に施行される中・高等学校学習指導要領を念頭に置いてるため，4技能のうち，とりわけ，聞くこと・話すことに焦点を置いて論を進めることにする。しかしながら，原則として，他の技能にも同様のことが当てはまると思われる。

近年の第二言語習得理論研究には，コミュニケーション能力の育成を目指しながらも文法指導も行い，その効果を検証するという一分野があることは先にも述べたが，そこから得られた結果を日本の英語教育に参考とすることはできないものであろうか。それらの報告によると，教室における文法説明の効果は，発話の正確性の向上に寄与する以外に，おおよそ次の4つにまとめられる[20]。
　1．学習させたい文法形態に学習者の注意を向けることができる。
　2．誤った英語を学ばないようにすることができる。
　3．学習者の文法体系を整理することができる。
　4．特定の文法事項の定着を促進することができる。
(髙島　1995 b (1999)：8-9)
　これらのことから，本章では，ESLにおける第二言語習得理論研究からの示唆をふまえ，ある場面での適切な選択や判断を支える知識を提供する「理論の実践化」に加えて，実践現場からの報告を理論のサポートとして提示する「実践の理論化」を，日本のEFLの環境下における資料を基礎に試みることにする。これからの研究は，前者のみならず，より一層，実践の側からの「実践の理論化」を中軸に据える必要があると考えるからである。このため，第二言語習得理論研究の見地から，教師は学習者の言語習得過程にどのように関われるかを概観し，次に一般的な英語の授業の特徴を分析し，本書での提案を日本における実践研究の結果を交えながら解説する。特に，多くの教室で行われてきている，「コミュニケーション活動（以下，CA）」を取り上げ，これがコミュニケーションが可能となるための活動として充分に機能していないことを明らかにし，CAを越えた活動（タスク活動）の必要性を述べることにする。更に，これまで3年間，同一の理論背景の元で統一した実験手法で行われてきた7つの授業実験結果を要約し，新しい活動の提案は実証研究に基づいた有効な活動であることを示す。最後に，「コミュニケーション志向の文法説明」と「タスク活動」が組み合わされることにより，学習者は異なった文法構造を適切に使い分けることができるようになり，目標とする実践的コミュニケーション能力が育成されると考えられると

---

[20] 教室における種々の指導が言語習得にどの程度の効果があるかは充分に明らかにされていない。ただ，これまでのESL環境での研究成果から結論として言えることは，指導効果は間接的 (indirect) に，非即効的 (non-immediate) に見られるという程度である (Long 1983, 1988; Larsen-Freeman and Long 1991)。

し，第3章の具体的実践指導例への橋渡しとしたい。

2.2 学習者の第二言語運用への教師の関わり

図 2-1　教師の input と output への関わり

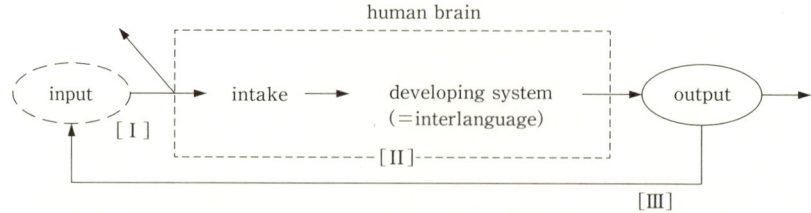

　図2-1は，学習者の第二言語の運用過程，すなわち，input から output に至るまでを模式図的に示したものであり computational model と言われる。概略を説明するならば，学習者は，まず，耳（あるいは，目）にするすべての音（あるいは，文字）の流れ（input）から言葉を習得していくには，input 中の特定の語や文法規則に気が付くこと（noticing）が必要とされる。気付かれたものだけが短期記憶（short-term memory）に一時的に取り込まれ（intake），更に，実際に聞いたり話したりする（input/output）中で，学習者独自の文法体系（developing system/interlanguage）を作り上げていくのである。つまり，学習者はこの文法体系を用いて文・文章を作り出す際に，思うように意志伝達が出来なかった場面に出会うことによって，自らの言語表現の誤りや不充分さに気が付くのである。また，教師などから何らかの指摘を受けることによって，より正確な知識を取り入れたり，発話文の修正を施したりして，文法体系を目標言語へと近くなるように再構成（re-structuring）していくことになる。これら一連の過程は，発話をする中で促進されると考えられており，本章の最初でこの例を見た。

　同じ図2-1は，見方を変えるならば，教師が学習者への input や学習者からの output にどのように関わることができるか，あるいは，関わる必要があるのかを示しているとも言える。言い換えれば，学習者の言語習得を促し効果的な言語教育を行うために，教師は，図中 [Ⅰ] ～ [Ⅲ] で示されている学習者の言語発達のどの段階にいかに関わることが可能であるのかを知ることもできる。包括的ではないが，それぞれの段階を要約するならば以下の

ようになる。

[Ⅰ] どのようなinputをいかに与えるか。
　　ここでは，教材の内容，量，時間などが関わってくる。学習者が，教室の内外を問わず耳にする音や刺激はすべてインプット（input）と称される。言語習得には，理解できるinput（comprehensible input）が必要条件であるとされるが，特に文法の習得に関して，学習者に気付き（noticing）を促すinputでなければ習得・学習は始まらないとする論が最近では広く受け入れられている（例えば，Schmidt 1990; 1994; Swain 1995）。日本のように学習者が教室外での英語のinputを得る機会が極めて限定される環境においては，教室における発話や活動中のinputの質と量と共に，インテイク（intake）を引き起こすような手段が望まれる。この例として，教師が事前にinputを簡略化して与えたり（pre-modified input），学習者が目標文法構造に気が付くように目立たせたり（consciousness-raising, input enhancement），文法知識を具体化して与えたり（explicit grammar explanation），学習者が文法知識を自分で理解できるようなinputを工夫して与える手法（input processing）などが挙げられる（例えば，Pica 1991; Sharwood Smith 1993; VanPatten 1996）。図2-1の跳ね上がった矢印が示すように，inputとして与えたものすべてがintakeされるとは限らないのも事実である。

[Ⅱ] どのようなoutputをさせるか。
　　学習者によってintakeされた内容は，どのような意味を表したい時にどのような表現が使われるのかに関する仮説の構築（hypothesis formulation）が行なわれる。学習者は，実際に言語を使用することによって自らの仮説を試し（hypothesis testing），言語体系を再構成（restructuring）していくとされる（McLaughlin 1990; Swain 1998）。この段階での教師の学習者への関わりは，教室における活動や英語によるやりとり（interaction）の内容やその量に集約される（例えば，Pica 1994; Skehan 1996 a）。

[Ⅲ] どのようにoutputに働きかけるか。
　　発話に対してどのようなフィードバックを与えるかも言語発達には重要な役割を果たす。教室における文法指導の特徴のひとつは，学習者の誤

った発話に対して様々な方法で働きかけることが自然な点である。例えば，学習者に発話の意味・内容を明確にするように要求する手法（clarification request）が，自分の発話に意識を向けさせフィードバックを与えること（output enhancement）によって，文法的正確性と流暢性の両者に高まりのみられることが実証されている（Takashima 1995; Takashima and Ellis 1999）。また，アウトプットは，発話された時点で同時にインプットにもなることから，教師は，授業の中で学習者の発話にどのようなフィードバックを与えて働きかけることが，言語学習を促進する一助となり得るのかを知る必要がある（例えば，Carroll & Swain 1993）。アウトプットの中には，フィードバックを受けないものもあるため，右向きの矢印がある。

いずれの項目も相互に密接に関連しており，それぞれを独立して扱うことは困難である。すべてを網羅することは不可能であるため，次項より，上記の［II］を中心に，教室における文法説明と活動の内容について考察し，必要に応じて他の項目にも言及していく。その前に，現状の改善点を見極めるため，日本における英語授業の内容と流れを垣間見ることにする。

2.3 日本における英語授業の現状

日本の英語授業，とりわけ中学校における英語授業の内容の中心は，文法説明と種々の活動の2つであろう。前者では，教師が中心となって文法事項の解説を行ったり，教科書や特定の文脈の中で文法項目の理解の強化を図るのが定石のようである。後者では，できる限り英語を用いての学習者主導型，すなわち，学習者を中心に多種多様な形式をとるように工夫されてきている。平成元年度の学習指導要領の改訂で，外国語の目標に「コミュニケーション」という用語が用いられ始めて以来，教室において様々な「コミュニケーション活動（CA）」が行われてきている。多くの教師は，学習指導要領によって選定され，教科書によって具体的に配列された言語材料・文法項目を学習者に分かりやすく解説し，しかもそれらを学習者に使わせるよう，魅力ある授業づくりに日々努力している。ALT（Assistant Language Teacher）との授業も定着し，ゲーム的な要素を持たせた活動やVTR教材・LL教室や視聴覚機器の使用など，英語の授業のコミュニケーション志

向への変化にはかつてないめざましいものがある。多くの学会や授業研究会などで観察されるように,英語の授業はこの10年余りで文法よりコミュニケーション（活動）への移行が目覚しく,教室での活動は活発にはなってきている。

　しかしながら,話したり聞いたりするコミュニケーション能力の伸長は依然として不充分であり,学習者の文法力も満足のいく定着がなされていないといった報告や教師の不安も見逃すことはできない。また,文法とコミュニケーションを二項対立的に捉え,受験制度が変わらない限り「実践的コミュニケーション能力」を目指した授業は現実的ではないと言い切る教師も少なくない。

　このような現状をふまえ,次項では,教室における文法説明と活動に焦点を絞って,その内容を検討する。その際,第二言語習得理論的見地から何が不足しているのかを,検証実験の結果をふまえながら議論していく。

2.3.1　コミュニケーション志向の文法説明

　これまで,本章のはじめに文法説明の有効性について,正確性の向上の他に4つ挙げ,また,2.1の項目では,文法力がコミュニケーション能力の大きな部分を支えていることに言及してきた。日本の英語教育の現場では,この「文法」の学習に教師と学習者の多くの時間と労力が注がれてきた伝統的事実がある。問題は,文法知識が,空欄補充や書き換え問題を解くために用いられる「静的な知識」として捉えられていることが多く,実際のコミュニケーションの場面で利用される「動的な知識」としての認識が充分になされてこなかったことにある（髙島　1995a）。したがって,指導も後者の観点からは,充分になされて来なかった訳である。

　では,静的な知識を動的なものにするにはどのようにすればよいのであろうか。それには,2つの方法が可能と考えられる。ひとつは,静的な知識をより具体化して与えることである。すなわち,複数の場面で特定の言語形式が意味の違いによってどのように使い分けられるかを知識として指導するのである。いまひとつは,その知識を必要とする複数の場面を通して,実際に知識を意識化させる活動を与えることである。前者は,Larsen-Freeman (1991) の言語の使われ方 (pragmatics) に関する知識を学習者に与える重要性の主張と一致する。このことについて若干の説明を加える。

図 2-2　表現形式・意味内容・言葉の使われ方の関係

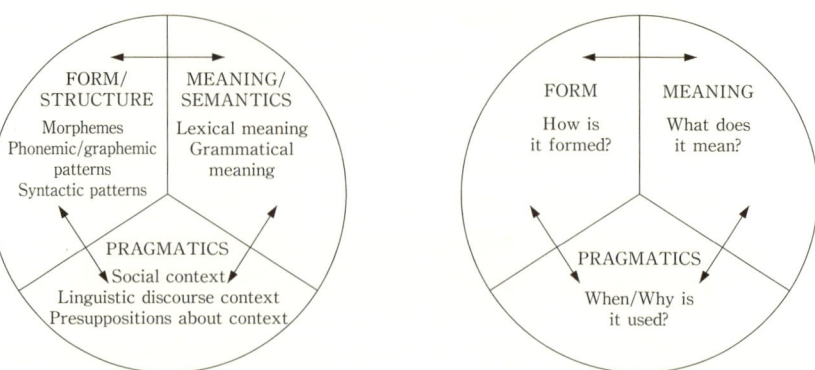

Larsen-Freeman (1991)

　図 2-2 では，表現形式と意味，そしてその使われ方の密接な関わりが示されている。この3つの側面が理解されてはじめて，学習者の目標文法項目に関する知識は，動的なものとなるための基盤を作ったことになる。従来の教室における文法説明では，語の形態（form）とそれに付随する意味（semantic meaning）を教えることに終始し，コミュニケーションの目的を達成するために，特定の形態がいかなる場面でどのような意味・伝達内容（pragmatic meaning）を伝え・用いられるのかを理解させる機会が失われているように見受けられる。例えば，現在進行形の指導の際に，教師が歩きながら，"I'm walking to the door." と言い，「be 動詞＋動詞の'-ing'形」と「～している」という意味の繋がりを指導する場面が見られる。この指導において，目前の動作から文の意味（semantic meaning）は明らかである。通常，場面からわからない話し手の意図・意味内容（pragmatic meaning）を補うために言葉は使われる（Widdowson 1998）[21]。つまり，このような文法説明を与えるだけで，他の形態（例えば，現在形）ではなく，どのような場面で進行形が用いられるのかを充分に理解しないまま学習者に発話させても，場面に応じて自分のことばとして適切な発話ができるようにはならないことは容易に想像がつく[22]。

---

[21] 注 33 を参照。
[22] 意味，形態の繋がりに加えて，プラグマティクな意味の重要性を教室で指導することは，Larsen-Freeman (1991) に詳しい。

これに対して，pragmaticsの側面を取り入れた文法説明とは，いつどのような時になぜその形態を用いるのかを話者の視点に立って考えさせ，他の文法項目と対比をしながら進めていくものである。自分の伝達したい内容を的確に伝えるために，ある特定の文法構造を用いることを知識として理解させるのである。そのためには，目標文法形態のもつ本質的な意味を理解させ，話者の視点に立って考えさせる指導をしなくてはならない。

　このような側面は，ESLの環境でインプットの量が多い場合には，時間の経過と共に自然と感じ取ることが出来るようになるが，日本のような，インプットの量が極めて少ないEFLの環境では，文法説明の中で補わなくてはならないことは，前にも述べた。場面に即し，具体性を高めて提示し，それを学習者が知識として持たない限りは，教師による説明の後に続くいかなる活動も息吹が吹き込まれることはないのである。したがって，このようなpragmaticsをも含めた知識を教師がまず持ち，感じることが指導の前提となることは明白である。

　表2-1は，このような文法説明が実際に学習者に理解されるものか否か，

表2-1　話者の視点を加味した文法説明の指導効果の比較研究[23]

研究	目標文法項目	被験者	指導法	測定法	最終結果（*はDE）
Kiba 1996（髙島・木場・前田1999に一部掲載）	比較の特殊構文（no more thanとno less thanの対比）	県立高校2年生62名2クラス	① 従来の暗記型指導 ② 話し手の視点（pragmatics）を中心とした指導	pre-, post-, follow-up tests（択一式問題）	②＞①*（follow-up testで有意差*）
髙島・森安 1997	現在完了形と過去形の対比	国立大学1年生110名3クラス	① 従来の指導（form, meaning）の復習 ② 話し手の視点（pragmatics）を中心とした指導 ③ ①と②を統合した指導	pre-, post-, follow-up tests（択一式問題）	③＝②＞①（post-, follow-up testsで有意差）
Uematsu 1998	進行形と現在形の対比	公立中学校1年生117名4クラス	① 統制群 ②③④の3クラスを実験群として，進行形'-ing'の意味を理解させる文法説明を取り入れた指導をし，③と④には具体的な状況を含む図を付加して説明	pre-, post-, follow-up tests（択一式問題）	④＝③＝②＞①（①以外，各クラスともpre-, follow-up tests間に有意差）

※表中の（*）は遅延効果（delayed effect）

---

[23] いずれの研究も，授業実験の2ないし3週間前にクラス間の差がないことを確かめるpre-testを，授業直後にpost-testを，さらに，5ないし6週間後には定着を測定するためのfollow-up testを実施している。研究の中には，長期の定着を測定するために，さらに6ヶ月後にfollow-up test 2を実施ししているものもある。同様のことが，表3にもあてはまる。

また，その効果を従来の文法説明の場合と比較・検証した実験結果をまとめたものである。目標文法項目は比較の特殊構文，現在完了形，現在進行形とそれぞれ異なり，被験者も中・高校生，大学生と幅広いが，本書で提案するコミュニケーションを可能とする基礎となりえる文法説明を受けたグループの方が，理解に関する度合いがはるかに高く，その効果も保持されていることが実証されている。

　文法知識を動的なものへと変えるいまひとつの方法は，その知識を必要とする複数の場面を通して，実際に知識を意識化する活動を与えることである。これが第2段階であり，VanPatten (1996) の提唱する input processing の手法がその一例である。これは，インプットの内容を理解する中で文法形態に学習者の意識を向けさせ，インプットを処理させるものである。単に説明を聞いたり質問に答えたりすることで終わることの多い文法説明で，忘れられがちな視点を提供している。VanPatten が文法指導としてその方法に注目したのは，不充分な理解のままで，学習者にある文法項目を含む発話を求めても定着はしないという考えに基づいている。これは，日本における英語授業の内容にもあてはまる指摘である。この主張は発話の前に文法説明を理解させるための活動を行うことが先決であることを，スペイン語を学ぶ英語の母語話者を対象とした授業実験によっても明らかにした点で評価できる。

　インプットする際の文法構造理解が発話の前提であると考える理解型活動は，具体的には学習者自身が目標文法構造を含む単文を聞き，その意味を理解する中で目標文法構造がどのように使われるのかを学習者自身が考えなくてはならない。その意味で，教師の一方的な文法説明に続く発話活動とは一線を引くことになる。これらの提案を基礎研究として，Murakami (1999) では，日本の公立中学生を対象に，input processing をリスニング活動のひとつと位置付け，本書で提案するタスク活動のリスニング版を組み合わせてその効果を検証する実験を行っている。それによると，文法事項の定着と，リスニング能力の伸長の双方に関して，input processing は効果があり，タスク活動を組み合わせることによりその効果は助長されるとしている。

　本書では，コミュニケーション志向の文法説明として pragmatics を加味した説明を取り上げるが，表出型練習を行う前の理解型活動（input processing）は有効な文法指導になり得ることも念頭に置いておきたい。

2.3.2 教室における4つの主な活動

　教室における主な活動を分類するならば,「ドリル」,「エクササイズ」,「コミュニケーション活動 (CA)」の3つと,本書で提案する「タスク活動」を合わせて4つに区分できる[24]。ここでは,前三者を「タスク活動」が可能となるための必要不可欠な活動と捉えている。

　これらの4つの活動の特徴を,類似点や相違点,また,相互にどのような関連性を持っているのかを,以下の6つの観点から概観する。表2-2はそれらを視覚的にまとめたものである。

(1) 活動の目標

　いずれの活動も最終目標は「実践的コミュニケーション能力」の育成にある。このため,表2-2の帯は,全ての活動に同じように共通している。この4つの活動のいずれもが言語活動であると考えることは,第1章で述べた通りである。

(2) 活動中の学習者の伝達内容への焦点（意識）

　「ドリル」では形態への焦点が最も大きく,「エクササイズ」,「CA」,「タスク活動」へと徐々に学習者の焦点（意識）は形態から伝達の意味内容中心に移行していく。その程度は漸進的であり,活動間の区別ははっきりとしているものではない。ここでの「形態」とは,例えば,「現在完了形は, have (has) +動詞の過去分詞形（例えば, done）の構造」をとり,その形態 (have/has+done) が「現在の状態と何らかの関わりのある過去の出来事との繋がりを示す」という意味内容との結びつきであり,表現形態により強く焦点が置かれるという意味である[25]。言い換えれば,左端に行く程,「現在完了形」の形式を意識的に用いようとすることになる。これに対して,「ドリル」から右端へ遠ざかるにつれて,聞き手に伝える意味内容に焦点が置かれるため,帯は徐々に右細りになっている。相互作用 (interaction) の中

---

[24] ドリルとは,基本的には語または一文レベルのパターン・プラクティスであり,置き換えドリルや同一・同種のものの繰り返しなどが挙げられる。エクササイズは,基本的には文レベルの練習であり,文の構成などの基本的な英語のルールを定着させるためのQ&Aなどが挙げられる。『解説』の言葉を借りるなら,『単語を入れ替えて英文を作ったり平叙文を疑問文に作り変えるなど,教師からの指示にしたがって英語を機械的に操作する活動 (p. 16)』と定義される。また,CAはインフォメーション・ギャップのあるペアもしくはグループの対話形式の活動である。CAやタスク活動については次項以降を参照のこと。

[25] この意味のことを, semantic meaning と呼び, pragmatic meaning と区別される (2.3.1を参照)。

で意味のやりとり (negotiation of meaning) を自然に含むタスク活動では，学習者の焦点は，伝達の意味・内容に多く当てられるようになるため，現実のコミュニケーションにより近い活動が行われることになる。したがって，「タスク活動」が限りなく右側に行くことによって，日常のコミュニケーションの場面で，母語話者が形態に当てる焦点の当て方と類似してくることになる。

(3) 目標文法項目と他の文法項目の割合

ドリル，エクササイズ，CA はある通常特定の単一文法項目に慣れ親しむための活動が中心となるのに対して，タスク活動は目標文法項目と似通った文法項目が含まれてくる。さらに，CA とタスク活動は，共に対話形式を取ることは類似しているが，CA では使用する言語がかなり限定されており，学習者は「会話例」などにしたがって対話する活動となる。これに対して，タスク活動では自発的な発話を基本としているため「会話例」はなく，自ら複数の既習文法構造を使用することが必要となる。ただ，そこでは，会話の内容と手順は段階を追って指示され，可能な限り目標文法項目が他の既習文法項目と比較され，選択されながら使用されていくようにあらかじめ場面設定がなされている。学習者は，実際に自分が相手に伝えたいことを適切かつ正確に表現するためにはどのような形態を用いれば良いのかを，自分自身で判断し使うことが要求される[26]。これが，「実践的コミュニケーション能力の基礎」の育成に繋がる特に重要な点であると考えられる。

(4) 目標文法項目の使用意識の度合い

学習者が目標文法項目を用いて活動しているという意識の度合いは，ドリルやエクササイズの段階では非常に高いが，タスク活動へと移行するにしたがって低くなって行く。この観点は上述(2)の裏返しである。ただ，教師が意図している表現を学習者が意識して使用するかどうかは計り知れない[27]。ドリルやエクササイズでは，特定の構造が明示的に現れているため，教師の活動における文法構造へのコントロールは自由であるが，「タスク活動」へと移動するにつれて，言語使用は学習者の裁量に任されることになる。このため，学習者の言語構造への意識の度合いは未知数となる。「未知数」であることと「度合いが低い」こととは一致しないことはあるが，図の右側の活動が左側のものより，文法形態（構造）使用への意識が相対的に低いという意

---

[26] なお，この観点は，以下で述べる「タスク活動の条件」の4番 (comparison of structures) に当たる。

味である。

(5) 答え方の自由度

これは，答えや答え方が定まっているか（closed）か，あるいは定まっていないか（open）という点に関してである。ドリルでは，目標文法項目を含む文を正確に理解したり，形成する力を育成するため，答え方や正答が限定されていることが多い。ドリルから離れるに連れて，答え方の自由度は増してくる。タスク活動は，これに対して，使用する文法項目をひとつに限定せずに，コミュニケーションを通してある目標（課題）を達成（解決）するための手段として英語を用いる活動である。また，答え方や答えなども学習者の自由である[28]。

(6) 創造性

「タスク活動」では，より現実場面に近いため，学習者に自主性や創造性が求められ，活動は主体的に取り組めるよう工夫されている[29]。相手との対話の中で相づちをうったり，聞き返したりする「積極的にコミュニケーションを図ろうとする態度」のみならず，課題解決のために会話を継続しようとする姿勢や態度が養われる。また，設定された状況のもとで，いかにしてより効果的に，正確に相手に意思を伝えていくかという点では，言語外のジェスチャーなどの手段に訴えることも可能で，学習者の創造性に負うところが大きい。

このような4つの活動は，「実践的コミュニケーション能力」を育成する

---

[27] Loschky and Bley-Vroman (1990) は目標文法項目の実際の使用に関してタスクを3つに分類している。
(1) 目標文法項目を使わないと課題達成が出来ないようにデザインされているタスク
(2) 目標文法項目を使う方が課題達成がスムーズに進むが，使用しなくても達成されるようにデザインされているタスク
(3) 目標文法項目を使ったほうが自然であるが，使用しなくても達成されるようにデザインされているタスク
この中で，タスク作成の際に(3)の条件が最も緩やかで，最も困難なものが(1)であると述べている。すなわち，学習者が特定の構造を使用するような活動を作成することによって，逆に学習者に特定の形態に意識が向くような活動になり，タスク活動から遠ざかるというジレンマに陥るのである。しかし，リスニングのタスク作成の場合には，このような問題は生じないことにも触れている。

[28] この項目は，Pica, *et al.* (1993)に代表される報告で，何らかの形で活動の結果が定まる活動の方が，ディスカッションなどの結論が定まらない活動より，教室における学習者の相互作用の量が多く，学習に効果的であるということから派生している。

[29] 「タスク活動」作成上の条件の6番目で，学習者にとって興味深い活動であること（of interest）に当てはまる。

表 2-2　4つの活動の関連性

	ドリル (DRILL)	エクササイズ (EXERCISE)	コミュニケーション活動 (CA)	タスク活動 (TA)
(1) 活動の目標	「実践的コミュニケーション能力」の育成			
(2) 学習者の伝達内容への焦点			Message Focused More Message Focused　→ （伝達内容への焦点が大きい）	
(3) 目標文法項目と他の言語項目を使用する割合	目標文法項目			他の文法項目
(4) 目標文法項目の使用意識の度合い	目標文法項目への意識度 ←　Consciousness of the Target Structure （目標文法項目への学習者の意識が強い）			
(5) 答え方の自由度	←　Closed （答え方はある程度限定される）		Openness Open　→ （答え方は学習者の自由）	
(6) 創造性				Creativity

ために，今後，さらに多く授業に導入され，英語を聞いたり話したりする機会が増えていくことが予想される。教師にとって大切なことは，活動一つ一つをどのような目的で行うのかを把握した上での実践である。

　上述の4つの活動の分類法は一例であり，決して包括的なものではないが，教室において種々の活動を選択する場合に，一連の授業の中である特定の活動をどのように位置づけていくかを考える際には，それぞれの活動の特徴を把握しておくことが必要である[30]。いずれの活動も孤立したものではなく連続体をなし，はっきりとした区別ができない面があることも同時に浮き

彫りにされてくる。図2-3は，図2-2を文法構造と意味内容への意識度の違いに絞り，単純に直線上で表したものである[31]。直線の左側に行くほど，話し手の焦点は形態に，右側に行くほどメッセージの内容により意識が向けられることを示している（図中のTAはTask Activityのこと）。

図 2-3　4つの活動の意味内容と表現形式への関連

DRILL　　　　　　　　EXERCISE　　　　　　　　CA　　　　　　　　TA

⟵─────────────────────────────────────⟶

more code-focused　　　　　　　　　　　　more message-focused

（髙島　1998：92を一部修正）

2.4　コミュニケーション活動に関わる問題点

第1章の1.4で，CAを「与えられた場面で学習した特定の構造を情報交換などを通して使用する活動」と定義した。活動を口頭の場合に絞り，具体的に特徴を挙げるならば，次の3点を含むものがCAとなる[32]。
(1) 2人以上による情報の授受・交換を行う。
(2) 対話者間にインフォメーションギャップがある。
(3) 指定された構造を用いたり，モデル・ダイアローグにしたがって活動をする。

---

[30] ひとつの見方として，ドリルやエクササイズは正確性（accuracy）を，CAやタスク活動は流暢性（fluency）を主な目標とした活動と考えることも可能である。Willis, D. (1996) は，「正確性」という用語は，話し手（書き手）が伝えたいことを「正確」に伝えたか否かについて用いられるべきで，これまで文法上正確か否かを問題としてきた活動には，教師や母語話者が求める規範への「一致（conformity）」という用語を充てるべきであると主張している。
Accuracy should describe the relationship between what is intended and what is achieved in communication. ... [Controlled practice] is designed to ensure that learners produce language in line with the form or forms required by the teacher. ... The practice stage of the lesson continues the focus on conformity. (pp. 45, 46)

[31] 言語を学ぶ場合には，形態（form）と意味（meaning）の関連を学習するのが基本である。これは，ドリルやパターン・プラクティスなどにより，今まで色々な形で実践されてきている。しかし，実際のコミュニケーションの場面はもちろんのこと，学校でALTとの会話でさえおぼつかない原因は，ある特定の場面でその形態と意味がどのように機能するのか，どのような意味内容（message）を発するのかが充分に学習者に周知されていないことに起因すると考えられる。これは，単に，この表現はこの場面で用いられるといった，場面やコンテクストを重要視した指導とは若干異なり，特定の構造や文を学習者が使っていく中で，発した文がどのような意味を持っているかを実感することなのである。この意味で，図2-3には表現形式は *form* ではなく *code* と記載されている。これは，全ての語には form と meaning があり，この2つを切り離して使用することはできないからである。Widdowson (1998) は，この form に付随する meaning を semantic meaning, message に対する意味を pragmatic meaning と呼んでいる（2.3.1を参照）。

したがって、CAは文法説明やドリル、エクササイズで得た知識を使用させる活動であると考えられる。しかし、教室内の活動では活発にインタビューをしたり、会話をしたりしていた学習者が実際にALTに話しかけられると、CAで定着させたはずの文法項目が理解できない、あるいは、使えないという事例は実に多い。この要因としては様々なものが考えられるが、そのひとつにCAによって既習文法事項が運用レベルまで深化させることができていない可能性がある。この理由として、次のようなことが考えられる。

① 単元毎の目標構造は定まっており学習者に明らかであるため、たとえ不自然な場面であっても学習者は特定の目標構造を用いて活動をする。
② ほとんどの場合、CAでは何らかの会話例が与えられたり、指示から余り逸脱しない限りは、活動に支障をきたさない。
③ 繰り返し的な要素が多くて、敢えて定められた文法構造を使わなくても、お互いにどのような情報が欲しいのか、あるいは、どのように情報を交換するのか分かっており、極端な場合には、単語レベルで会話が成立してしまう。
④ 現実の言語使用の場面とのつながりや学習者自身の自己関与感があまりなく、教師からの指示にしたがって活動を行っているに過ぎない。言葉の操作という観点では、エクササイズと内容的には何ら違いのないものとなってしまっている。

上記の①から④に関して比喩的に言うならば、CAは教師の手のひらの上での学習者の活動であり、教師の目の届く範囲での疑似コミュニケーションということになる。このため、学習者は活動をする上で、相手と意志疎通をしなくてはならないという状況には追い込まれにくく、言葉を使用したという実感が湧いてこない可能性が高い。また2.3.1の文法説明の項でも触れたように、pragmaticsの視点がCAに組み込まれているとも言い難いのであ

---

[32] CAは必ずしも口頭で行われるものとは限らないし、特定の構造のみを扱うものとも限らない。本書では、他の3つの活動との関連で、「構造」を分析のひとつの視点としているため、通常CAと呼ばれているものが一部含まれないものがある。この意味で、CAの活動の種類には幅がある。例えば、「読む」領域では、学習者は読み手として書き手の意図を読みとり、書き手の考えによって影響を受け、そのことに対して何らかの意見を持つことがコミュニケーションである。ここでは、潜在的に意味のやりとり (negotiation of meaning) が行われていると考えられる。本書では「ドリル」や「エクササイズ」「タスク活動」との関連で、また、検定教科書は原則として構造シラバスに則っているため、構造に焦点を当てている。日本人学習者のための口頭によるCAの実践例はTemplin (1997)、4領域における様々なCAの具体例は、樋口 (1989) や茨山・大下 (1992) などに多く見られる。

第2章 実践的コミュニケーション能力のためのタスク活動

る。

　CAにも内容的に幅があるが,より現実場面を想定したCAの場合にも,特定の文法構造が「会話例」などで指定されているので,コミュニケーションに支障をきたす誤りを引き起こすこともなく活動は進み,コミュニケーションが行われたとして授業は完結する。次の時間には,別の文法事項の学習が行われ,一度学習された項目を繰り返し使ってみる機会を学習者が与えられない場合が多い。しかし,同じ文法形態が繰り返し使用される言語使用の実態と,言語学習が直線的に進むことはないという言語習得理論研究からの示唆を考え合わせれば,新出と既習文法項目を選択し,比較しながら使用する機会を与え,言語の使用場面や働きを学習者に実感させる活動が必要なのである。

　さらに,CAにおいては,活動に現実的な場面は与えられていても,与えられた文の意味を理解する活動が中心であり,英語をコミュニケーションのために使った結果,何らかの関連した行動が引き起こされたり,さらに次の話へ展開していくダイナミズムを学習者が感じ取ることができていないように思われる[33]。現実の言語使用の場面では,CAで行った同じ状況で練習した通りの文法形態が使われることは少なく,それがコミュニケーションの実態でもある。様々な状況に応じて,学習者自らが自分の伝えようとする内容を何とかして言い表そうとする中で,適切な文法形態を選択し言語使用をさせることが大切なのである。

　以上述べてきたように,教室の活動の仕上げとして行われてきたCAが,コミュニケーション能力の育成のために充分機能していないことは明らかであろう。コミュニケーション能力をメッセージの授受が出来ることと捉え,文法知識をそれを可能とする骨組みと考えるならば,望まれるオーラル・コミュニケーション活動は,「タスク活動」と呼ばれる活動に近くなる。次項では,CAの不足点を補い,目標とする実践的コミュニケーション能力育成のための鍵となるタスク活動を具体的に提案する。

---

[33] Widdowson (1998) は,これまで教室でなされてきた活動では,文の理解は semantic meaning のレベルであり,それを pragmatic meaning の理解へと引き上げる必要性を説いている。Widdowson によれば, semantic meaning は与えられたコンテクストと重複があり, pragmatic meaning はコンテクストでわからない部分を補う役割を果たすとしている。

　…, what is semantically meaningful is at the same time pragmatically meaningless. For to be pragmatically effective speakers have to use language not so that it duplicates the context but so that it complements it. (p. 707)

2.5 タスク活動の必要性と理論的根拠

「タスク」はその性質上様々に定義されるが，いずれの研究者による定義にも共通するものは，「メッセージの授受が中心で完結する活動」である（例えば，Nunan 1989; Skehan 1996a）。Skehan (1996b: 20) は，言語習得との結びつきで，タスクは学習者の言語能力を伸長する活動と定義している。

> Tasks, ..., are activities which have meaning as their primary focus. Success in the task is evaluated in terms of achievement of an outcome, and tasks generally bear some resemblance to real-life language use. So task-based instruction takes a fairly strong view of communicative language teaching. It is the task which drives the learner's system forward by engaging acquisitional processes.

学習者に実際に言語使用をすることを要求するタスクをさせることが第二言語習得に有効であるとする考えの背景には，interaction hypothesis (Long 1985; 1996) と output hypothesis (Swain 1985; 1995; 1998) と呼ばれる二つの仮説が存在する。前者は話し手同士の相互作用 (interaction) の中で，疑問を投げかけたり聞き返したりするやりとりを通して，お互いにフィードバックを与え合う機会が生じ，意味のやりとり (negotiation of meaning) がさらに発話を引き出し (pushed output) たり，フィードバックなどの訂正を受ける (negative feedback) ことにより言語習得が促進されるとする考え方である。この仮説は，聞き返したり確認したりするなどの相互作用を含む活動を教室内で工夫する必要性を示唆している。後者は，pushed output という表現で，学習者に話すことを強いる重要性を強調し，聞き手に理解できるよう発話 (comprehensible output) する中には，3つの機能があるとしている。(1) 学習者は自分の言語レベルと目標言語のレベルとの差に気付き，既習事項と未習事項との差を意識できる[34]。(2) ど

---

[34] 話し手の発話の際に，相手が充分に言えなかったことを聞き手が補ったり修正したりして言い直す *recast* というフィードバックの方法がある。(注39参照) これは話し手に充分なプレッシャーをかけないため，むしろ，話し手から正しい形態を用いた発話を引き出す手法 (negotiation of form) が必要であるとされる (Lyster and Ranta 1997)。また，Takashima and Ellis (1999) は，学習者の過去形の形態素の誤りに対して"Sorry?"や"What did you say?"などの *clarification request* を与え正確性が向上したと報告している。

の程度正確に文法構造を用いて意思伝達ができたのかを,聞き手からのフィードバック (negative feedback) などによって知ることができる。(3) メタ言語的な知識が必要に応じて援用され,発話の際の誤りや問題点などについて語ることができる。学習者が発話する,あるいは,学習者に発話させることによって正確性が向上し流暢性が増すと考えられている訳である。

　ESL の環境下でのタスクは,メッセージに学習者の焦点をあて,口頭によるやりとりを通して,流暢性を目指す活動がほとんどである[35]。メッセージに焦点を置くということは,発話(発信)者に意味内容や語彙,構造の選択を全て委ねるということである。日本のように構造シラバスを基本とするカリキュラムでは,「特定の文法構造」にも焦点を当てることが必要である。これは structure-based communication task (Loschky & Bley-Vroman 1993) や focused communication task (Ellis 1997) と呼ばれ,流暢性と正確性の両方を目標とする活動となる。Skehan (1996b) は,この両者のバランスが重要であり,ESL の環境におけるタスクを基盤とした授業の中でも,形態に学習者の注意を喚起させる配慮を求めている[36]。

　意味内容の伝達を中心としながら,同時に文法構造を比較させ学習者に選択・使用させるという一見相対立する条件を組み込む活動を作成することは容易ではない。しかし,学習者にこのような過程を体験させるような活動こそが,実際のコミュニケーションの場面で言葉を使うことを可能とする活動であると考えられる。例えば,現在進行形を目標文法構造とするタスク活動の場合,電話で友人と会う約束をするというコミュニケーションの目的を設定する。その目的を達成するために相手が今何をしているのか ("What are you doing now?") や,普段週末をどのように過ごすのか ("What do you usually do on weekends?") などを尋ねる中で,学習者に必然的に現在進行形と現在形を比較させ使い分けることを迫るものが望まれる。目標構文を使ったからといって習得に繋がるかどうかの保証はないが,使わない場合より,遙かに高い確率で,習得に至る可能性はあるとされている (Skehan

---

[35] Skehan (1996a) は,タスクの目標である完結 (completion) に比重を置くことは,正確性や複雑性を犠牲にする危険性があると述べ,タスク前の活動 (pre-task) やタスク後の活動 (post-task) などで,学習者に形態にも注意を向ける必要があることを強調している。本書では,タスク活動の必要条件に「構造の比較」が含まれており,このことは問題とはならない。

[36] 意味内容に焦点をあてた授業に終始していると,学習者はコミュニケーションが成立すればよいということを学習し,流暢性を求めるあまりに,ジェスチャー,定型表現などの乱用により言語の発達が滞ることになると警告している (Skehan 1996b)。

1996 b : 27)。

2.6 タスク活動の条件

「タスク活動」は，前項で触れた第二言語習得理論研究の分野で近年注目を集めている「タスク」を，理論的基盤は同じくしながらも，日本の教室環境に合致するように工夫を加えたものである。つまり，「タスク活動」とは，構造シラバス (structural syllabus) を基本として構成されている検定教科書を用いた指導を前提として，学習者が使用する言語形式を主体的に選択し，相手との自然なコミュニケーションを通して，与えられた課題を遂行する，原則として対話形式の活動や発表を指すものである。

タスク活動の特徴は，次の6つの条件にまとめられる（髙島・森安 1997；髙島・木場・前田　1999 参照）。

(1) 意味・伝達内容が中心であること（message-focused）
(2) 言語を用いて与えられた活動目標を達成することが第一義であること（completion）
(3) 意味のやりとりがあること（negotiation of meaning）
(4) 2つ以上の構造の比較があること（comparison of structures）
(5) 話し手と聞き手に情報(量)の差があること（information gap）[37]
(6) 活動や得られる情報が興味深いものであること（of interest）

条件1は，タスク活動としての「意味の伝達」に関するものである。ジェスチャーや表情による意思の伝達もひとつのコミュニケーションの方法であるが，タスク活動ではそのような方法ではなく，言語を手段として用い，活動を通して設定されている目的を達成すること（completion）を要求する（条件2）。前項2.5で述べたESLの世界における「タスク」と呼ばれている活動が，「意味の伝達」や「活動の完結」を意図しているため，タスク活動の前提条件として含まれるのは自然なことである。

この条件1や条件5はCAにも当てはまるものではあるが，特にタスク活動においては，場面設定などによって自分と相手との間の情報の差（infor-

---

[37] CA と共通する条件の5は，タスク活動において，より発展的になり，opinion gap あるいは，reasoning gap などの内容が含まれる。Prabhu (1987) は，opinion gap task が3つの内で最も難しく，次に reasoning gap，最後に information gap task の順で易しくなると述べている。

mation gap）のために，ことばによる伝達内容の授受が必要不可欠となってくる。CA のような「目標文法構造を使ってみる」活動とは異なり，タスク活動は，与えられた場面で，相手の言ったことを聞き返したり，確認したりするなどの意味のやりとり（条件3）を必要に応じて，継続的に行う必然性が伴うように組み立てられているからである[38]。各自の目標達成のために（条件2），話し手の焦点は，主に，意味・伝達内容に当てられる（条件1）が，同時に，意思伝達に問題が生じた場合には，話し手は発話文を繰り返したり，より正確に情報を伝えようとしたり，別な言い方をするなどをして聞き手に理解されるように努力することになる（条件3）[39]。このようなやりとり（相互作用）が言語運用能力の発達には必要と考えられ，これが実際のコミュニケーションの場面で自然に起こることなのである。

通常，人が言葉を使うのは，自分の考えを相手に伝えたり，相手と情報や意見を交換した結果何かを決めたりするためであり，言葉の練習のために使うのではないはずである。しかし，教室における活動の観点からは，達成目標とそれに付随する状況設定を教師側から与え，ある程度の枠組みの中で学習者が自由に考え意見を述べたり交換したりすることによって言葉を使いながら学習を成立させるねらいがある。

条件4は，タスク活動で用いる形態（form）に関するものである。活動において，学習者自身が伝えたい内容を相手に伝えるために，関連のあるいくつかの文法項目の中からより適切な形態を選択して使えるようにデザインすることを，タスク活動の条件として挙げている[40]。具体的には，進行形と単純現在形や過去形，受動態と能動態，現在完了形と現在形や過去形，などのように，既習の文法項目との関連で新しい文法項目の特徴を把握させ，自分が伝えたい内容に応じて形態を比較し，使い分けさせること（comparison of structures）を条件4としている。このことにより，タスク活動は目

---

[38] Pica (1991) は，このような「やりとり」によって，くり返しや言い換えが引き起こされ冗長性が増すことは理解に欠かせないと述べている。しかし，やりとりが理解を促進するとの断言は避けている（p. 448）。

[39] 聞き手は recast といって，相手の言いたかった表現を正確な英語で言い直すこともある (Sokolov and Snow 1994：47)。

 Child: Fix Lily.
 Mother: Oh, ... Lily will fix it.

一般に，聞き返しなどの相互作用をすることによって，インプットが増加し，話し手同士の伝達内容の理解が深まることが観察されている。ただ，このことよって，特定の言語構造の習得が促進されるか否かは明らかにされていない。詳細は，Mitchell and Myles (1998：128-134)。

標文法項目を組みこんだ，structure-based communication task/focused-communication task となり，目標文法構造の扱い方において，CA とタスク活動は区別されるのである。

最後の条件の「興味深い活動（of interest）」は，タスク活動のデザインに関するものである。作成の際に，学習者が自己関与感をもって活動に取り組むことができるように，学習者の興味・関心に応じた題材を選び，楽しんでタスク活動ができるように，ある意味ではゲーム的な要素を取り入れるよう工夫する必要がある。活動のための活動であってはならず，学習者が想像力を働かせ，活動を行った結果何か新しい情報や成就感が得られるなどのことが望まれる。常に答えがひとつであったり，学習者全員が必ずしも同じ結果に辿り着く必要はなく，ペアやグループ独自の解決策や結果が保証されることによって，コミュニケーションを楽しむことができるようにすることが大切である。

以上6つがタスク活動としての必要条件であり，タスク活動を開発していく上で指針となるものである。これによって，これまで教室で使われているCA を新たな発想をもって再考し，上記のような条件を満たすように教師がタスク活動を作っていくことも充分可能なのである[41]。

2.7　授業実験によるタスク活動の有効性

タスク活動の有効性についての授業実験が，日本人中学生と大学生を被験者として行われている。表2-3は，それぞれの実験の概要と結果をまとめた

---

[40] この背景には，母語習得において，認知的な比較（cognitive comparison）がなくては言語習得がなされないという理論的基盤がある。つまり，既存の知識と新しい知識との違いに気が付くことにより言語発達がなされるという考えである（Nelson 1987）。第二言語習得理論研究分野では，Sharwood Smith（1981；1993）や Schmidt（1990；1994）の主張が基盤にあり，形態に注意を向けない限りは習得がなされないという考え方である。学習者が正しい形態と発話の際誤った「不正確な形態」との差に気が付き，意識して始めて input が intake となり，言語習得の可能性が出てくるのである。Schmidt（1994）は，"noticing is the necessary and sufficient condition for the conversion of input to intake for learning."（p. 17），"more noticing leads to more learning."（p. 18）と主張している。

[41] 6条件をすべて満たした活動を「タスク活動」と呼び，いずれかが欠落したり，複数の条件が不足する場合には，CA あるいはエクササイズというように名称が変わり得る。しかし，大切なことは，活動の範疇化ではなく，どのような目的で教師が学習者に活動を与えるかである。表2-2が示しているように，すべての活動は連続体をなしている。また，条件の順序も，絶対的なものではない。

第2章 実践的コミュニケーション能力のためのタスク活動

表 2-3 文法説明とタスク活動を取り入れた指導効果の比較研究
(被験者の人数は全てのテストを受けた数)

研究	目標文法項目	被験者	指導法	測定法	最終結果（*はDE）
前田・髙島 1998 (Maeda 1997, 髙島・木場・前田1999に一部掲載)	仮定法と条件文の対比	国立大学1年生 56名 2クラス	両クラスとも, form, meaning, pragmatics を取り入れた文法説明に ① CA 活動を行う ② タスク活動を行う	pre-, post-, follow-up test 1, follow-up test 2 (択一式問題)	②>①* (follow-up test 2で有意差*)
Onodera 1998	現在完了形と過去形の対比 (based on 髙島・森安 1997)	公立中学校3年生 140名 5クラス	① 従来の指導 ② 話し手の視点を中心とした指導 ③ ①の指導にCA活動を行う ④ ②の指導にCA活動を行う ⑤ ②の指導にタスク活動を行う	pre-, posttests (択一式問題)	①＝② ④>③ ⑤>③ ④>⑤
Yamada 1999	進行形と現在形・過去形の対比 (based on Uematsu 1998)	国立大学1・2年生 108名 3クラス	① 統制群 ② 実験群1（進行形'-ing'の意味を理解させる文法説明を取り入れた指導にCA活動を行う） ③ 実験群2（進行形'-ing'の意味を理解させる文法説明を取り入れた指導にタスク活動を行う）	pre-, post-, follow-up tests (択一式問題)とスピーキングテスト	③>②>①
Suzuki 2000	原級と比較級の対比	公立中学校2年生 4クラス	① 比較級の意味を理解させる文法説明 ② ①の指導にCAを行う ③ ①の指導にCAとタスク活動を行う ④ ①の指導にタスク活動を行い, スピーキングテスト後, クラス全体にフィードバックを与える	pre-, post, follow-up tests (択一式問題)とスピーキングテスト, ①についてはpre-, posttestのみ	いずれのテストでもクラス間に有意差なし[42]

表中の（*）は遅延効果（delayed effect）

ものである。表2-1では，話者の視点を取り入れた文法説明の有効性を示してきたが，ここでは，この種の説明，すなわち，文法説明の内容をコミュニケーション志向に修正・変換し，タスク活動を導入することによって，目標文法項目の理解およびその使用の有効性が顕著に表れることが，それぞれの授業実験によって明らかにされている。

　表中の4つの研究の結論は次の2つにまとめられる。

---

[42] Suzuki (2000) では，活動による差は出ていないが，文法指導の内容はすでにコミュニケーション志向のものとなっており，結論の(ii)についてのみ支持されている。現時点ではスピーキングによる評価の結果は出ていないが，タスク活動を行ったクラスと他のクラスとの差がここで出る可能性は残されている。なお，いずれの授業実験においても，follow-up test 2が予定されていない場合には，follow-up test 終了後，テスト問題の解説や結果を公表したり，疑問点などに答えるなどのフィードバックをすべてのクラスで与え，教育的配慮を怠ってはいない。

ⅰ) 「文法説明」で学習した知識は，CAに比べてタスク活動との組み合わせによる相乗効果が高く，その効果も長く保持される。

このことから，

ⅱ) 「タスク活動」を導入する際は，コミュニケーション志向の文法説明が必須である。

実際に学習者が現実場面に則した立場で，文法説明によって得た知識をもとに自分自身で発話して初めてその効果は発揮されるのである。このことは，従来では独立したものと考えられる傾向にあった文法説明と活動が，実際には非常に密接に関わりあっていることを示唆している。文法説明の内容が活動を通して初めて効果的になることは，逆に言えば，両者は相補的であり，決して独立したものではないことがはっきりとしてくるのである。

2.8 タスク活動と4技能

　本章では，これまでの教室における言語活動をどのように修正すればコミュニケーションにつながるものになるのかを，具体的な方策とそれを支持する理論を解説しながら，タスク活動の必要性を論じてきた。ここでは，「コミュニケーション」を論じる上で，外国語（英語）を用いて，聞いたり話したりする，口頭での意志伝達と理解を常に念頭に置いて考えてきている。このために，読み・書くという技能とタスク活動については，充分議論がなされてこなかった。これは，ひとつには，「タスク」という活動が，話すこと・聞くことの技能と密接な結びつきがあるからであり，また，「読み・書き」は，「話し・聞く」とは重複しない部分もあるため，それらを含めて総てを網羅することは不可能であるからである[43]。明らかに，4領域の能力には，語彙・文法力などの基礎的知識は共通の基盤として存在するが，いずれの領域の能力もそれぞれの活動を通して伸ばして行かなくてはならないものである（髙島　2000）。

　次章で具体的に提案するタスク活動は，日本における英語授業の流れの中で取り入れるべき，「話す・聞く」活動である。「実践的コミュニケーション能力の基礎」の育成を目標とするこれからの英語授業では，タスク活動に加

---

[43] 語順や語彙の正確な表出や理解は4技能に共通の問題であるが，書く・読む技能ではつづりを正しく表出し認識する必要がある。これに対して，話す・聞く技能では，語の発音・リズム・イントネーションを使い分けたり聞き分ける能力が関わっている点で明らかな違いがある。

えてコミュニケーション志向の文法説明を行う必要がある。本章を通して見てきたように，文法規則を暗記しそれを操作させる文法指導に留まらず，言葉の機能や働き・使われ方などを理解させるための文法説明と，その上で実際にそれを体験させるタスク活動の両者が必要不可欠である。両者が一体となって初めて，「実践的コミュニケーション能力」の伸長に貢献し，真の意味での文法指導を行ったことになるのである。

　教室における授業内容を考えていく場合に，教師としてこれから意識していきたいことは，文法説明の内容がタスク活動のみならずエクササイズのような活動の中でも生かされているか，また，文法説明の際の例文ひとつを取り上げても，それに続く活動が有機的に結びつくように授業が構成されているかということである。このことは，第1章で述べたように，すべての活動はコミュニケーションが可能となるための言語活動であるとの解釈に通じている。

　これから教師が考えて行かなくてはならないことは，第二言語習得理論研究の成果を参考にしながらも，日本の教室環境や学習者の実態を見極め，どのようにして貴重な時間を効率よく用い，より効果的な言語教育をするかを考え，実践していくことである。

　次章では，より具体的な文法説明からタスク活動までの実践例を文法項目ごとに提示する。

第3章
コミュニケーション志向の文法説明とタスク活動

　第2章の理論的背景を踏まえ，本章では，指導例を文法項目毎に，ポイント，A 文法説明，B コミュニケーション活動，C タスク活動の順で提示する。コミュニケーション活動とタスク活動の違いを明らかにするために，実際に授業で使用したコミュニケーション活動も掲載した。このコミュニケーション活動は文法説明からタスク活動をスムーズに行うための橋渡し的存在として捉えている。すなわち，タスク活動こそが現実場面での対応を可能にするための，「言語知識を静的なものから動的なものへと変える触媒的なもの」（髙島　1995 a）であると考えている訳である。

　タスク活動では，話し手（教室においては学習者）は文法説明で得た言語知識の中から，ある状況や場面の中で，自分の意図することを聞き手に的確に効率よく伝えるために適切な表現形態を選択し使わなくてはならない。そこでは当然の事ながら，言語の「機能」や「働き」が関わってくる。タスク活動では，様々な場面を設定し，目標文法項目の特徴が顕著に現れ，その言語使用が自然な，現実場面に近い状況を作り出している。学習者の側から見れば，ある言語形態が，どのような意味を伝えたい時に使われるのかを体感できるように作成してある。このような観点から具体的にどのように工夫されているかは，それぞれの項目の「タスク活動としての特徴」を参照されたい[1]。

　取り扱った文法事項は14項目である。これらの文法項目は学習者にとって使い分けが困難であったり，従来の文法説明とCAだけでは自然な使用が望むべくもないものを取り扱っている。活動例の終りには，他の文法項目へ

---

　[1]　タスク活動では，第一義的な条件として「メッセージの授受に焦点が置かれること」（message-focused）があげられるが，第3章では，活動の内容が一瞥してわかるように，活動の目的として「完結すること」（completion）を先に提示している。

の応用が可能となるような示唆をアイデアとして付け，教師の裁量によって更なる展開が可能となるように配慮した。項目の配列は，平成元年度改訂の学習指導要領以来，言語材料の学年毎の枠組みが外され教師に任されるようになっている現状と，各々の文法事項を有機的に結びつけて教える必要があるとする本書の立場から，関連のある項目が続いて提示されている。例えば，be動詞の関連で「be動詞の *is*」と「*There is/are* 構文」が，分詞の関連で「進行形」と「受動態」が，また，既習事項との関連で「未来表現 *be going to*」と「不定詞」，「仮定法過去」と「比較の特殊構文」を並べて配列した。「冠詞」については，様々な文の中に含まれる形で使われるため，学習者が学習するのは極めて早い段階ではあるが後の方で扱っている。

　タスク活動は，その性質上，総括的活動として扱われることが多くなると考えられる。この活動の指導過程における位置付けについては第4章で詳しく述べるが，「実践的コミュニケーション能力」を育成する授業のあり方の具体的提案として活用していただけるものと確信する。各項目は以下のフォーマットにしたがい構成されている。例文中，非文あるいは不自然な英文には*印を付加している。

ポイント	………………	提案する指導の重点と特徴
		＊今までの指導　　＊ここでの指導
A 文法説明	………………	コミュニケーション志向の文法説明の具体例
		✎準備物　　✎指導手順　　✎留意点
B コミュニケーション活動	…	コミュニケーション活動の具体例
		◆ねらい　　◆活動の手順　　◆留意点
		◆アイデア　　♬ワークシート♬
C タスク活動	………………	タスク活動の具体例
		♠ねらい　　♠タスク活動のイメージ
		✻ワークシート✻　　♠活動の手順
		♠留意点　　♠タスク活動としての特徴
		♠アイデア

第3章 コミュニケーション志向の文法説明とタスク活動　45

3.1　目標文法項目：be 動詞の *is*

ポイント　身近な物や人などについて話す時の表現を理解し，類似の形態素（am, are）と比較しながら，コミュニケーションの場面で使用することができる。ここでは，3人称単数が主語の場合の *is* を扱う。

＊今までの指導	＊ここでの指導
I am ～． You are ～． This/That is ～． It/He/She is ～． 主語と動詞の一致に焦点が当てられていた。	be 動詞は，状態・状況などを表すのに用いられ，感じたことや，説明をしたりするのに有用な表現であり，自己表現のための基礎となる構造であることを理解させる。

A　文法説明

🖉準備物
・だまし絵の拡大コピー
・教師に身近な人物の写真

🖉指導手順
(1) "It is ～." "He is ～."の導入

〈右のだまし絵を見せて生徒に尋ねる。〉

T: What's this?

　　　　　　　　　　　　　Ss: Man!

T: Yes. It's a man. A man.

　　　　　　　　　　　　　Ss: A man.

T: Is he a teacher?

　　　　　　　　　　　　　Ss: No, teacher.

T: No. He isn't a teacher.

　　　　　　　　　　　　　Ss: No. He isn't a teacher.

T: What is he?

          S1: 王様って…？
          S2: キング？

T: That's right! He's a King.

          Ss: He's a King.

〈先程のだまし絵を上下逆さまにして見せる。〉

T: Now, look at this. Is this a man, too?

          Ss: Yes! It's a man.

T: Is he a King, too?

          Ss: No? Yes?

T: Yes. He's a King, too. He's Indian. He's an Indian King.

          Ss: He's an Indian King!

T: Is he young?

          Ss: No.

T: No. He isn't young.

          Ss: No. He isn't young.

(2) "She is 〜." の導入

〈教師の家族の写真を見せる。〉

T: I have some pictures. Do you want to see them?

          Ss: Yes! Yes!

T: OK. Look at this picture. This lady is ….

          Ss: Mother?

T: Yes. This is my mother. She's very kind.

          S3: Young!

第3章 コミュニケーション志向の文法説明とタスク活動 **47**

T: Is she young? She'll be happy to hear that. Look at the next picture. Is she young, too?

Ss: Yes! Young! Very young! 誰それ？

T: She's my sister. She's young. I'm 25, and she's 23. She's a nurse.

Ss: 妹？ナース？かわいい！

T: かわいいって英語でどう言いましたか？

Ss: Cute. Pretty.

T: That's right. She's pretty.

Ss: She's pretty.

T: Am I pretty, too?

Ss: No!

T: EXCUSE ME?

Ss: Yes! You're pretty.

T: Very good!

📝 留意点
- 従来の文法指導では，be 動詞は主語との一致を強調した指導が多く，肯定文，疑問文，否定文を別々の授業時間に教える傾向にある。ここでは自分の感想・意見を述べたり物の描写をするなど，生徒の自己表現につなげることを目指し，それを実現するための基本的な構文として be 動詞を指導する。
- ここでは自然な会話の流れの中で，be 動詞の後が名詞になるものや形容詞になるものを取り混ぜて導入し，また，肯定文，疑問文，否定文すべてを一括して扱う。

B コミュニケーション活動

◆ねらい
- シートの自分に関する情報をもとに，それを相手に伝えたり友達の情報を得たりしながら be 動詞を使って尋ねたり答えたりできる。（各【Sheet】の1.に対応）　　　　　　　　　　　　　　　　　　［所要時間：5分］
- 情報交換を通して得た友達に関する情報を同じグループの人に紹介するという活動を通して，This is ～．He/She is ～．を使ったり，紹介されるのを聞いたりする。（各【Sheet】の2.と3.に対応）
　　　　　　　　　　　　　　　　　　　　　　　　　　　　　［所要時間：10分］

◆活動の手順
(1) 4人でひとつのグループになり，それぞれに【Sheet A】，【Sheet B】，【Sheet C】，【Sheet D】を配布する。シートを見せ合わないように注意する。
(2) 活動をする前に，1人の生徒を前に出して，教師対生徒でどのように活動を進めるかを示す。
(3) まず，【Sheet A】を持っている人が【Sheet B】に，【Sheet C】を持っている人が【Sheet D】を持っている人に話しかける。この後，【Sheet B】を持っている人が【Sheet A】の人に，【Sheet D】を持っている人が【Sheet C】の人に自己紹介をする。
(4) お互いに情報を交換できた時点で，グループ内でAさんがBを，またBさんがAさんを，CさんとDさんに紹介する。同様にCさんがDさんをDさんがCさんを，AさんとBさんに紹介する。

◆留意点
- なるべく実際に紹介をしている場面が自然になるように，ジェスチャーを交えるなど，前もって指示しておく。また，"Nice to meet you."など，紹介された人はそれぞれ自由に一言付け加えるよう促す。

◆アイデア
- この活動は，次のタスク活動を行うことを踏まえて，あらかじめ得た情報を利用してさらにその人を紹介するという手順を取り入れている。一般動詞の3人称単数形現在形の場合も，come(s) from ～，work(s)などを使って，同様な活動が可能となる。

第3章 コミュニケーション志向の文法説明とタスク活動 49

『友達を紹介しよう』
♬ 使ってみよう be動詞 ♬

【Sheet A】

1．友達と会話をして友達の名前や出身地，職業を聞き，下の表をうめましょう。

	あなた	友達	友達	友達
Name 名前	Paulo (パウロ)			
Home country 出身地	from Brazil	from	from	from
Occupation 職業	soccer player			

〈会話例〉
　　あなた　　Are you from 〜?
　　友達　　　I'm from Japan.

2．知り合った友達のことについて，グループの人に紹介しましょう。
　　〈紹介例〉
　　　あなた　　＊友達のことを紹介しながら
　　　　　　　　This is my friend, 〜.
　　　　　　　　He's (She's) from 〜.

3．紹介されたら，上の表にその人たちのことも記入しましょう。

『友達を紹介しよう』
♬ 使ってみよう　be動詞 ♬

【Sheet B】

1. 友達と会話をして友達の名前や出身地，職業を聞き，下の表をうめましょう。

	あなた	友達	友達	友達
Name 名前	Ann			
Home country 出身地	from Canada	from	from	from
Occupation 職業	English teacher			

〈会話例〉
　　　あなた　　Are you from ～?
　　　友達　　　I'm from Japan.

2. 知り合った友達のことについて，グループの人に紹介しましょう。
　　〈紹介例〉
　　　あなた　　＊友達のことを紹介しながら
　　　　　　　　This is my friend, ～.
　　　　　　　　He's (She's) from ～.

3. 紹介されたら，上の表にその人たちのことも記入しましょう。

第3章　コミュニケーション志向の文法説明とタスク活動　51

『友達を紹介しよう』
♬ 使ってみよう　be動詞 ♬

【Sheet C】

1. 友達と会話をして友達の名前や出身地，職業を聞き，下の表をうめましょう。

	あなた	友達	友達	友達
Name 名前	Takashi			
Home country 出身地	from Japan	from	from	from
Occupation 職業	pilot			

〈会話例〉
　　あなた　　Are you from 〜?
　　友達　　　I'm from Japan.

2. 知り合った友達のことについて，グループの人に紹介しましょう。
〈紹介例〉
　　あなた　　　＊友達のことを紹介しながら
　　　　　　　　This is my friend, 〜.
　　　　　　　　He's (She's) from 〜.

3. 紹介されたら，上の表にその人たちのことも記入しましょう。

『友達を紹介しよう』
♫ 使ってみよう　be動詞 ♫

【Sheet D】

1. 友達と会話をして友達の名前や出身地，職業を聞き，下の表をうめましょう。

	あなた	友達	友達	友達
Name 名前	Meg			
Home country 出身地	from America	from	from	from
Occupation 職業	student			

〈会話例〉
　　あなた　　Are you from 〜?
　　友達　　　I'm from Japan.

2. 知り合った友達のことについて，グループの人に紹介しましょう。
　　〈紹介例〉
　　　あなた　　　＊友達のことを紹介しながら
　　　　　　　　　This is my friend, 〜.
　　　　　　　　　He's (She's) from 〜.

3. 紹介されたら，上の表にその人たちのことも記入しましょう。

C タスク活動

♠ねらい

自分のことを言う場合，相手のことを言う場合，さらに第三者をさして言う場合に，適切にbe動詞を使い分けながら使用できる。

[所要時間：30分]

♠タスク活動のイメージ

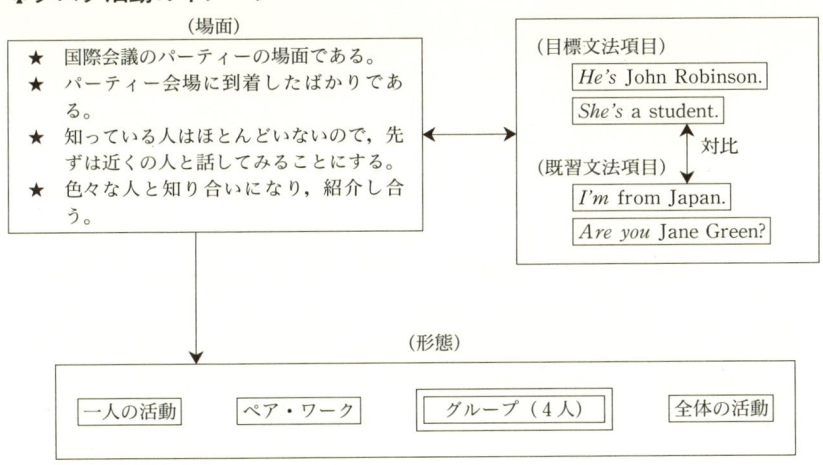

(場面)
- ★ 国際会議のパーティーの場面である。
- ★ パーティー会場に到着したばかりである。
- ★ 知っている人はほとんどいないので，先ずは近くの人と話してみることにする。
- ★ 色々な人と知り合いになり，紹介し合う。

(目標文法項目)
- *He's* John Robinson.
- *She's* a student.

対比

(既習文法項目)
- *I'm* from Japan.
- *Are you* Jane Green?

(形態)

| 一人の活動 | ペア・ワーク | グループ（4人） | 全体の活動 |

友達になろう！
be 動詞

【Sheet A】

あなたは環境問題についての国際会議に参加して，環境問題について勉強したいと思っています。また，その会議に参加している世界各国の人とも交流をして，今後の活動の場を広げよう！ 参加している人のことをよく知って，どんどん紹介をしあったりしたいな！

★あなたについての詳しい情報は別紙を見ましょう。

1. ようやく国際会議のパーティーがはじまりました！ パーティー会場には，知らない人がたくさんいます。あら，どこかで見たことがある男性がいます。 マルティン・シルバさんではないでしょうか？きっと，同じ科学者（サイエンティスト）です。あなたから話しかけてみましょう。その男性といろいろと会話して，彼をもっとよく知りましょう。

　　　　　　　　　　（★あなたから会話をはじめます。）

2. まじめなシルバさんとも知り合いになりました。今度は近くの女性が話しかけてきます。どうやら，女の友達と来ているようです。その友達のことや自分のことをいろいろ話してきます。よく聞いて，どんな人か知りましょう。自分のことも話しましょう。また，先ほど知り合った男性を，彼女に紹介しましょう。（責任重大！）

　　　　　　　　　　（☆相手の女性から会話をはじめます。）

3. あなたは，国際会議のパーティーの帰り道，いろんなことを思い出します。今日知り合いになれた人はどんな人でしたか？

第3章　コミュニケーション志向の文法説明とタスク活動　55

(Sheet A の別紙)

★あなたは次のような人物です。よく読んで，しっかり頭に入れましょう！
★ただし，名前以外は一部変更してもかまいません。

名前　John Robinson（ジョン　ロビンソン）
性別　男性
出身　America
年齢　28
職業　scientist（サイエンティスト：科学者）

その他　とてもかっこいい科学者。世界的にも有名で，酸性雨の研究をしている。研究結果を報告することになっている。

守ろうルール
★この紙は，絶対に相手に見られないように！
★英語を使おう！
★知り合ったら，しっかり堅く握手します!!

(Sheet B の別紙)

★あなたは次のような人物です。よく読んで，しっかり頭に入れましょう！
★ただし，名前以外は一部変更してもかまいません。

名前　Paulo Silva（パウロ　シルバ）
性別　男性
出身　Brazil
年齢　17
職業　student　（高校生）

その他　サッカーが大好きな男の子。仙台の高校生（留学生）で，まじめで明るい。環境問題について興味があるので聞きに来ている。

守ろうルール
★この紙は，絶対に相手に見られないように！
★英語を使おう！
★知り合ったら，しっかり堅く握手します!!

✨ 友達になろう！ ✨
be 動詞

【Sheet B】

> あなたは環境問題についての国際会議に参加して，環境問題について勉強したいと思っています。また，その会議に参加している世界各国の人とも交流をして，今後の活動の場を広げよう！　参加している人のことをよく知って，どんどん紹介しあったりしたいな！

★あなたについての詳しい情報は別紙を見ましょう。

1. ようやく国際会議のパーティーがはじまりました！　パーティー会場には，知らない人がたくさんいます。あら，ある男性が話しかけてきますよ。誰かとかんちがいしているようです。（きっと科学者の兄のマルティンのことではないでしょうか。）その男性といろいろと会話をして，もっと彼をよく知りましょう。
   （☆相手の男性から会話をはじめます。）

2. かっこいい科学者のロビンソンさんとも知り合いになりました。今度は近くの女の子に話しかけてみましょう。どうやら，日本の中学生のようです。あなたの自己紹介から始めましょう。また，先ほど知り合った男性を，彼女に紹介しましょう。（責任重大！）
   （★あなたから会話をはじめます。）

3. あなたは，国際会議のパーティーの帰り道，いろんなことを思い出します。今日知り合いになれた人はどんな人でしたか？

第3章 コミュニケーション志向の文法説明とタスク活動 57

✺友達になろう！✺
be 動詞

【Sheet C】

あなたは環境問題についての国際会議に参加して，環境問題について勉強したいと思っています。また，その会議に参加している世界各国の人とも交流をして，今後の活動の場を広げよう！　参加している人のことをよく知って，どんどん紹介しあったりしたいな！

★あなたについての詳しい情報は別紙を見ましょう。

1．ようやく国際会議のパーティーがはじまりました！　パーティー会場には，知らない人がたくさんいます。あら，ある女の子が話しかけてきますよ。誰かとかんちがいしているようです。（きっと，妹のジェーンのことではないでしょうか。）よく聞いてみて，どんな女の子か知りましょう。あなたのことも紹介して，お友達になってあげましょう。

(☆相手の女の子から会話をはじめます。)

2．かわいい中学生の由美さんとも知り合いになりました。今度は環境問題について話せそうな，かっこいい男性に話しかけてみましょう。あなたの自己紹介から始めましょう。また，先ほど知り合った女の子を，彼に紹介しましょう。（責任重大！）

(★あなたから会話をはじめます。)

3．あなたは，国際会議のパーティーの帰り道，いろんなことを思い出します。今日知り合いになれた人はどんな人でしたか？

(Sheet C の別紙)

★あなたは次のような人物です。よく読んで，しっかり頭に入れましょう！
★ただし，名前以外は一部変更してもかまいません。

名前　Ann Green
性別　女性
出身　Canada
年齢　25
職業　English teacher（英語の先生）

その他　優しい英語の先生。いまは日本の京都にある中学校で英語を教えている。もちろん環境問題にも興味があり，勉強したい。

守ろうルール
★この紙は，絶対に相手に見られないように！
★英語を使おう！
★知り合ったら，しっかり堅く握手します!!

(Sheet D の別紙)

★あなたは次のような人物です。よく読んで，しっかり頭に入れましょう！
★ただし，名前以外は一部変更してもかまいません。

名前　Keiko Suzuki
性別　女性
出身　Shizuoka, Japan
年齢　13
職業　student　（静岡の中学生）

その他　かわいい中学生。環境問題のことはあまり知らないが，英語を話せるよい機会だからということで，会議に来ている。

守ろうルール
★この紙は，絶対に相手に見られないように！
★英語を使おう！
★知り合ったら，しっかり堅く握手します!!

✳友達になろう！✳
be 動詞

【Sheet D】

> あなたは環境問題についての国際会議に参加して，環境問題について勉強したいと思っています。また，その会議に参加している世界各国の人とも交流をして，今後の活動の場を広げよう！　参加している人のことをよく知って，どんどん紹介しあったりしたいな！

★あなたについての詳しい情報は別紙を見ましょう。

1. ようやく国際会議のパーティーがはじまりました！　パーティー会場には，知らない人がたくさんいます。英語が話せるかも，とドキドキのあなた。あら，どこかで見たことがある女性がいます。医者のジェーン・グリーンさんではないでしょうか？　あなたから話しかけてみましょう。その女性といろいろと会話しましょう。
    　　　　　　　　　　　（★あなたから会話をはじめます。）

2. すてきな英語の先生とも知り合いになりました。今度は近くの男性が話しかけてきます。どこから来た人でしょうか。アメリカでしょうか。よく聞いてみましょう。また，先ほど知り合った女性を，彼に紹介しましょう。(責任重大！)
    　　　　　　　　　　　（☆相手の男性から会話をはじめます。）

3. あなたは，国際会議のパーティーの帰り道，いろんなことを思い出します。今日知り合いになれた人はどんな人でしたか？

♠活動の手順
(1) 生徒を男子2名，女子2名の4人1グループにさせる。数がそろわない場合は2人でペアを組ませ，協力して一人の役を2人で行うように指示する。
(2) 男子生徒に【Sheet A】，【Sheet B】を，女子生徒に【Sheet C】，【Sheet D】を配布する。配布したシートは見せ合わないように注意する。
(3) すべてのシートに共通の場面設定部分（【Sheet】のはじめの□で囲った部分）をゆっくりと声に出して読む。将来，実際にこのような場面に出くわすことがきっとあるので，その準備として練習するのだという目的も付け加える。
(4) 「あなたについての詳しい情報」を書いてある別紙を配布し，役割（シートのA, B, C, D）毎に教室の四隅に生徒を集め，内容の読み合わせをさせ，どのように行動すればよいかを確認し合う。この際，同じ役割の者同士でどのように言えばよいかなどを話し合わせる。また，教師は，それぞれのグループをまわって，発音指導のみを行う。
(5) それぞれの元のグループに戻らせ，別紙の情報カードは伏せるように指示し，活動中は見ないように指導する。
(6) まず，【Sheet A】を持っている人が，【Sheet B】の人に，【Sheet D】を持っている人が【Sheet C】の人に，話しかける。（各シートの1.に対応。）挨拶が終わったら次に進む。

〈例〉 *A:* Excuse me. *Are you* Martin Silva?
B: No. *I'm* Paulo. Martin *is* my brother.
A: Oh, I see. *I'm* John Robinson. Nice to meet you.
B: Nice to meet you, too.

(7) 次に，【Sheet B】を持っている人が，【Sheet D】の人に，【Sheet C】を持っている人が【Sheet A】の人に話しかけ，続いて4人で話をする。（各シートの2.に対応。）

〈例〉 *B:* Hi! My name *is* Paulo Silva. *I'm* from Brazil.
D: Hello. *I'm* Keiko Suzuki. *I'm* from Shizuoka, Japan.
B: *Are you* a senior high school student?
D: No. *I'm* a junior high school student.
B: I see. Keiko, *this is* Mr. Robinson. *He's* a scientist.

第3章 コミュニケーション志向の文法説明とタスク活動　61

>　　Mr. Robinson, *this is* Keiko.
> *A:* Nice to meet you, Keiko.
> *D:* Nice to meet you, too, Mr. Robinson.
> *A:* Keiko and Paulo, *this is* Ann Green. *She's* an English teacher.
> *C:* Nice to meet you. *I'm* from Canada.

(8) 活動中にどのような英語を使ったかを数名の生徒に発表させる。それらを板書し，be動詞は様々な表現に用いられることを確認し，活動を終了する。

♠留意点
- 活動に必要とされる語が多いので，たとえ文字で書けなくても意味がわかる程度に普段から英語を指導しておくことが必要である。
- 英語を学びはじめの段階から，ペアで発表させるなどして，教室で積極的に英語を使うことに対して興味を持たせるよう心掛けたい。
- 自己紹介したり，別の人を紹介したりする場面で，目を見て話す，相手の名前を呼びかける，握手をするなどの言語外の文化的な側面にも触れたい。また，むやみに女性に年齢を尋ねたり，初対面でプライベートな質問をすることは好ましくないことも伝えたい。

♠タスク活動としての特徴
(1) **completion**
　自己紹介や友達を紹介して，お互いの名前や職業などを知ることによってタスクは完結する。
(2) **message-focused**
　- 「紹介する」：自己紹介をしたり，友人を紹介したりする。
　- 「説明する」：自分や他人の名前や職業などを説明する。
　- 「確認する」：自分が知っている人かどうか，相手の名前を確認する。
(3) **negotiation of meaning**
　最初に話しかける人が人違いをしていたり，相手のことについてよく聞き取れなかった部分を聞き返したりする中で，「意味のやりとり」が期待される。
(4) **comparison of structures**

はじめの会話設定では1人称，2人称のみで会話が成立するのに対し，次の段階に進むと，先程知り合った人を紹介する場面が設定されている。人称により，使用するbe動詞が変化することを実感しながら使うことができる。

(5) **information gap**

4人とも初対面であり，お互いに相手のことを知らない設定であるので情報量に差があり，相手に自分のことを伝えたり，相手の言うことをよく聞いたりしなければならない状況になる。また，最初に話しかける人が人違いをしているため，埋めるべき情報差が設定されている。

(6) **of interest**

自分とは全くちがう「科学者」や「外国人」になりきる，日常にはない体験をすることで興味を引く。初対面の外国人と接する時の情報の求め方や，話の進め方を体験することができ，英語を生きたことばとしてとらえることができる。また，グループに活動に入る前に，それぞれの役割毎に集まってどのように言えばよいかを話し合う機会を持つことで，生徒の個人差に配慮した活動にもなっている。

♠アイデア

- 同じような設定で，"Are you a student?"と"Do you speak English?"のようにbe動詞と一般動詞，"I like tennis."と"He likes soccer."のように一般動詞（1人称）と一般動詞（3人称単数現在）の構造の比較でタスク活動を作成することもできる。
- 与える役柄を有名人に変えたり，生徒に考えさせたりして，活動に変化をつけることもできる。

3.2　目標文法項目：*There is/are* 構文

ポイント　ものの存在を表す様々な表現の1つとして，*There is/are* 構文を指導する。類似の表現 "We have 〜." を復習しながら，これらの表現は同じような意味ではあるが，話し手の意識によって選択されることを理解させる。場所を表す前置詞や身近なものの単語なども復習しながら進める。

＊今までの指導	＊ここでの指導
There is/are 〜.＝「〜がある。〜がいる。」	There is/are 〜.は「存在について言及する時」 We have 〜.は「所有の意識がある時」

A　文法説明

🖉準備物
- 状況や，イメージを描いた絵
- ポイントとなる文を書いたカード

> There is a television in our classroom.
> We have a television in our classroom.
> Our classroom has a television.

🖉指導手順

(1)　There is/are 〜.の導入

　　〈教室の絵を貼ってテレビや机を指差しながら。〉

　T: *There is* a television in our classroom.
　　There is a blackboard in our classroom.
　　There is a large desk in our classroom.

There are some desks in our classroom.
どんなことを言っているかわかりますか？

S1: 教室に色々な物があると言っていると思います。

T: Very good.「〜がある」と言う時，どんな英語を使っていましたか？

S2: There is 〜.

T: そうですね。他にも「私達の教室にテレビがある」という言い方は知りませんか？例えば，「うちにはピアノがあるのよ」と言いたい時，英語では I have a piano. と言います。

S3: I have a television in our classroom.

T: そうです。I have の代りに，We have でもいいですね。

〈 There is a television in our classroom. We have a television in our classroom. と言いながらこの2文のカードを横一列に貼る。〉

T: この2つの文はそれぞれ「私達の教室にはテレビがあるということを表現していますが，全く意味は同じだと思いますか？

S4: There is 〜. は「ある」で，have は「持っている」。

〈There is a television in our classroom. のカードの下に下図 A を，We have a television in our classroom. のカードの下に下図 B を貼りながら説明する。〉

A

B

T: 良い所に気が付きましたね。S4さんが言ってくれたように，「テレビがある」とテレビの<u>存在について言いたい時</u>は There is 〜 . を使います。それに対して，「私達のテレビなんだ」<u>と持っているのだということを言いたい時</u>は have を使うのです。

〈B の絵の下に，Our classroom has a television. のカードを貼る。〉

T: Our classroom has a television. という言い方もできるのですが，イメージはつかめますか？

S5: 私達の教室は，テレビを持っている？

T: そうです。「私達の教室にはテレビを備え付けてある」といった感じですね。人ではなくて，教室が「持っている」というイメージの言い方ですね。絵で表すとこのような感じです。

〈 Our classroom has a television. のカードの下に図Cを貼る。〉

C

T: もし We bought a television yesterday. と言った後，話を続けるとしたら，
- *There is* a television in our room. と
- *It's* in our room. のどちらを言いますか？

S6: It's in our room. の方ですか？

T: その通りです。この場合は「私達が昨日買ったテレビ」が話題になっているので It's in our room. の方になります。There is 〜. の方は，「何かがある場所にある」という時に使います。

📎留意点
- 従来の There is/are 構文の指導では，「〜が…にある」「〜が…にいる」という日本語の訳を前面に出し，他の表現と比較することなく指導する傾向にあった。しかし，英語にはものの存在を表す言い方は何通りもあり，話し手がどのような意識で言っているのか，どのような状況で話しているのかといった様々な要因で選択される文の形態は変わってくる。ここではその具体例を示しながら，学習を進めて行く。

B コミュニケーション活動

◆ねらい
- お互いの家にあるもの，住んでいる街にあるものを尋ね合いながら，There is/are〜.とI have 〜.の使い方に慣れる。　［所要時間：10分］

◆活動の手順
(1) 生徒を2人1組にさせる。
(2) 生徒に【Sheet A】【Sheet B】をそれぞれ配布する。シートは互いに見せ合わないように注意する。
(3) 活動に入る前に，必要な単語や表現の復習を口頭で行う。（同じ語をタスク活動においても使用するので，その準備にも相当する。）
(4) それぞれのシートの下の表の空欄に，相手に尋ねたい物を書かせ，相手の絵に描かれている物を予測させる。
(5) AさんとBさんで，街にあるものについてはThere is/are〜.を，自宅にあるものについてはI have 〜.を使うことを確認し，会話例に従って，活動を始める。
　〈例〉　*A: Is there* a post office near your house?
　　　　B: Yes, *there is.*
　　　　A: Do you have a computer in your room?
　　　　B: No, I don't.
　表中の物の名前の横の欄に，Yesと言われたものは○，Noと言われたものには×を付ける。
(6) (5)の会話を交互に繰り返し，表が○×で埋まれば活動を終了する。

◆留意点
- 表中の物を順番にではなく，たずねたい物から質問するように指示する。
- 話し手が所有している感覚があるときはI have 〜., 単に存在を表す時はThere is/are 〜.を使うことを感じ取らせる。

◆アイデア
- ある街の，昔と今の風景をそれぞれ一枚ずつ用意し，同様な活動を行うことで，There was/were 〜.を含んだ活動に発展させることもできる（第4章 pp. 252〜253参照）。

『何がある？』
♫ 使ってみよう　There is (are)〜. / I have 〜. ♫

【Sheet A】

★ Bさんとあなたは違う街に住んでいます。
★ Bさんの家にあるもの，住んでいる街にあるものをたずね合いましょう。下の表に書かれた物が，あれば○を，なければ×を記入しましょう。また，<u>一番下の空欄にはあなたがBさんにたずねたいものを自由に書いて聞いてみましょう。</u>

〈会話例〉
あなた　Is there a post office <u>near your house</u>?
友達　　Yes, there is.
あなた　Do you have a computer in your room?
友達　　No, I don't.

〈復習〉
<u>in front of</u> 〜の前に
<u>near</u> 〜の近くに
<u>around</u> 〜の近くに

television		carrots		bridge	
VCR		apples		library	
many books		rabbit		CD shop	

『何がある？』
♬ 使ってみよう　There is (are)〜. / I have 〜. ♬

【Sheet B】

★ Aさんとあなたは違う街に住んでいます。
★ Aさんの家にあるもの，住んでいる街にあるものをたずね合いましょう。下の表に書かれた物が，あれば○を，なければ×を記入しましょう。また，<u>一番下の空欄にはあなたがAさんにたずねたいものを自由に書いて聞いてみましょう。</u>

Our Hometown

My house / Park / Supermarket / Library / Station / VCR

〈会話例〉
あなた　Is there a post office <u>near your house</u>?
友達　　Yes, there is.
あなた　Do you have a computer in your room?
友達　　No, I don't.

〈復習〉
<u>in front of</u> 〜の前に
<u>near</u> 〜の近くに
<u>around</u> 〜の近くに

television		carrots		station	
VCR		onions		library	
computer		cat		supermarket	

C タスク活動

♠ねらい
- There is/are 〜．の文を，have を用いた表現などと比較しながら，実際の場面で自分の視点で選択し使用することを通して，ものの存在をあらわす言い方を学ぶ。

[所要時間：15分]

♠タスク活動のイメージ

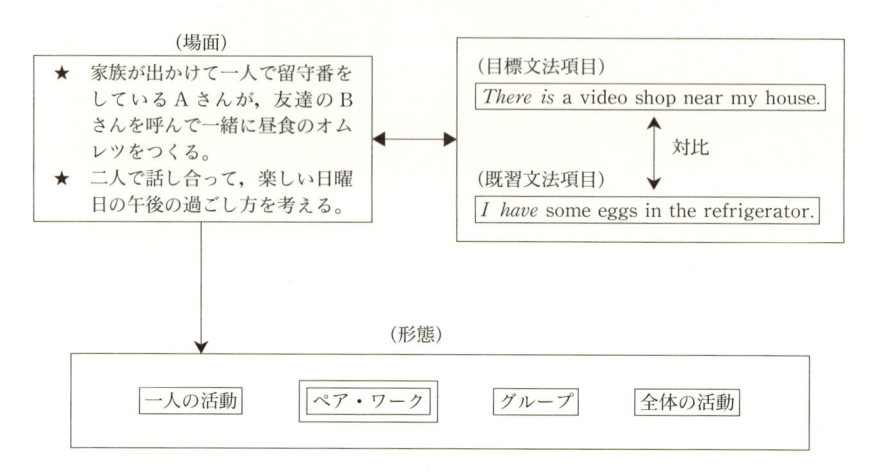

(場面)
- ★ 家族が出かけて一人で留守番をしている A さんが，友達の B さんを呼んで一緒に昼食のオムレツをつくる。
- ★ 二人で話し合って，楽しい日曜日の午後の過ごし方を考える。

(目標文法項目)
There is a video shop near my house.

対比

(既習文法項目)
I *have* some eggs in the refrigerator.

(形態)
| 一人の活動 | ペア・ワーク | グループ | 全体の活動 |

♠活動の手順

(1) 生徒を2人1組にさせる。

(2) 一方の生徒に【Sheet A】を，もう一方の生徒に【Sheet B】を配布する。シートは互いに見せ合わないように注意する。日曜日の午後の過ごし方を決めるタスク活動であることを知らせる。

(3) A，B それぞれの別紙，〈あなたの身の回りの様子〉を配布し，それぞれの家の中の様子，冷蔵庫に入っている物，家の周りの地図を確認させる。

第3章　コミュニケーション志向の文法説明とタスク活動　71

✨ *Let's cook an omelet!* ✨
There is/are ～.

【Sheet A】
〈次の場面でパートナーと会話してみよう。〉

> 日曜日の朝。家族はみんな出かけてしまって一人ぼっちです。そうだ！ 友達のBさんを呼んで，一緒にお昼ご飯を食べよう。オムレツを作ったりしたいな。最近オムレツの作り方をテレビの料理番組で見たところです。Bさんを家に招待して楽しい日曜日を過ごそう。

　★　あなたの身の回りの様子は別紙を見ましょう。

1. Bさんに電話をして，家に招待しましょう。卵もたくさんあることだし，お昼にご飯に一緒にオムレツを作りたいなと思っていることも伝えましょう。　　　　（★あなたから会話をはじめます。）
    - ●会話の結果を○で囲み，次に進もう。
        - Bさんは遊びに→（来てくれる・来てくれない）
        - オムレツは→（一緒に作る・自分一人で作る・作らない）
    - ●どうやらBさんはあなたの家の周りにどんな店があるのか気になっているようです。別紙の地図を見ながら，どうにかしてBさんと一緒に遊ぶことができるように会話を進めましょう。

2. Bさんが家に遊びに来ることになりました。Bさんは映画のことが気がかりのようです。あなたの家にあるビデオのことも教えてあげましょう。好みが違えば近くにあるビデオのレンタル屋さんにさそいましょう。　　　　（☆友達から会話をはじめます。）

3. Bさんはあなたの家にオムレツの材料がそろっているかも気になるようです。オムレツには (eggs/onions/green peppers（ピーマン）/carrots/beef（牛肉）) が必要です。あなたの家の冷蔵庫を調べて，無い物はBさんに持ってきてもらうかスーパーに買い物に行くか決めましょう。　　　（★あなたから会話をはじめます。）

4. 家に来る途中にアイスクリーム屋さんがあれば，アイスクリームを買ってきてもらいましょう。あなたの好きな種類のアイスクリームを伝えて，それが売っているかも確かめましょう。11時ごろ来てもらうことにして，会話を終えましょう。
　　　　　　　　　　　　　　　（★あなたから会話をはじめます。）

72

Sheet A の別紙〈あなたの身の回りの様子〉

第3章 コミュニケーション志向の文法説明とタスク活動　73

Let's cook an omelet!
There is/are 〜．

【Sheet B】
〈次の場面でパートナーと会話してみよう。〉

日曜日の朝です。いつも忙しくてなかなかのんびりと自由に過ごせないのですが，久しぶりに宿題も終わったし，テストもないし，さあ，今日こそ好きなように日曜日を過ごすぞ！ 見逃してしまった映画のビデオを借りてきてビデオも観よう。本屋さんにも行って本も見てきたいし，CD屋さんにも行って最新アルバムも買いたいな。

★あなたの身の回りの様子は別紙をみましょう。

1. やっと自由に遊べると思っていたのに，友達のAさんから電話がかかってきます。見逃してしまった映画のビデオを借りてきてビデオも見たいし，本屋にもCD屋さんにも行きたいのに…。Aさんの家の近くにあればいいんだけどな。Aさんの家の周りの様子や家にビデオデッキがあるかどうかも確かめた上で遊びにいこうかな。
（☆友達から会話をはじめます。）

    ●会話の結果を○で囲み，次に進もう。
       Aさんの家の近くにレンタルビデオ屋さんは→（ある・ない）
       Aさんの家にはビデオデッキが→（ある・ない）
    ●Aさんの家の近くに本屋さんは→（ある・ない）
       Aさんの家の近くにCD屋さんは→（ある・ない）

2. Aさんの家に遊びに行くことになりました。それでも映画が気になるあなた。そのビデオ屋さんにあなたの見たい映画はあるのでしょうか。タイタニックやゴジラは映画館で見たし，スターウォーズがあればいいな。　　　　　（★あなたから会話をはじめます。）
    ●見たい映画は→（ありそう・なさそう）

3. Aさんの家に持っていく物はあるのでしょうか。Aさんはオムレツの作り方を知っているのでしょうか。あなたの家の冷蔵庫を確認して，あるものは持っていくことにしましょう。足りない材料があればスーパーで買いましょう。Aさんの家の近くにスーパーはありそうですか。また，Aさんの希望に応じて買い物をしていきましょう。
（☆友達から会話をはじめます。）

Sheet B の別紙〈あなたの身の回りの様子〉

(4) AさんがBさんに電話をして，オムレツを作ろうと誘う。(【Sheet A】【Sheet B】の1.と2.に対応。)
　　〈例〉　*A:* Hello. This is A. Are you free?
　　　　　 B: Yes. Why?
　　　　　 A: Come to my house. Let's cook an omelet. I *have* a lot of eggs.
　　　　　 B: OK. But I want to watch a video. *Do* you *have* "Star Wars"?
　　　　　 A: No, I don't. But *there's* a video shop near my house.
　　　　　 B: Good!

(5) オムレツの材料について話をする。(【Sheet A】【Sheet B】の3.と4.に対応。)
　　〈例〉　*A:* I *have* some onions and green peppers. Do you *have* carrots and beef?
　　　　　 B: I *have* only carrots.
　　　　　 A: Let's buy some beef then.
　　　　　 B: *Is there* a supermarket near your house?
　　　　　 A: Yes, We need some dessert, too.
　　　　　 B: *There's* an ice-cream shop near my house.
　　　　　 A: Wonderful!

(6) 活動中にどのような英語を使ったかを数名の生徒に発表させる。それらを板書し，話し手の感じ方によって There is/are 〜. と We/I have 〜. の表現は選択して使われることを確認し，活動を終了する。

♠留意点
- video, supermarket, ice-cream などは正しいイントネーションをあらかじめ練習しておく。また，omelet, CD なども「オムレツ」「シーディー」のように日本語式発音にならないように指導する。

♠タスク活動としての特徴
(1) **completion**
　　日曜日の過ごし方を一緒に考える中で，オムレツの材料，レンタルするビデオ，買ってくるアイスクリームの種類を決める。

(2) **message-focused**
- 「誘う」：一緒にオムレツを作ろうと誘う。ビデオを見ようと誘う。
- 「説明する」：家の近くにあるお店や，家にあるもの，持っているものなどについて説明する。
- 「質問する」：相手の家の近くにあるお店や，家にあるもの，持っているものなどについて質問する。
- 「依頼する」：必要な物を買ってきてくれるように頼む。

(3) **negotiation of meaning**
見たいビデオやオムレツに必要な材料を確認し合うなかで，「意味のやりとり」が期待される。

(4) **comparison of structures**
家の近くにあるお店や，自分の部屋や冷蔵庫にある物などについて「〜がある」と表現する中で，存在について言及する時は There is/are 〜., 所有の意識があるときは have を使うことを把握させ，使い分けるように工夫されている。

(5) **information gap**
お互いの家の周りの様子や，冷蔵庫にある食べ物の種類などに情報差を設け，それを伝え合ってタスク活動を進めるようにデザインされている。

(6) **of interest**
お互いが持っているもの，家の周りのお店などをなるべく生徒の身近なものにし，その状況を楽しみながら活動できるように工夫している。

♠アイデア
- このタスク活動では，「存在」を表す There is/are 〜.と「所有」を表す have を用いた表現の比較をねらいとしたが，There is/are 〜.と S+be 動詞の表現との対比でタスク活動を作成することもできる（第 4 章 pp. 248〜252 参照）。

3.3 目標文法項目：現在進行形

ポイント ある場面・状況が具体的に見える（思い浮かぶ）時に進行形が使われることを理解し，それを類似の形態素（単純現在形）と比較しながらコミュニケーションの場面で使用することができる。ここでは現在進行形を扱う。

＊今までの指導	＊ここでの指導
be動詞＋'-ing'＝「〜している」	'-ing'＝場面・状況が具体的に見える（思い浮かぶ）時に使う。 be動詞は時制を表す。

A 文法説明

準備物
- 一連の動きを描いた丸い5枚の絵とそれを貼るための台紙（図1）
- 提示する文を書いたカード
  (1) I play tennis after school.
      I am playing tennis.
  (2) I am meeting my friends.
      I am meeting my friends tomorrow.
- テニスラケット2本とテニス（ソフト）ボール

指導手順
(1) 進行形の基本的な用法の指導

〈下の図を黒板に貼っておく。〉

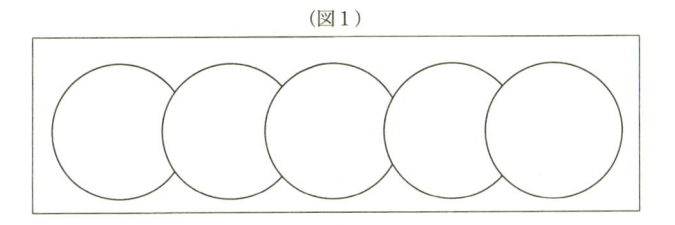

(図1)

○ ○ ○ ○ ○

> *T:* What do you *do* after school, S1? Do you *play* soccer or do you *play* baseball?
>
> *S1:* I *play* baseball.
>
> *T:* You *play* baseball after school.

〈テニス部の生徒に尋ねる。〉

> *T:* How about you, S2?
>
> *S2:* I *play* tennis.
>
> *T:* You *play* tennis after school.

〈カード I play tennis after school. を貼る。〉

〈テニス部の生徒に前に出てきてもらい，その生徒とテニスをしながら〉

> *T:* What *are* we *doing*, everybody?
>
> *Ss:* You *are playing* tennis.
>
> *T:* That's right.（テニスをする動作を続けながら）We *are playing* tennis. He *is playing* tennis. I *am playing* tennis.

〈カード I am playing tennis. を貼る。'-ing'に下線を引くなどして強調し，生徒の注意を促す。次に，単純現在形（play tennis）と現在進行形（playing tennis）との違いを説明する。〉

> *T:* I *play* tennis.と I *am playing* tennis.とでは意味は同じですかそれとも違いますか？

第3章　コミュニケーション志向の文法説明とタスク活動　79

S3: I *play* tennis.と言ったらいつもテニスをするという意味で，I *am playing* tennis.は今テニスをしている最中であるという意味だと思います。

T: そうですね。I *play* tennis after school.と言うと，「放課後はいつもテニスをする」という習慣を表しますね。'-ing'は，「〜しているところ」という活動中の動作について言う時に使います。

〈'-ing'のもつ意味を説明する。〉

☞ '-ing'を用いた表現は，(一連の動きを描いた絵を表の左から右へとゆっくり貼りながら) このように実際に目の前で起こっていることを説明している時に用いられることを説明する。

(2) 進行形の発展的な用法の指導

〈Aさんが同級生Bさんに電話をする場面を提示する。〉

① Bさんがちょうど今友達に会っているという状況
   A: What *are* you *doing*?
   B: I'*m meeting* my friends.

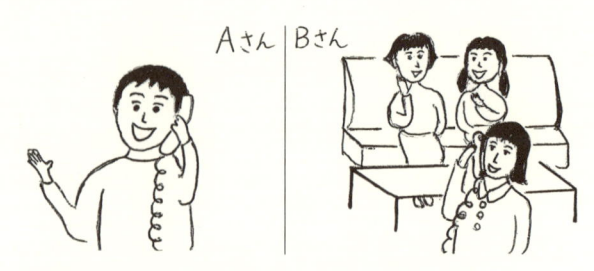

〈カード I am meeting my friends. を貼る。'-ing' と now の下のところに線を引き，生徒の注意を促す。〉

② Bさんは明日友達と会うスケジュールが決まっているという状況
   A: Are you free tomorrow?
   B: I'm meeting my friends tomorrow.

〈カード I am meeting my friends tomorrow. を貼る。'-ing' のところに同じ色の下線を引き，tomorrow のところには別の色の下線を引き，生徒の注意を促す。〉

〈'-ing' のもつ意味を説明する。〉

☞ 今友達に会っていないのに，I'm meeting my friends tomorrow. と言っている。Aさんは友達と会う約束をして，確実に会うことが決まっているのである。このように，明日友達と会っている状況が具体的に見える（思い浮かぶ）時にも，'-ing' を使って表現できることを説明する。

✐留意点

- 従来の文法説明は，be動詞＋'-ing'＝「〜している」というような公式で教えるため，その結果学習者は日本語の訳に頼ってしまいがちである。例えば，「バスが止まっている」を "*The bus is stopping now." と言ったり，「毎朝トーストを食べる」を "*I am having toast every morning." などのように，進行形を誤って使う恐れがある。以下のコミュニケーション活動とタスク活動を通して，場面・状況に応じて現在進行形と単純現在形を使い分けることができるように指導する。
- 実際には，I am playing 〜. は I'm playing 〜. と発話されるのが通常であるが，ここでは指導上，短縮形を用いず I am と記述している。
- 動詞の種類によって，'-ing' をつけた際，意味内容が変わってくる。詳しくは，Lewis (1986), Yule (1998), 髙島 (1999) を参照。

B コミュニケーション活動

◆ねらい
- シートの絵をもとに，A・Bの対話パターンに従って，お互いに情報を交換しながら現在進行形を使って尋ねたり答えたりできる。

[所要時間：10分]

◆活動の手順
(1) ペアの一方の生徒に【Sheet A】，もう一方の生徒に【Sheet B】を配布する。シートはペアの相手にみせないよう注意する。
(2) 活動をする前に，シートの中で動作をしている人物名の発音練習をしておく。また，have lunch, take a walk など必要であればその動作を英語でどう表現するのかを確認する。
(3) まず，【Sheet A】を持っている人が，絵の下に名前を挙げられている人（下の例では Mary）がそれぞれ何をしているところなのか予測をして【Sheet B】を持っている人に質問する。
   〈例〉 *A:* Is Mary *playing* the piano?
   　　　B: No, she isn't.　She's *cooking* in the kitchen.
   キッチンで料理を作っている絵の下の（　）に ⓐ と書き込む。
(4) 次に，【Sheet B】を持っている人が質問をする。
   〈例〉 *B:* Is Bill *sleeping*?
   　　　A: No, he isn't.　He's *studying*.
   以後(3), (4)を交互に繰り返す。
(5) （　）の中が全部埋まれば，家の外に女性は何人いたのかをチェックし，ペアあるいは全体で確認する。

◆留意点
- 二人一組で活動を行っていくが，交互に質問し合うように初めに指示しておく。最初に【Sheet A】を持っている人から会話を始めるようにする。つまり，会話をする順番はA ⇒ B ⇒ A ⇒ Bとなる。

◆アイデア
- この活動例は，現在行われている動作についてのものであるが，「昨日の3時頃」「先月の今頃」などといった状況に置き換え，過去進行形のコミュニケーション活動としても活用できる。

第3章　コミュニケーション志向の文法説明とタスク活動　83

『みんな，何をしているところかな？』
♫ 使ってみよう　現在進行形 ♫

〈会話例〉
A: Is S V-ing ...?
B: Yes, S is. S is V-ing....
　　No, S isn't. S isn't V-ing....

【Sheet A】

★現在進行形を使ってペアで会話をし，（　）にその動作をしている人の名前を記号で書きましょう。

ⓐ Mary　　ⓑ Jun　　ⓒ Akio　　ⓓ Chisa　　ⓔ Jane　　ⓕ Ken
ⓖ Miho

〈会話例〉
あなた： Is Mary playing the piano?
友達： No, she isn't. She's cooking in the kitchen.

★家の外に女性は何人いましたか？

　　　　　人

『みんな，何をしているところかな？』
♬ 使ってみよう　現在進行形 ♬

〈会話例〉
A: Is S V-ing ...?
B: Yes, S is. S is V-ing....
　 No, S isn't. S isn't V-ing....

【Sheet B】

★現在進行形を使ってペアで会話をし，（　）にその動作をしている人の名前を記号で書きましょう。

(Akio, Miho, Mary, Jane, Gonta, Chisa, Jun, Ken)

ⓗ Bill　　ⓘ Susan　　ⓙ Lucy　　ⓚ Tom　　ⓛ John　　ⓜ Fumi
ⓝ Rose

〈会話例〉
あなた：Is Bill cleaning the room?
友達：　No, he isn't.　He's studying.

★家の外に女性は何人いましたか？

[　　　　　人　]

C タスク活動

♠ねらい
- 習慣として普段行っていることについては単純現在形，今進行している動作や予定については現在進行形を用い，文脈によってこれらの文法項目を使い分け，正確に使用できるようにする。
- それぞれのスケジュールが埋まっている状況で，どのように変更するのかなどを英語でやりとりをしていく中で，単純現在形と現在進行形の使い分けができるようにする。

[所要時間：15分]

♠タスク活動のイメージ

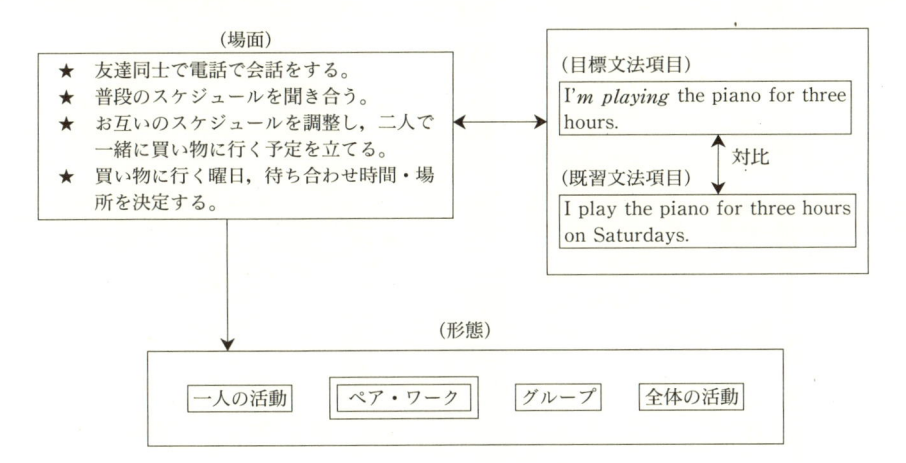

（場面）
- ★ 友達同士で電話で会話をする。
- ★ 普段のスケジュールを聞き合う。
- ★ お互いのスケジュールを調整し，二人で一緒に買い物に行く予定を立てる。
- ★ 買い物に行く曜日，待ち合わせ時間・場所を決定する。

（目標文法項目）
I'm *playing* the piano for three hours.

対比

（既習文法項目）
I play the piano for three hours on Saturdays.

（形態）
| 一人の活動 | ペア・ワーク | グループ | 全体の活動 |

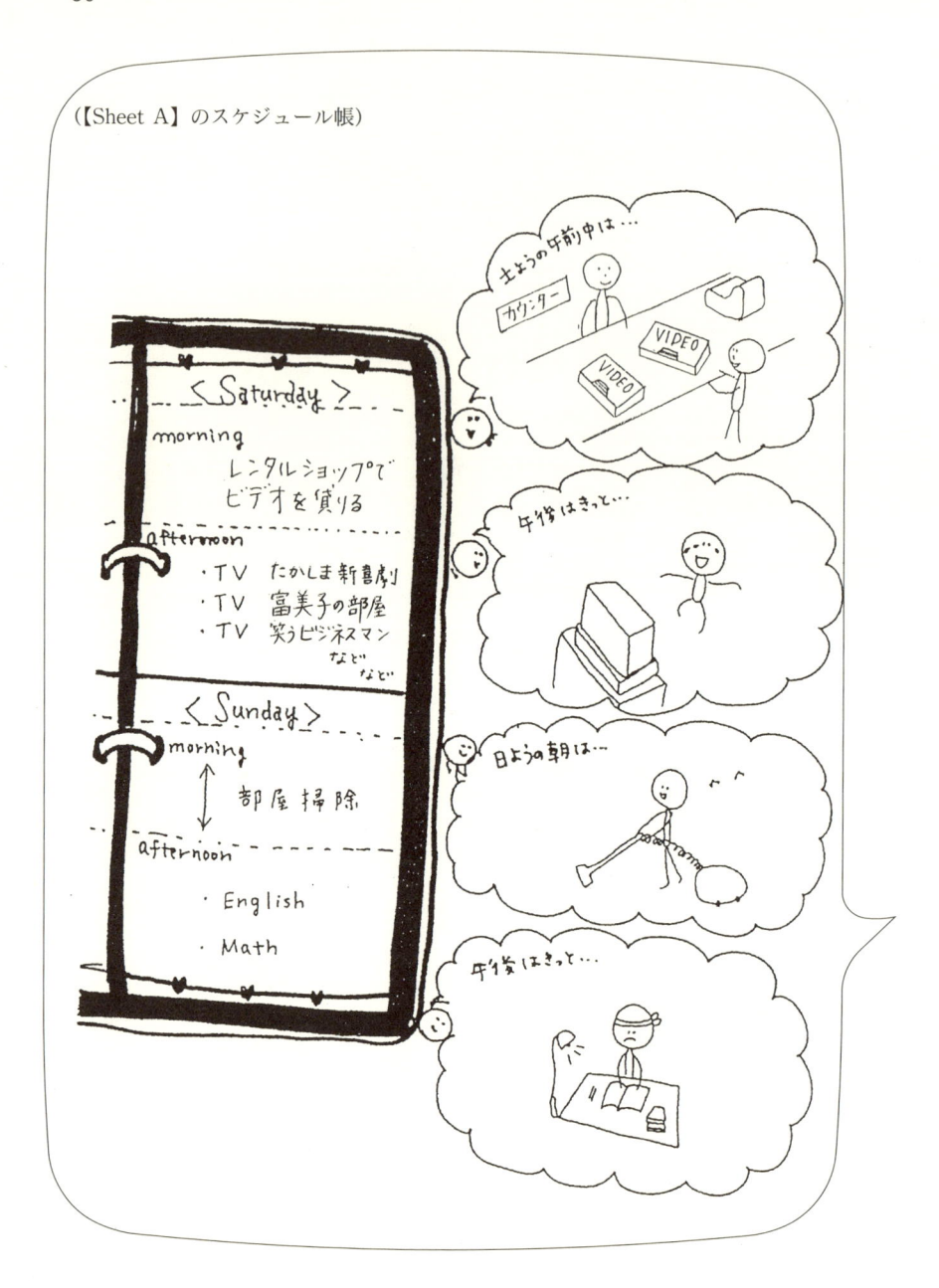

(【Sheet A】のスケジュール帳)

> 土ようの午前中は…
>
> 午後はきっと…
>
> 日ようの朝は…
>
> 午後はきっと…

〈Saturday〉
morning
　レンタルショップで
　ビデオを借りる
afternoon
　・TV たかしま新喜劇
　・TV 富美子の部屋
　・TV 笑うビジネスマン
　　　　　　など
　　　　　　など

〈Sunday〉
morning
　↑↓ 部屋掃除
afternoon
　・English
　・Math

第3章　コミュニケーション志向の文法説明とタスク活動　87

✴ Let's go shopping! ✴
現在進行形

【Sheet A】
〈次の場面設定でパートナーと会話してみよう。〉

> あなたは中学生のAさんです。金曜日の夜，あなたはBさんに電話をかけます。Bさんと一緒に週末買い物に行きたいな！　2人でうまく会話をして，待ち合わせ日時・場所を決めましょう。ただし，次の1〜2の条件にしたがって会話をすすめましょう。

1. (1) あなたはBさんに電話をかけます。簡単なあいさつからはじめましょう（Bさんは何をしているところかな？など）。Bさんは普段どんな週末を過ごしているのかを聞いて，下の表にかきこみましょう！
   （土日が休みの場合）
   → （あなたから会話を始めます。）　　　*weekend（週末）, secret（ひみつ）

	Bさんのいつもの週末
on Saturdays	
on Sundays	

   (2) 次にあなたの週末の過ごし方をBさんに伝えましょう。あなたの週末の過ごし方は，次の通りです。
   （Bさんから会話を始めます。）

	あなたのいつもの週末
on Saturdays	ゲームピカチュウで遊ぶ
on Sundays	（じつはダンスに夢中）

2. さて，Bさんの週末の過ごし方がわかったところで，買い物に誘いましょう。今週末のあなたの予定は，左のスケジュール帳のようになっています。Bさんはどうかな？　あら，Bさんの電話からニュースの天気予報が聞こえてきますよ。その天気予報の情報を聞き出して，買い物に行く曜日，待ち合わせの時間・場所を決めましょう。
   → （あなたから会話を始めます。）
   　　　　　　　　　　　　　　　*weather forecast（天気予報）, shopping（買い物）

何曜日にする？	
何時に待ち合わせる？	
どこで待ち合わせる？	

   ★これで買い物に行く約束ができました。楽しみですね！

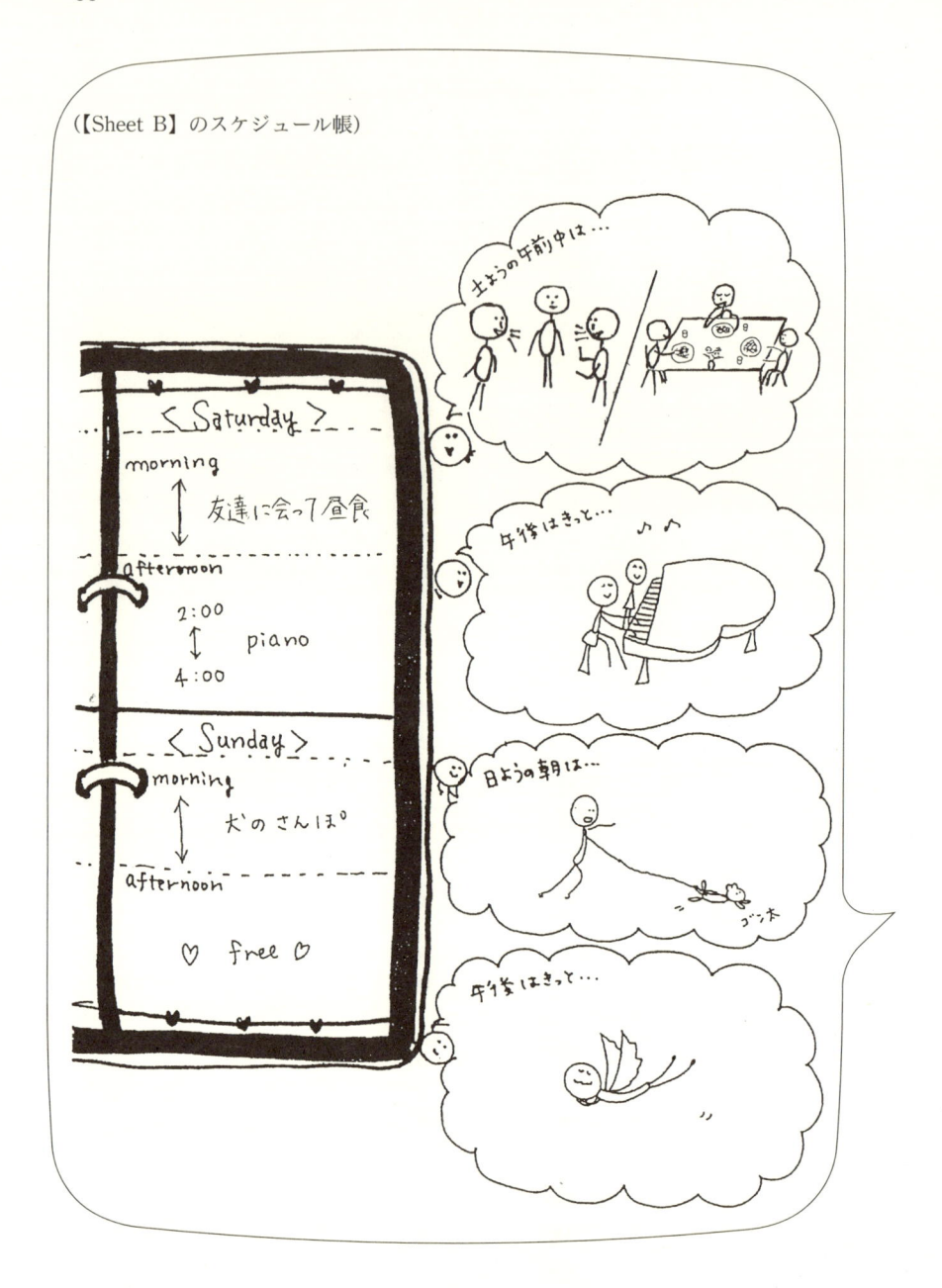

(【Sheet B】のスケジュール帳)

✻ *Let's go shopping!* ✻
現在進行形

【Sheet B】
〈次の場面設定でパートナーと会話してみよう。〉

あなたは中学生のBさんです。金曜日の夜，あなたは夕食後テレビを見ているところです。そこにAさんから電話がかかってきます。どうやらAさんは週末あなたと買い物に出かけたいようです。2人でうまく会話をして，待ち合わせ日時・場所を決めましょう。ただし，次の1〜2の条件にしたがって会話をすすめましょう。

1. (1) テレビを見ていると，Aさんから電話がかかってきます。簡単なあいさつからはじめましょう。Aさんはあなたが普段どんな週末を過ごしているのかを聞いてきます。あなたの週末の過ごし方は，次の通りです。（土日が休みの場合）
   （Aさんから会話を始めます。）　　*weekend（週末），secret（ひみつ）

	あなたのいつもの週末
on Saturdays	（じつはピアノを習っている）
on Sundays	犬のゴン太とごろごろする

   (2) Aさんの週末の過ごし方も聞き，下の表にかきこみましょう！
   → （あなたから会話を始めます。）

	Aさんのいつもの週末
on Saturdays	
on Sundays	

2. さて，今度の土日は休みです。Aさんはあなたを買い物に誘ってきます。週末のあなたの予定は，左のスケジュール帳のようになっています。Aさんの予定も聞いて，あなたの思い通りに決めましょう！　あら，テレビで天気予報が始まりましたよ。どうせ行くなら晴れているほうがいいな！その天気予報の情報を伝えて，買い物に行く曜日，待ち合わせの時間・場所を決めましょう。
   （Aさんから会話を始めます。）
   　　　　　　　　　　　　　*weather forecast（天気予報），shopping（買い物）

何曜日にする？	
何時に待ち合わせる？	
どこで待ち合わせる？	

★これで買い物に行く約束ができました。楽しみですね！

♠ 活動の手順
(1) ペアの一方の生徒に【Sheet A】、もう一方の生徒に【Sheet B】を配布し、各々のシートを見せ合わないよう注意する。
(2) 電話で友達と会話をして、お互いのスケジュールを調整し買い物に行く約束をする場面であることを確認する。
(3) 最初に、シートに書かれているお互いの普段の週末の過ごし方を尋ね合う。(【Sheet A】【Sheet B】の1.に対応)
　〈例〉　*A:* What do you usually *do* on Saturdays?
　　　　B: I *play* the piano for three hours on Saturdays.
(4) 次に、今週末のスケジュールはそれぞれすでに決まっており、二人で話し合って調整をつけ、しかもBさんが見ている天気予報の情報を参考にした上で、一緒に買い物に行くのに都合のよい曜日、待ち合わせ時間・場所を決める。(【Sheet A】【Sheet B】の2.に対応)
　〈例〉　*A:* Are you free this Saturday morning?
　　　　B: No. I'*m meeting* my friends and *having* lunch with them.
　　　　A: How about Saturday afternoon?
　　　　B: I'*m playing* the piano for three hours.
(5) 最後に、買い物に行く約束ができて、待ち合わせ日時・場所が決まり次第、各シートの右下の表の中に記入し、会話を終える。

♠ 留意点
・日常生活の行動、例えば sleep（眠る）、walk（歩く）などの動詞を進行形にして未来のことを表すには、目的や予定を明らかにするなどの限定を加える必要があることを説明する（例："*I am sleeping this afternoon." → "I am sleeping for a few hours this afternoon."）。
・今週末の天気予報を現在進行形を使って、例えば、誤って"*It is raining this Sunday."といった表現がでてくる恐れがある。この場合、人間の意志が含まれていない動詞を進行形にして未来のことを表現することはできないという説明を加える。

♠ タスク活動としての特徴
(1) **completion**
英語を用いて「買い物に行く約束をして待ち合わせ日時・場所を決定

する」ことができれば活動は完結する。

(2) **message-focused**
- 「質問する」：普段の週末の過ごし方について質問する。
- 「招待する（誘う）」：AさんがBさんに，今度の週末買い物に行こうと誘う。
- 「確認する」：待ち合わせ日時，場所を確認する。
- 「意見を言う」：天気予報の情報をもとに，天気がいい土曜日にしよう！などといった自分の意見を言う。

(3) **negotiation of meaning**
　お互いのスケジュールを調整し，買い物に行く曜日，待ち合わせ時間・場所を決定する際，相手の言ったことを聞き返したり，確認するなどの意味のやりとりが期待される。

(4) **comparison of structures**
　この例では，いつもの週末のことや今週の予定を話し合う中で「単純現在形と現在進行形」といった2つの文法構造を比較し，使い分けられるように工夫されている。

(5) **information gap**
　この例ではお互いの普段の週末の過ごし方，今週末のスケジュール，天気予報を見ているか見ていないかというような状況設定などによって，自分の持っている情報（量）と相手の持っている情報（量）に差ができるようにデザインされている。

(6) **of interest**
　一定の条件のもとで学習者自身の判断で対話を進めていくことにより，学習者は自己関与感を持って活動に取り組むことができる。スケジュール帳など，より現実生活に沿った話題を取り上げ，学習者が身近に感じるテレビのキャラクターなどを用いている。そのことにより，活動の取り組みへの動機付けを高めている。

♠アイデア
- ここでは，単純現在形と現在進行形とを使い分けるタスク活動の例を挙げたが，過去形と過去進行形を比較させることも考えられる。

3.4 目標文法項目：過去進行形

ポイント　過去進行形を現在進行形や過去形との対比を行うことで，はっきりと過去のある場面・状況を思い描くことができる時に過去進行形が使われることを理解し，コミュニケーションの場面で使用することができる。

＊今までの指導	＊ここでの指導
be 動詞の過去形＋'-ing' ＝「〜していた」	'-ing'＝場面・状況を想像したり，思い描く時に使う。 be 動詞の過去形＝過去時制を表す。

A 文法説明

✎準備物
- 現在進行形の指導で使用した丸い5枚の絵（一連の動作を表したもの）とそれを貼るための台紙
- 提示する語句・文を書いたカード

  | playing tennis |　　| I'm playing tennis. |
  | I was playing tennis yesterday. |　　| I played tennis yesterday. |

✎指導手順
(1) 進行を表す'-ing'の復習

〈'-ing'を用いた表現は，場面・状況が具体的に見える（思い浮かぶ）時に用いられることを例文を提示して説明する。〉

〈一連の動作を表した図を黒板に貼る。〉

| playing tennis |

第3章　コミュニケーション志向の文法説明とタスク活動　93

☞ play に '-ing' がつくことによって，動作が生き生きと感じられる点を説明する

(2) 現在進行形の復習

〈黒板に I am playing tennis. を貼る。〉

☞ 現在進行形の be 動詞は単に現在時制であることを説明する。

(3) 過去進行形の導入

〈黒板に I was playing tennis yesterday. を貼る。〉

T: この文がどういう意味かわかりますか？　S1？

S1: 私はその時テニスをしていた。

T: そうですね。みなさんは頭の中でテニスをしている姿がこの文を聞いて想像できますか？

〈一連の図の下に人が想像している様子を付け加える。〉

I was playing tennis then.

☞ 進行形の基本概念は，場面・状況が具体的に見える（思い浮かぶ）ことであり，was は過去時制を表していることを確認する。

(4) 過去形との対比

〈先の I was playing tennis yesterday. の下に，I played tennis yesterday. を貼り，比較する。〉

T: この過去進行形の文と過去形の文はどんな違いがありますか？S2？

S2: 過去進行形の文は，テニスをしていた状態を思い出しています。過去形の方は…わかりません。

T: そうですね。過去形の方は単に「テニスをした。」という事を伝えています。

☞ 上図と前ページの過去進行形の図と比較し，過去形は済んでしまった事実，過去進行形は過去の事を思い出しているという違いに気付かせる。

🖉 留意点
- 従来の指導のように「be 動詞の過去形＋動詞の'-ing'＝〜していた。」と公式的な指導をするのではなく，現在進行形で学習した'-ing'の本質的な意味を確認し，過去形との比較をする。
- また，be 動詞は時制を表し，現在進行形と過去進行形は，共通のイメージを持つことを確認する。

B コミュニケーション活動

◆ねらい
- 多くの人に年が変わる瞬間の過ごし方をたずね，過去進行形を使ってお互いに情報交換をし，クラスのベスト5を決める。　[所要時間：7分]

◆活動の手順
(1) クラス全員にインタビューシートを配り，年が変わる瞬間何をしていたか考えさせる。（メモ程度に自分のことを書かせてもよい。）表現の仕方がわからない生徒には，教師がヒントをこの時に与える。
(2) シートの会話例を参考に，口頭で何回か練習させる。
(3) 約5分間の時間制限を設けて，自由にインタビューする。
　〈例〉　*A:* Hi, what *were you doing* at midnight on January 1?
　　　　B: Um... I *was sleeping*.
　　　　A: OK. Please sign here.
　　　　（インタビューシートのNo.4の所にサインをしてもらう）
　　　　B: Here you are. *Were* you *sleeping* at midnight, too?
　　　　A: No. I *was writing* New Year's cards.
　　　　B: At that time! I like that. Your signature, please.
　　　　（その他の所に *writing* New Year's cards と書き，サインをしてもらう。）
　　　　A: Here you are.
　　　　B: Thanks. Bye.
　　　　（次のインタビュー相手を探す。）
(4) 制限時間が終了したら，生徒は席に戻り自分がインタビューした数を集計し，年が変わる瞬間の過ごし方ベスト5を書きこむ。
(5) 何人か指名して，クラスの前でベスト5を発表してもらう。

◆留意点
- あまり会話が単調になりすぎないように，テレビを見ていたとすれば何の番組を見ていたかなど，会話をふくらませるように指示したい。
- 単に"Sleeping?" "Yes./No."だけという会話になってしまう可能性があるので，教師は活動中机間巡視を行い，適切なフィードバックを与える必要がある。

2000年1月1日午前0時なにしてた？
♬ 使ってみよう過去進行形 ♬

〈会話例〉

> A: What were you doing at midnight on January 1?
> B: I was eating noodles.
> もしくは,
> C: Were you sleeping at midnight on January 1?
> D: No, I wasn't. I was watching "Yukutoshi-Kurutoshi" on TV.

★ 上の会話例を参考に，過去進行形を使って友達にインタビューしよう！
★ 下の該当する項目に合う人にインタビューをしたらサインをもらおう！
★ 該当する項目がなかった場合は，「その他」の欄に何をしていたか英語で書こう！
★ 最後に集計してあなた独自のベスト5の過ごし方をまとめよう！

年が変わる瞬間はこう過ごしていた!!

No. 1　eating noodles（そばを食べていた。）
　　　　サインはこちら

No. 2　watching TV（テレビを見ていた。）
　　　　サインはこちら

No. 3　talking with someone（誰かと話をしていた。）
　　　　サインはこちら

No. 4　sleeping（寝ていた。）
　　　　サインはこちら

No. 5　walking to the shrine（神社へ向かっていた。）
　　　　サインはこちら

No. 6　〜ing…（その他）
　　　　サインと何をしたかはこちら

年が変わる瞬間のすごし方
ベスト5!!

第1位
_____（　　人）
第2位
_____（　　人）
第3位
_____（　　人）
第4位
_____（　　人）
第5位
_____（　　人）

第3章　コミュニケーション志向の文法説明とタスク活動　97

C タスク活動

♠ねらい
- 単なる既成事実を述べる場合（過去形）と，自分の行動が生き生きとイメージできている場合（進行形）との区別をつけ，過去形と過去進行形の使い分けができるようになる。　　　　　　　　　　［所要時間：20 分］

♠タスク活動のイメージ

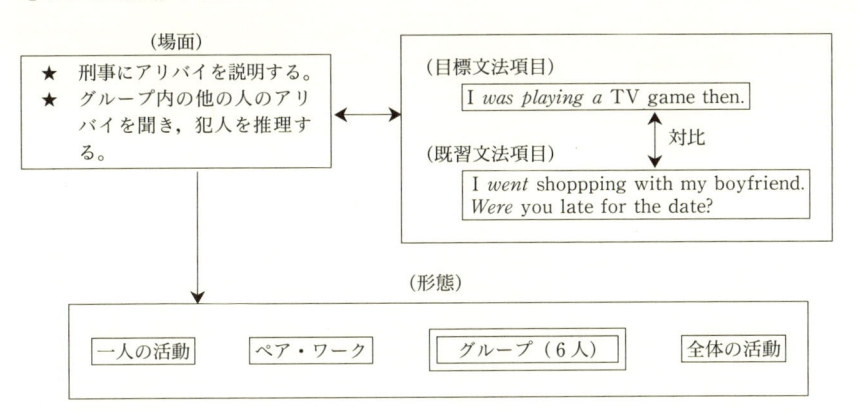

（場面）
★ 刑事にアリバイを説明する。
★ グループ内の他の人のアリバイを聞き，犯人を推理する。

（目標文法項目）
I *was playing a* TV game then.

対比

（既習文法項目）
I *went* shoppping with my boyfriend.
Were you late for the date?

（形態）
| 一人の活動 | ペア・ワーク | グループ（6人） | 全体の活動 |

♠活動の手順
(1) 6人のグループを作り，その中で警察官になる人を1人選ぶ。
(2) グループ全員にそれぞれの6枚のカードを配り（警察官の人には警察官用のカード），全員のプロフィールと事件の状況を読む時間を取る。（この時，警察官だけを集めて，事情聴取の手順などを詳しく教師から説明するとわかりやすい。また，必ず他人にはカードを見せないことを徹底しておく。）
(3) 警察官は，それぞれの容疑者に対し，名前・年齢・容疑者との関係を尋ねる。もしくは，自己紹介という形をとってもよい。
　　〈例〉　***Policeman:*** What is your name and how old are you?
　　　　　Ayumi:　　I am Ayumi Sakihama. I'm 21 years old.
　　　　　Policeman: Are you a singer?
　　　　　Ayumi:　　Yes, I am.
　　　　★この時警察官は，自分のカードに相手の名前と年齢を記入する。

✯アリバイ工作✯
過去進行形

あなたは，腕ききの刑事：クリーン・ハリーです。

[事件]
昨夜の5時から7時の間に，人気歌手「宇田ヒカル (17)」が何者かによって殺された。容疑者として，以下の5人があげられる。5人ともに殺しの動機はあるが，アリバイがはっきりしない。犯人を探せ!! 以下の作業1～3の手順にしたがうことを忘れるな!!

作業1：名前と年齢，それぞれの被害者との関係を探れ!!（必ずプロフィールの順番に聞くこと）
作業2：5時～6時，6時～7時のそれぞれの行動を探れ!!
作業3：犯人を絞り込め!!

容疑者のプロフィール

- _____（　）： 事務所の先輩歌手。最近CDが売れず，人気歌手の宇田ヒカルをうらんでいた。プロデューサーの「大室哲哉」とは恋人関係。事件当時，5時に待ち合わせをしていたが遅れてきている。
    5時～6時：_____
    6時～7時：_____

- _____（　）： 超有名音楽プロデューサー。数々の有名歌手を担当していた。別れた恋人「宇田ヒカル」がしつこいので，最近うんざりしていた。
    5時～6時：_____
    6時～7時：_____

- _____（　）： 被害者の義理の母。いつも宇田ヒカルをいじめていた。自分の息子である「宇田コダマ」を歌手にしたかった。
    5時～6時：_____
    6時～7時：_____

- _____（　）： 被害者の義理の弟。被害者と一緒にオーディションを受け，歌手を夢見ていたが，義理の姉宇田ヒカルが有名になった。
    5時～6時：_____
    6時～7時：_____

- _____（　）： 宇田ヒカルのマネージャー。宇田ヒカルに交際を求めているが，ずっと断られている。宇田ヒカルの大ファンである。
    5時～6時：_____
    6時～7時：_____

★私が選んだ犯人は，ズバリ _____ だ!!

第3章 コミュニケーション志向の文法説明とタスク活動　99

あなたは，崎浜あゆみです。

[事件]
昨夜の5時から7時の間に，人気歌手「宇田ヒカル(17)」が何者かによって殺された。この殺人事件の容疑者としてあなたがあげられています。また，あなたのほかに4人容疑者がいます。あなたの5時から7時までの行動を警察官に質問されたら答え，アリバイを言いましょう!!

あなたのプロフィール
・崎浜あゆみ (21歳)：　　事務所の先輩歌手。最近CDが売れず，人気歌手の宇田ヒカルをうらんでいた。プロデューサーの「大室哲哉」とは恋人関係。

事件当日のあなたの行動
　　5時～6時：<u>恋人兼プロデューサーである大室哲哉とショッピング</u>
　　6時～7時：<u>家で一人でテレビゲーム</u>

実は… あなたは，5時に恋人の大室哲哉と待ち合わせをしていましたが，5時20分に待ち合わせ場所に行きました。なぜ遅れたか聞かれたら，「知らない」とだけ言いましょう!!

★私が選んだ犯人は，ズバリ　[　　　　　　]　だ!!

あなたは，大室哲哉です。

[事件]
昨夜の5時から7時の間に，人気歌手「宇田ヒカル(17)」が何者かによって殺された。この殺人事件の容疑者としてあなたがあげられています。また，あなたのほかに4人容疑者がいます。あなたの5時から7時までの行動を警察官に質問されたら答え，アリバイを言いましょう!!

あなたのプロフィール
・大室哲哉 (43歳)：　　超有名音楽プロデューサー。数々の有名歌手を担当していた。別れた恋人「宇田ヒカル」がしつこいので，最近うんざりしていた。なお，現在の恋人は「崎浜あゆみ」。

事件当日のあなたの行動
　　5時～6時：<u>恋人であり，宇田ヒカルのライバルでもある崎浜とショッピング</u>
　　6時～7時：<u>友達と話をしていた</u>

ポイント!!
実は… あなたは5時に恋人の崎浜あゆみとまちあわせをしていましたが，彼女は20分遅刻をしてきた。理由は知りません。このことを警察に言えますか？　だって，崎浜あゆみはあなたの恋人ですよ!!

★私が選んだ犯人は，ズバリ　[　　　　　　]　だ!!

あなたは，宇田ノゾミです。

[事件]
昨夜の5時から7時の間に，人気歌手「宇田ヒカル (17)」が何者かによって殺された。この殺人事件の容疑者としてあなたがあげられています。また，あなたのほかに4人容疑者がいます。あなたの5時から7時までの行動を警察官に質問されたら答え，アリバイを言いましょう!!

あなたのプロフィール
　・宇田ノゾミ (50歳)：　被害者の義理の母。自分の息子である「宇田コダマ」を歌手にしたかった。そのため，宇田ヒカルが好きではない。

事件当日のあなたの行動
　5時～6時：いつものようにテニスを友達としていた。
　6時～7時：夕飯の準備を家でしていた。

ポイント!!
実は…あなたが犯人です。6時～7時の間に犯行におよんでいます。

★私が選んだ犯人は，ズバリ 　　　　　　　だ!!

あなたは，宇田コダマです。

[事件]
昨夜の5時から7時の間に，人気歌手「宇田ヒカル (17)」が何者かによって殺された。この殺人事件の容疑者としてあなたがあげられています。また，あなたのほかに4人容疑者がいます。あなたの5時から7時までの行動を警察官に質問されたら答え，アリバイを言いましょう!!

あなたのプロフィール
　・宇田コダマ (16歳)：　被害者の義理の弟。被害者と一緒にオーディションを受け，歌手を夢見ていたが，義理の姉宇田ヒカルが有名になった。

事件当日のあなたの行動
　5時～6時：学校でクラブ活動があり，サッカーをしていた。
　6時～7時：家に6時に帰ってきたが，7時になっても母親がいなかったため，テレビを見ながら宿題をしていた。

ポイント!!
母親との証言にくいちがいが… さぁどうする？

★私が選んだ犯人は，ズバリ 　　　　　　　だ!!

第3章 コミュニケーション志向の文法説明とタスク活動　101

あなたは，意地悪雄です。

[事件]
昨夜の5時から7時の間に，人気歌手「宇田ヒカル（17）」が何者かによって殺された。この殺人事件の容疑者としてあなたがあげられています。また，あなたのほかに4人容疑者がいます。あなたの5時から7時までの行動を警察官に質問されたら答え，アリバイを言いましょう!!

あなたのプロフィール
　・意地悪雄（55歳）：　　宇田ヒカルのマネージャー。宇田ヒカルに交際を求めているが，ずっと断られている。宇田ヒカルの大ファンである。

事件当時のあなたの行動
　5時〜6時：電話で「宇田ヒカル」と明日のスケジュールの話をしていた。
　6時〜7時：テレビニュースを見ていた。

ポイント!!
あなたは，電話で5時〜6時の間に被害者と話をしているので，その間に事件は起こっていないことが証明できる!!
　★私が選んだ犯人は，ズバリ　　　　　　　　　　だ!!

(4) 警察官は事情聴取を開始する。
　　〈例〉　***Policeman:*** Your boyfriend is Tetsuya, right?
　　　　　Ayumi:　　Yes.
　　　　　Policeman: And you don't like Hikaru very much. ...
　　　　　Ayumi:　　That's true. But I didn't kill her.
　　　　　Policeman: Then what *were* you *doing* from 5 to 6 yesterday?
　　　　　Ayumi:　　Well, ... I *went* shopping with my boyfriend. ...
　　警察官は何をしていたかカードに書きこむ。
　　　　　Policeman: How about from 6 to 7 o'clock?
　　　　　Ayumi:　　I *was playing* a TV game.
　　　　　Policeman: With your boyfriend?
　　　　　Ayumi:　　No. I *played* it alone in my room.
(5) 事情聴取を終えたら，それを元に犯人が誰か推測をし，カードに書き込み，会話を終える。

♠留意点
- その人の状況が具体的に把握できるように，「うらんでいた」，「うんざりしていた」などの表現が使用されている。実際の会話では，don't like や didn't like で表現できることを生徒に理解させたい。
- 刑事役は，発話量が多くなることが予想されるので，あらかじめボランティアをつのるなどの配慮が必要である。
- 動詞によって，過去形や過去進行形を使い分ける必要がある。したがって，"I was not killing her." や "I was not liking her." などの誤った文を発話した場合，フィードバックが必要である。（動詞の種類による使い分けについては，髙島 1999 を参照。）

♠タスク活動としての特徴
(1) **completion**
　　英語を用いてそれぞれの事情聴取を行い，犯人を1人選ぶ。
(2) **message-focused**
- 「質問する」：容疑者の5時～7時までの行動について質問する。
- 「確認する」：それぞれの容疑者の行動について確認する。
- 「説明する」：待ち合わせに遅れたことなど，証言の矛盾点について

説明する。
- 「説得する」：相手に自分が無実であることを説得する。

(3) **negotiation of meaning**
容疑者の行動についての確認や，お互いの発話のわかりにくかった点について聞き返すなどをして「意味のやりとり」がおこなわれる。

(4) **comparison of structures**
事件当日の行動を尋ねたり，答えたりする中で過去形や過去進行形を使い分けるように工夫されている。

(5) **information gap**
全員がそれぞれ違う情報を持っており，容疑者同士でも証言の矛盾点が生じるように工夫して情報が与えられている。このため，全員が必然的に相手の情報を聞かなければならない状況となる。

(6) **of interest**
警察官と容疑者という役になりきり，推理していくことによって，興味を引く内容となっている。また，警察官 vs 容疑者達といった対戦的な要素もふくまれているため，学習者の競争心がかきたてられるのではないだろうか。さらに，登場人物を生徒達にとって知名度の高い芸能人の名前を利用することによって，興味を引くようになっている。

♠ アイデア
- 全グループの事情聴取が終わったところで，警察官役の生徒に誰が犯人だと推理したかを発表させてもよい。また，時間設定を減らしたり，容疑者の人数を減らすなどして，違う場面設定や条件設定を行うことで，さらにこの活動を簡略化することもできる。
- どのグループが最も速く犯人を見つけることができたかを競わせる方法も可能である。
- 各グループでの活動終了後，お互いにカードを見せ合い，選んだ犯人の正答数を競うこともできる。

3.5 目標文法項目：受動態

ポイント 話し手の意図や聞き手の関心などの状況を理解し，受動態を使用する適切な場面の中で，能動態の使用場面と比較しながら両者を適切に使い分けることができる。

＊今までの指導	＊ここでの指導
能動態から受動態への書き換え。 be 動詞＋過去分詞＝「～される」	話し手が何に焦点を置くかにより表現形態が変わる。 be 動詞は，時制を表す役割をする。 過去分詞は，形容詞的な特徴を持ち，他から受けた動作や，状態を表している。

A 文法説明

準備物
- チョコレート・CD・リスニングシート
- 提示する文を書いたカード

  | The chocolate was made in France. | The CD was broken |
  | Kenji broke the window. | The window was broken. |

- 文法説明の時の状況説明をする7枚の絵

指導手順

(1) 話し手の焦点の置き方と態の使い方

> *T:* I'll tell you about yesterday. Please listen carefully and answer the 5 questions. Please write T or F.（チョコレートとCDを見せながら）

Yesterday I went shopping with my friend. First we went to Tokyu Hands. I bought some chocolate. It *was made* in France. Next we went to Tower Records. My friend bought a CD. Then we went

{ home. We opened the CD box. But the CD *was broken*. Now we
can't listen to it. (Teacher reads this twice.) }

T: O.K? Questions:
No. 1 Yesterday I went swimming with my friend. (F)
No. 2 I made some chocolate. (F)
No. 3 The chocolate was made in France. (T)
No. 4 My friends broke the CD. (F)
No. 5 We listened to the CD. (F)

〈リスニングのあと,答えの確認をする。〉

T: 今日は,今聞いた表現の勉強を
します。

〈 The chocolate was made in France. | The CD was broken. の2枚の
カードを黒板の左側に貼っておく。〉

T: O.K. Look at these pictures.

(1)　　　　　　　　　　　(2)

(3)　　　　　　　　　　　(4)

T: (1) You and Kenji were playing baseball in the classroom.
　(2) Kenji hit the window and broke it.
　(3) Kenji went back home.
　(4) You went to the staff room.
　What do you say to your teacher?

〈 Kenji broke the window.　The window was broken. の2枚のカードを(4)の絵の吹き出しのところに貼る。〉

S1: 僕は，Kenji *broke* the window.と言う。
S2: 私は，The window *was broken*.と言う。

T: どうしてその表現を使うのですか。

S1: 自分は，割っていないので，「健二が割った」と言うことを先生に伝えたいからです。
S2: 友だちの健二をかばうために，誰が割ったかと言うよりも，窓ガラスが割れたということを言いたいからです。

T: ある状態の説明をするときに，話す人と聞く人の気持ちで表現の仕方が変わります。誰がその状態を起こしたのか言いたくなかったり，知らなかったりする場合は，The window *was broken.* と Kenji *broke* the window. のどちらの英文を使いますか。

S3 The window *was broken.* を使います。

T: そうですね。それでは話す人が，誰がその行為をしたのか知っていて，その人のことを伝えたい時にはどちらの表現を使いますか。

S4 Kenji *broke* the window.

〈黒板の左に貼ったカードを指しながら〉

T: そうですね。授業の始めに聞いた，昨日の出来事の中に，The chocolate *was made* in France. と The CD *was broken.* の英文がありましたが，私は，どういう気持ちでこういう表現をしたのだと思いますか。

S5: 誰がつくったか，割ったかわからないから。

T: そうです。誰が作ったとか，割ったとかが言いたかったのではなくて，チョコレートが日本ではなくてフランスで作られたということや，買ったCDが壊れていてショックだったということを言いたいから，こういう表現をしたのです。

(2) 聞き手の焦点の置き方と態の使い方

T: それでは，話しの続きを考えてみましょう。

[職員室で]　　　　　　　　　　　　　　　　　　　　　　　　　　[翌日]

(5) What happened?　(6) Who broke the window?　(7) What did Kenji do?

〈(5)の絵を貼りながら〉

T: 先生に"What happened?"と聞かれたらどちらの表現を使いますか？

〈 Kenji broke the window. 　 The window was broken. の2文を生徒の吹き出しのところに貼る。〉

S6: 先生は，何があったのかを知りたいから，The window *was broken.*と言う。

〈 The window was broken. だけを(5)の生徒の吹き出しのところに残す。〉

第3章　コミュニケーション志向の文法説明とタスク活動　109

T: "Who *broke* the window?" と聞かれたら？

〈(6)の絵を貼る。〉

S7: Kenji *broke* the window. と答えます。

〈 Kenji broke the window. だけを(6)の生徒の吹き出しに貼る。〉

T: 翌日，先生から注意を受けている健二を見た友だちがあなたに聞いてきました。What did Kenji do? あなたはどちらの表現を使いますか？

〈 Kenji broke the window. The window was broken. を(7)の生徒の吹き出しのところに貼る。〉

S8: 友だちは，健二が何をしたのかと聞いているのだから Kenji *broke* the window. の表現を使う。

〈 Kenji broke the window. だけ(7)の生徒の吹き出しに貼る。〉

T: そうですね。(1)〜(4)は，話し手の気持ちで表現を決めることを勉強しましたが，(5)〜(7)では聞く人の気持ちを考えて表現を決めることがわかりました。

🖉留意点

- 指導の際に用いるカードの made/broke/broken の部分は同色で強調する。was は broke/broken とは違う色で強調する。
- 今までの指導では，能動態と受動態を書き換えて指導をする場面が多く見られた。機械的に言葉を認識させるのではなく，聞き手や話し手の意

図を反映して，表現形式が変わることを認識させる指導を行う。
・「by＋行為者」の表現は，行為者（人間や動物）についての情報も与えたいときにつけることを指導する。
・受動態が使われる条件はいろいろあるが，
(1) 行為者を言う必要がない/知らない。
    The chocolate was made in France.
(2) 行為者ではなく，行為を受けたもの（人）に焦点を当てて伝えたい。
    The CD was broken.
(3) 行為者を知っているが，ある理由により，行為者を言いたくない。
    The window was broken.
の3点に絞って指導することが先決であると考えられる。

（小寺他 1992 参照）

B コミュニケーション活動

✦ねらい
- シートの絵をもとに，今年と昨年の状態を受動態を使って表現し，その違いを把握する。　　　　　　　　　　　　　　　　[所要時間：10分]

✦活動の手順
(1) 二人組のペアをつくり，一方に【Sheet A】，もう一方に【Sheet B】を配布する。シートは，お互いに見せあわないように注意する。
(2) 活動をする前に，それぞれの持っている絵の説明をし，使う動詞の活用の練習をして，過去分詞を確認させる。
(3) まず，【Sheet A】を持っている生徒が，①花瓶の今年の状態を説明し，昨年の様子を聞く。
   〈例〉 *A:* The vase *was broken* this year. *Was* it *broken* last year, too?
   　　　 B: No, it wasn't. The vase *wasn't broken* last year.
(4) 【Sheet B】を持った生徒が，次に①グラスが昨年使われていることを説明し，今年の様子を聞く。
   〈例〉 *B:* Glasses *were used* last year. *Were* they *used* this year, too?
   　　　 A: No, they weren't. They *weren't used* this year.
   以後，(3)(4)の会話を繰り返して，②〜④の違いを見つけていく。
(5) 【Sheet A】を持っている生徒は，文の最後に"this year"を【Sheet B】を持っている生徒は，"last year"をつけるようにする。
(6) 最後に，【Sheet A】と【Sheet B】を持っているワークシートを見せあって，内容の確認をし，正解を確認させる。

✦留意点
- すべての動詞が，受動態として用いられるわけではないことに留意する。
- 動詞の過去分詞の発音や活用をきちんと把握させてから活動に入る。

✦アイデア
- 現在と過去を比較した内容のものであれば，泥棒が入った後と前などの内容も考えられる。

『Aki's Birthday Party』
♫ 使ってみよう受動態 ♫

〈会話例〉

> あなた：Dishes were used this year. Were they used last year, too?
> ペア　：Yes, they were. Dishes were used.

【Sheet A】

あなたは，今年行われた，アキのパーティーの様子の写真を持っています。昨年のパーティーとどこが違いますか？何が，どのように違っていたかペアと会話をしてみましょう。

聞いてみよう！
① 花瓶
② トム
③ プレゼント
④ ナイフとフォーク

どれを使って表現する？
use / invite / wrap
keep / close / break

違うもの	どのように違っていましたか？

第3章　コミュニケーション志向の文法説明とタスク活動　113

『Aki's Birthday Party』
♬ 使ってみよう受動態 ♬

〈会話例〉

あなた:	Dishes were used last year. Were they used this year, too?
ペア:	Yes, they were. Dishes were used.

【Sheet B】

あなたは，昨年行われた，アキのパーティーの様子の写真を持っています。今年のパーティーとどこが違いますか？何が，どのように違っていたかペアと会話をしてみましょう。

聞いてみよう！
① グラス
② 窓
③ 犬
④ メアリー

どれを使って表現する？
close / invite / use
break / keep / wrap

違うもの	どのように違っていましたか？

C タスク活動

♠ねらい
- 犯人の予告を伝えたり，現場の状況を説明したりする中で，行為を受けるものに焦点を当てていうのか（受動態），行為者に焦点を当てていうのか（能動態）の区別をしながら使い分けができるようにする。

♠タスク活動のイメージ

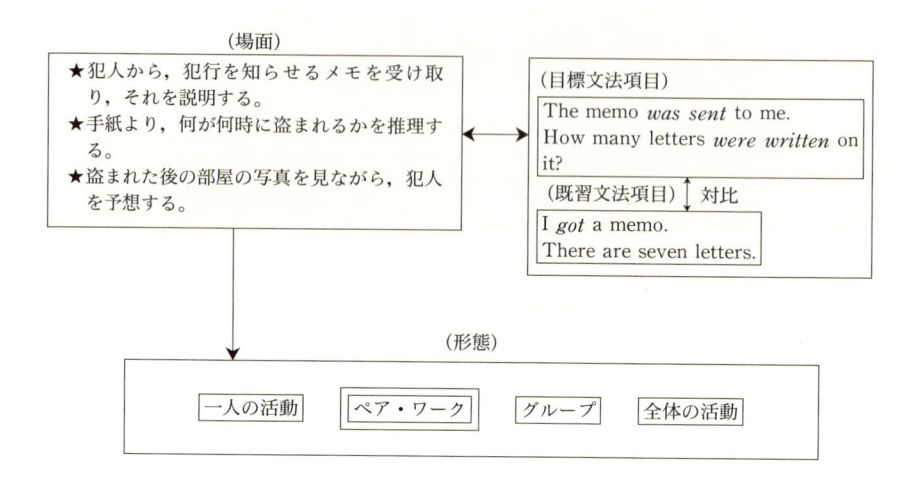

（場面）
- ★犯人から，犯行を知らせるメモを受け取り，それを説明する。
- ★手紙より，何が何時に盗まれるかを推理する。
- ★盗まれた後の部屋の写真を見ながら，犯人を予想する。

（目標文法項目）
The memo *was sent* to me.
How many letters *were written* on it?

（既習文法項目）　対比
I *got* a memo.
There are seven letters.

（形態）
一人の活動　ペア・ワーク　グループ　全体の活動

第3章　コミュニケーション志向の文法説明とタスク活動　115

✲犯人を捜せ！✲
受動態

【Sheet A】

あなたの家（本山家）には，先祖代々伝わる家宝があります。今朝「家宝をいただく」という電話があり，謎のメモが送られてきました。名探偵コンナン君に相談しよう。

1. 挑戦状を解読せよ！★あなたからコンナン君に電話をしましょう。

① （あなたから説明をしましょう。）本山家には，3つの家宝（treasure）があります。次の3つを説明しよう。

　　コッホ作の絵　　中国製の花瓶　　フランス製の時計

② 送られてきた謎のメモは右のようなものでした。
　　コンナン君の質問に答えて推理をしてもらおう。

犯行時刻	
盗まれる家宝	

2. やられてしまった！現場検証に協力しよう！
　警備網をぬって，犯行が実施されてしまった。現場検証に協力して犯人を早く見つけよう。家宝がおかれていた部屋に行ってあなたが気になった現場写真をコンナン君に報告しよう。

コンナン君が気になった所は	
1つ目	
2つ目	

容疑者と思われる人間が3人捕まりました。2人の情報から考えて，誰が犯人か推理しよう。

犯人は誰	その理由は？

☆犯人を捜せ！☆
受動態

【Sheet B】

あなたは，探偵コンナンです。友人の本山君から電話がありました。どうも家宝略奪のメモを受け取ったということです。事件の謎が解けるかな？

1．挑戦状を解読せよ！

★本山家から電話がありました。

① 本山家の家宝（treasure）を聞こう。 |　|　|　|

② 犯行時刻は，文字数だ！何文字書かれているか聞いてみよう。

＊どんな文字が書かれているか聞こう。その文字から，盗まれる家宝を推理しよう。

《あなたの推理は？》

犯行時刻	
盗まれる家宝	

2．やられてしまった！現場検証をしよう！

警備網をぬって，犯行を実施されてしまった。早く現場検証をして犯人の手がかりを捜そう。

★あなたから言いましょう。犯行後あなたが犯人につながる証拠として気になったのは，次の2点でした。本山君に伝えましょう。

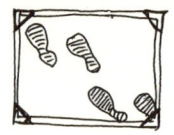

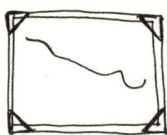

本山君がつかんだ犯人の手がかりは？
1つ目
2つ目

容疑者と思われる人間が3人捕まりました。2人の情報から考えて，誰が犯人か推理してみよう。

犯人は誰	その理由は？

♠活動の手順

(1) ペアの一方の生徒に【Sheet A】を,もう一方の生徒に【Sheet B】を配布する。その時に,お互いのシートを見せあわさせないように指示する。

(2) 自分たちの役割を,確認させる。

(3) まず,「あなたから始めましょう」と書かれてある方から,話を切り出すようにすることを指示する。(【Sheet A】の1.①に対応)

(4) 【Sheet A】を持っている生徒が,メモの内容を探偵に伝える。
　　A: Someone *sent* me a memo. (A memo *was sent* to me.)
　ここで,能動態で表現する生徒もいれば,"A memo *was sent* to me."と表現する生徒もいる。能動態を使った生徒は,「誰が送ってきたか。」ということに焦点を当てており,受動態を使った生徒は,「メモの存在」に焦点を当てていたことを,活動の後に振りかえらせる。(【Sheet A】の1.②に対応)

(5) 探偵コンナン君は,いつもの推理で,メモに書かれている文字数とその文字を尋ね手紙の解読をする。
　　〈例〉　*B:* How many letters *are written* on the memo?
　　　　　A: Seven letters *are written*.
　　　　　B: What letters *are written*?
　　　　　A: i, c, p, u, t, e, r
　この会話により,続いて,犯行時刻と盗まれるものを伝える。
　　〈例〉　*B:* Someone will come to your home at seven and steal a picture.
　その推理を聞いて,盗もうとしている絵の説明をする。(【Sheet B】の1.②に対応)

(6) 次に,現場検証の写真を見て,それぞれの仕入れてきた情報交換をするところにおいても,行為者が分からないので,状況の説明をするために受動態を使う必要がある。
　　〈例〉　*B:* A long hair *was found*.
　　　　　A: The window *was broken*.
　　　　　B: Footprints *were left*.
　　　　　A: My dog *was injured*.
　これらの状況から,お互いが話し合って,犯人を決めその理由を考え

る。
（【Sheet A】【Sheet B】の 2. に対応）

♠留意点
- 進行形（3.3，3.4）の指導の際，現在分詞に焦点を当てたように，受動態の指導では過去分詞の意味に焦点を当てて指導する。be 動詞は，進行形と同様に時制を表しているということを確認させる。
- 自分の考えを持って主張するだけではなく，相手の意見を聞き，妥協案を見つけだしたりするなどして，話を進めていく方策も指導する。
- このタスクでは，決められた答えというものはない。自分たちのペアで考え犯人をお互い説明することで，他のペアと議論をすることもできる。
- 文字数を答えるとき"There is (are) 〜."の表現で説明することができる。したがって，活動後のフィードバックの際に，自分が伝えたかったこと（気持ち）を確認させ，そのときにどのような表現が適切なのかを確認する必要がある。
- 文字を伝えるとき，アルファベットを正確に伝えられたかを確認し，発音を練習させる必要がある。

♠タスク活動としての特徴
(1) **completion**
   犯人の予告の手紙から，犯行時刻と盗まれるものを推理し，事件が起こった後，犯人の残した状況証拠から犯人を割り出す。
(2) **message-focused**
   - 「質問する」：推理するための手紙の内容や，盗まれる物の特徴などを聞く。
   - 「説明する」：手紙の内容や，盗まれる物の特徴，さらに，状況証拠の説明などをする。
   - 「意見を言う」：容疑者として 3 人挙がったときに，状況証拠などから，どの人が犯人か意見を言う。
(3) **negotiation of meaning**
   手紙の内容や，推理をするときのヒントなどをお互いの持っている情報を有意義に交換しないと盗まれる物，犯行時刻が解らないようになっている。したがって，意味のやりとりが行われると同時に，相手の

発話の確認も必要となる。
- (4) **comparison of structures**
  受動態と能動態はどちらの表現が正しいというのではなく，発話者の意識が何に向いているかということで違いが出てくる表現である。本活動では，文字数を聞いたり，犯行を説明するときに受動態を使うことができるようになっている。
- (5) **information gap**
  手紙の内容についての情報を知っている生徒と，推理の仕方を知っている生徒との情報の差や，犯行後の状況についての情報を交換しないと犯人を推理できないようになっているなどの情報の差がある。
- (6) **of interest**
  自分たちで，推理をして，犯人を捜し出す活動とともにその根拠も考えるというおもしろさがある。

♠アイデア
- 生徒から新しい発想や教師が気づかない考えを引き出すためにも，ペアで答えを考えていくというタスク活動は有益である。

3.6 目標文法項目：助動詞 *have to*

ポイント どうしてもそうしなくてはいけない「必要性」を表現したい時に *have to* が使われることを理解し，それを類似の形態素（ここでは，助動詞：can）と比較しながらコミュニケーションの場面で使用することができる。

＊今までの指導	＊ここでの指導
can＝「〜できる」 have to＝must＝「〜しなくてはならない」	can は「能力」，「許可」を表し，have to は「必要性」を表す表現であることを理解させる。

A 文法説明

準備物
- 状況を説明する絵
- ポイントとなる語や文を書いたカード

> can
> You have to swim 10 kilometers every day.
> Can I go home now?

指導手順

(1) 「能力」を表す can の復習をする

 T: What sport do you like, S 1?

     S1: I like soccer.

 T: Oh, do you? How about swimming?

     S1: I like swimming, too.

 T: I *can* swim only 50 meters. How far *can* you swim?

     S1: I *can* swim 100 meters.

 T: That's good.

〈水泳部の生徒に尋ねる。〉

T: How about you, S 2?
  Can you swim 100 meters, too?

  S2: Yes, I *can*.

T: How far *can* you swim?

  S2: I *can* swim 2 kilometers.

T: Two kilometers!? You *can* swim 2 kilometers. That's great!

〈You can swim 2 kilometers.と板書し，「～できる」と言いたい時は助動詞 can を使うことを確認する。〉

(2) have to を導入する

〈去年の水泳大会で，予選通過できず悔しがっている絵を見せる。〉

T: This boy wasn't happy last summer. Why is that, S4?

  S3: He *couldn't* swim fast.

T: That's right. Now, look at this picture.

〈今年の大会では予選突破できるようにがんばろうと，コーチが話している場面の絵を見せる。〉

T: He wants to win the race this year. The coach says, "You *have to* swim 10 kilometers every day."

〈絵のコーチの吹き出しの部分に You have to swim 10 kilometers every day. のカードを貼り, その意味を生徒に考えさせる。〉

T: What does this mean?

Ss: 毎日 10 キロ泳がなくてはいけない。

T: そうですね。このように, 予選に通過したいのであれば「毎日 10 キロは泳ぐ必要がある」と言いたい時, *have to* を使います。

〈主語や動詞を変化させて, have to/has to の練習をする。〉

T: Now, look at this picture.

〈10 キロ泳ぎ終えて, コーチに家に帰ってもよいかという許可をもとめる場面の絵を見せ, 吹き出しに Can I go home now? のカードを貼り, その意味を生徒に考えさせる。〉

第3章　コミュニケーション志向の文法説明とタスク活動　**123**

T: He swam 10 kilometers. He is very tired now.
He says to the coach, *"Can* I go home now?"
What does this mean in Japanese?

Ss: 家に帰っていいか聞いています。

T: そうですね。*can* は「〜してもよい」という意味でもよく使われます。では，このコーチが「家に帰ってもいいぞ。」と言う時は英語でどう言えば良いですか？

Ss: You *can* go home.

T: その通りです。この少年が例えばどうしても見たいテレビ番組があって「家に帰らなくてはいけないんです。」と言うなら，どう言えば良いですか？

Ss: I *have to* go home.

T: Yes! Now you've got it.

🖉留意点

- 従来の文法説明のように，「助動詞は，それぞれ意味が違うだけでどれも動詞の前に置いて文を作り，疑問文にする時は主語の前に出す」といった操作面を強調する指導ではなく，どのような場面で使われるのかを見る中で，助動詞の使用によって話し手の気持ちが具体的に表現されることを理解させ，場面に応じて have to と can を使い分けることが出来るようになる指導を目指したい。
- can については，「〜できる」（能力）の指導に終わり，「〜してもよい」（許可）の意味は扱われることは少ないため，状況に応じて使い分ける

指導が必要である。
- kilometers の'-s'は，発音の際に落としがちであるので，必要に応じて強調する。また，通常複数形と呼ばれるもの('-s')は，1以外の数に当てはまる事も知っておきたい。

 〈例〉 0.5 kilometers, 1 kilometer, 2 kilometers

B　コミュニケーション活動

◆ねらい
- シートの絵をもとに，標識のあらわす内容を，have to を使って説明し，どこにどの標識があるのかを特定する。　　　［所要時間：5分］

◆活動の手順
(1) ペアの一方の生徒に【Sheet A】，もう一方の生徒に【Sheet B】を配布する。シートは見せ合わないように始めに注意しておく。
(2) 活動をする前に，シートに出てくるすべての標識の絵カードを黒板に貼りながら，次のフレーズを板書して発音し，確認する。

【Sheet A】　　　　　　　　　　　【Sheet B】
標識 A： Be careful of ducks!　　　標識 F： Be careful of trains!
標識 B： Stop smoking!　　　　　　標識 G： Be careful of falling rocks!
標識 C： Be careful of children!　　標識 H： Use the horn!
標識 D： Be careful of koalas!　　　標識 I： Stop!
標識 E： Drive slowly!　　　　　　 標識 J： Be careful of kangaroos!

(3) まず【Sheet A】を持っている人が①の標識について（【Sheet A】には①としか書かれていない）【Sheet B】を持っている人に質問する。
　〈例〉　*A:* Look at sign No. 1. What do we *have to* do?
　　　　 B: We *have to* drive slowly.
　　　　 A: Oh, I see.
(4) 次に【Sheet B】を持っている人が ②の標識について質問をする。
　〈例〉　*B:* Look at sign No. 2. What do we *have to* do?
　　　　 A: We *have to* use the horn.
　　　　 B: Oh, I see.
　以後，(3), (4)を交互に繰り返し，他の標識についてもたずね合う。
(5) すべてが埋まったら，どこにどの標識があったのかをお互いに，あるいは全体で確認し合う。

◆留意点
- 二人一組で活動を行うが，交互に質問をするように始めに指示しておく。

◆アイデア
- この活動は have to を使う活動だが，must/mustn't を同時に使う活動にすると，扱える標識の種類が増える。

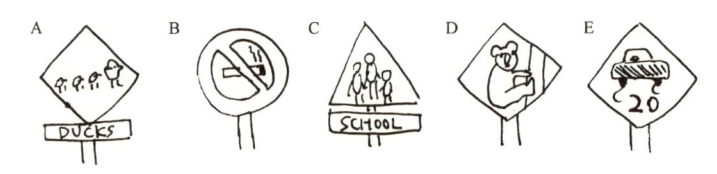

『あの標識は何だ？』
♬ 使ってみよう　助動詞　have to ♬

【Sheet A】

〈会話例〉

> A: Look at sign No. 番号. What do we have to do?
> B: We have to _____.
> A: Oh, I see.

★ あなたはBさんと一緒に見知らぬ町をドライブしています。楽しくドライブしていると，標識だらけの一角にさしかかりました。上の〈会話例〉を使って下の地図の①～⑧にはどんな標識が立っているのか，交互に聞き合って，（　　）に標識の記号を入れましょう。

★ 標識

A　B　C　D　E

第3章 コミュニケーション志向の文法説明とタスク活動　127

『あの標識は何だ？』
♬ 使ってみよう　助動詞　have to ♬

【Sheet B】

〈会話例〉

> A: Look at sign No. 番号. What do we have to do?
> B: We have to ＿＿＿＿＿.
> A: Oh, I see.

★あなたはAさんと一緒に見知らぬ町をドライブしています。楽しくドライブしていると，標識だらけの一角にさしかかりました。上の〈会話例〉を使って下の地図の①〜⑧にはどんな標識が立っているのか交互に聞き合って，（　　）に標識の記号を入れましょう。

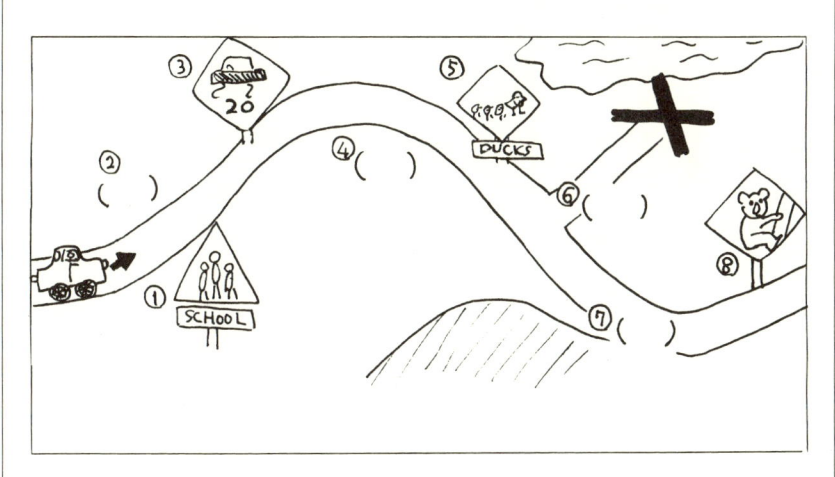

★ 標識

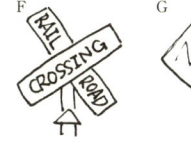

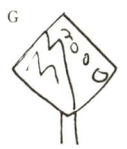

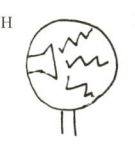

F　G　H　I　J

C タスク活動

♠ねらい

- 校則や日常生活上の決まり事について尋ねたり，説明したりする中で，可能性・許可としての can の使い方と必要性としての have to/has to の使い分けができるようにする。　　　　　　　　　　　［所要時間：12分］

♠タスク活動のイメージ

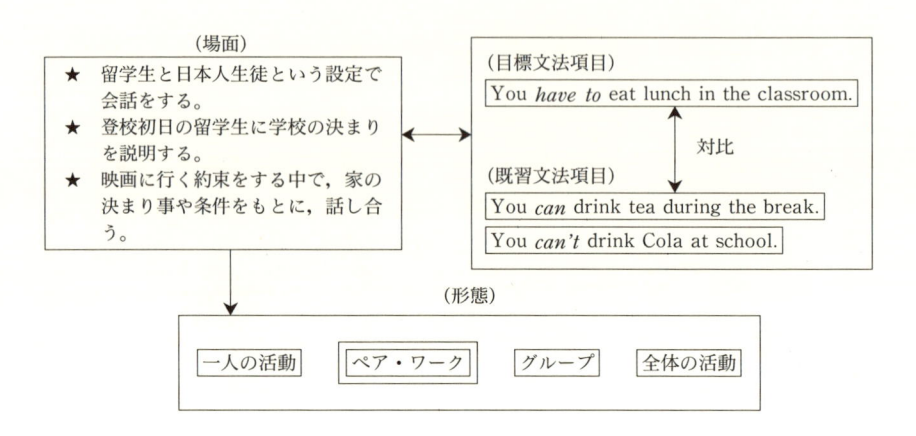

(場面)
- ★ 留学生と日本人生徒という設定で会話をする。
- ★ 登校初日の留学生に学校の決まりを説明する。
- ★ 映画に行く約束をする中で，家の決まり事や条件をもとに，話し合う。

(目標文法項目)
You *have to* eat lunch in the classroom.

対比

(既習文法項目)
You *can* drink tea during the break.
You *can't* drink Cola at school.

(形態)
| 一人の活動 | ペア・ワーク | グループ | 全体の活動 |

✻ *Cultural Differences?* ✻
助動詞

【Sheet A】
〈次の場面でパートナーと会話してみよう。〉

> あなたは日本のT中学校に交換留学生としてやって来た14歳のアメリカ人＿＿＿＿＿＿＿＿（好きな名前を自分で決めよう）です。一週間前にホストファミリーの鈴木さんの家へやってきました。今日は初めて日本の中学校に登校しました。わからないことは隣の席のBさんに何でも聞いて、はやく日本の学校生活に慣れましょう。

1. まず、あいさつをして隣の席の人の名前を聞きましょう。
    * あなたから会話を始めます。
    ★隣の席の人の名前は何でしたか。
    （　　　　　　　　　　）

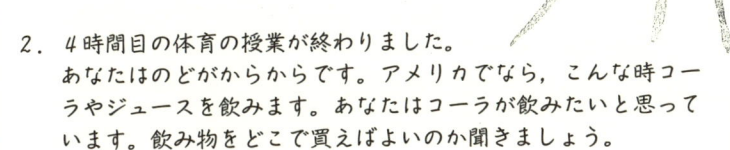

2. 4時間目の体育の授業が終わりました。あなたはのどがからからです。アメリカでなら、こんな時コーラやジュースを飲みます。あなたはコーラが飲みたいと思っています。飲み物をどこで買えばよいのか聞きましょう。
    * あなたから会話を始めます。

3. 昼食時間になりました。アメリカでは昼食はどこで食べても O.K. です。あなたはお弁当を持ってきています。今日はとてもよい天気です。Bさんに「外で弁当を食べよう。」と誘いましょう。
    * あなたから会話を始めます。

4. 昼食後、話をしているうちにBさんは大の映画ファンだということがわかりました。あなたも映画が大好きです。特にSF映画が好きで、話題の「スターウォーズ・エピソード1」はアメリカで見そこなったのでぜひ見たいと思っています。今度の土曜日は、何も予定がありません。
    * パートナーから会話を始めます。
    ★映画の試写会にはBさんと行くことになりましたか。（行く・行けない）

5. 滞在先の鈴木さんの家には色々な決まりがあります。夕食の時間は7:30で、7:00には家へ帰って鈴木夫人のお手伝いをしなくてはなりません。映画へ行ってよいか鈴木夫人に聞いてみないといけないとBさんに伝えましょう。
    * パートナーから会話を始めます。
    ★鈴木夫人に説明をする人は誰になりましたか。（あなた・パートナー）

✴ *Cultural Differences?* ✴
助動詞

【Sheet B】
〈次の場面でパートナーと会話してみよう。〉

> あなたはT中学校の2年1組の学級委員です。隣の家の鈴木さんのところにアメリカ人の中学生Aさんが来ていて、今日は彼（彼女）がはじめて登校してくる日です。アメリカと日本では学校生活の決まりに違いがあるようです。T中学校の決まりを彼（彼女）に教えてあげましょう。

1. あいさつをして、自己紹介をしましょう。
    *パートナーが先に話しかけてきます。
   ★彼（彼女）の名前は何でしたか？　　　　（　　　　　　　）

2. T中学校では、休み時間にはコーラは飲んではいけないことを伝えましょう。あなたは冷たいお茶を持ってきています。お茶なら飲んでもよい事を伝え、パートナーにお茶を分けてあげましょう。
    *パートナーから会話を始めます。

3. 昼食の時間になりました。T中学校では昼食は教室で食べなくてはならないことを伝えましょう。アメリカではどこで昼食をとるのか、聞いてみましょう。
    *パートナーから会話を始めます。

4. 昼食後、二人とも映画が大好きだということがわかりました。あなたは、「スターウォーズ・エピソード１」の特別招待試写会 (a special preview) のチケットを2枚持っています。今度の土曜日にAさんを試写会に誘いましょう。
    *あなたから会話を始めます。
   ★映画の試写会には、一緒に行くことになりましたか。（行く・行けない）

5. あなたは鈴木夫人がしつけに厳しい事を知っています。何時に帰宅しなくてはならないのか尋ねましょう。Aさんのかわりに鈴木夫人に事情を説明してあげると申し出ましょう。
    *あなたから会話を始めます。
   ★鈴木夫人に説明をする人は誰になりましたか。（あなた・パートナー）

♠活動の手順

(1) ペアの一方の生徒に【Sheet A】，もう一方の生徒に【Sheet B】を配布する。その際，各々のシートを見せ合わないように注意する。
(2) 初めて日本の中学校に交換留学生としてやって来たアメリカ人のティーンエイジャーと，日本人中学生の会話であることを確認する。
(3) まず始めに自己紹介をし合って，お互いの名前を確認する。
　　（【Sheet A】【Sheet B】の1.に対応）
　　★相手の名前を聞き取る。
(4) 体育の時間が終わったばかりの休み時間の設定で，Aさんの要求に対してBさんはT中学校の規則を告げる。（【Sheet A】【Sheet B】の2.に対応）
　　〈例〉　*A:* I'm thirsty. Where *can* I buy a Cola?
　　　　　B: You *can't* drink Cola at school.
(5) 次に昼食時の設定で，Aさんが外で弁当を食べようと誘うのに対して，BさんはT中学校では教室で食べるきまりであることを告げる。また，アメリカの学校での昼食についてBさんが聞き，Aさんが答える。
　　（【Sheet A】【Sheet B】の3.に対応）
　　〈例〉　*A:* It's beautiful outside. Let's have lunch under that tree.
　　　　　B: We *have to* eat lunch in the classroom.
　　　　　A: Why?
　　　　　B: I don't know. But it's a rule of this school. Do you eat lunch outside in America?
　　　　　A: Yes, sometimes. We usually eat in the cafeteria, but we *can* eat lunch anywhere in the school.
　　　　　B: Really? I didn't know that.
(6) 昼食後，話をする中で両者とも映画が好きなことを発見する。Bさんは映画の招待試写会のチケットを持っており，Aさんを誘う。
　　（【Sheet A】【Sheet B】の4.に対応）
　　〈例〉　*B:* Do you like (watching) movies?
　　　　　A: Yes. I like SF movies.
　　　　　B: Oh！I have 2 tickets for 'Star Wars; Episode 1.' Do you want to go with me?

> *A:* 'Star Wars'! Sure! I want to see it. I *couldn't* watch it in America.
> *B:* The tickets are for a special preview. It's on this Saturday at 6:00 p.m.

★試写会へ行くことになったかどうか（行く・行けない）のどちらかに丸をつける。

(7) AさんはBさんの誘いを受けたいが，映画に行くと鈴木家の門限を破ることになる。Aさんは7：00までに帰宅しなくてはならないことと，鈴木夫人に尋ねてみなくてはならないことを告げ，Bさんは自分が替わりに鈴木夫人に話すと提案する。(【Sheet A】【Sheet B】の5.に対応)

〈例〉
> *B:* The movie finishes at 8:00. Is that O.K.? What time do you *have to* go home?
> *A:* I *have to* be home by 7:00. So I *have to* ask Mrs. Suzuki.
> *B:* I *can* talk to Mrs. Suzuki about this.
> *A:* Thank you.

★どちらが鈴木夫人に話すかに丸をつける。（あなた・パートナー）

♠留意点
- must が既習事項の場合は，活動中に must を使用する例が見られると予想される。違いについての余り詳しい説明は中学生レベルでは必要ないと思われる。この活動例で使われる have to を含む文は，すべて must と置き換えても意味的な違いはほとんどない。
- はじめにお互いの名前を確認することにより，その後の会話で相手の名前をなるべく呼びかけるように指導する。
- 文化の違いを学ぶ教材にもなるが，それぞれのよい面を認め合うように指導したい。

♠タスク活動としての特徴
(1) **completion**
「自己紹介」をしてお互いの名前を教えあったり，「学校生活」や家の決まりを説明したりする中で人間関係をつくり，映画に行く約束をする。
(2) **message-focused**

- 「質問する」：どこで飲み物が買えるか，アメリカの学校ではどこで昼食を取るのか質問する。
- 「説明する」：T学校の規則や，鈴木家の決まりについて説明する。
- 「誘う（招待する）」：外で弁当を食べようと誘う。チケットがあるので映画に招待すると誘う。
- 「承諾する/断る」：映画の招待を承諾する，又は断る。
- 「申し出る」：お茶をあげようか，かわりに鈴木夫人に事情を説明してあげようかと申し出る。

(3) **negotiation of meaning**

何が飲みたいのかを言う場面（Cola，お茶）と時間に関して（夕食が7：30で門限は7：00）いう所で，聞き返したり，相手の言った内容の確認をするなどの「意味のやりとり」が期待される。

(4) **comparison of structures**

日本の学校の規則を説明したり，映画に行くことができるかどうかを話し合う中で，can と have to の文法構造を比較し，使い分けられるように工夫されている。

(5) **information gap**

アメリカ人留学生と中学生の対話にすることにより，学校の規則に対する文化的相違があり，そのために相手に説明をしなくてはならない（インフォメーション・ギャップを埋めなくてはならない）状況となる。

(6) **of interest**

条件を与えられたAさんBさんになりきることにより，自己関与感を持って，タスクに取り組むことができる。題材に校則，日常生活の決まりや日本の飲み物，話題の映画を扱うことで，生徒にとって身近な会話となる。

♠アイデア

- ここでは，can と have to の対比でのタスク活動の例をあげたが，同じ can で，「〜できる」（能力）と「〜してもよい」（許可）の意味の対比をさせるタスク活動も作成できる。
- また，"Do you play the piano?" と "Can you play the piano?" のように，習慣を表す現在形の用法と可能性を表す助動詞 can の用法を使い分けるタスク活動も作成可能である。

3.7 目標文法項目：現在完了形

ポイント 「話し手の視点」を加味した現在完了形の本質的意味を理解し，過去形などと比較しながらコミュニケーションの場面で使用できる。

＊今までの指導	＊ここでの指導
現在完了形＝have＋過去分詞 ・継続＝「～している」 ・経験＝「～したことがある」 ・完了/結果＝「～したところだ」	現在完了形は，話し手の現在の気持ちが過去に起こった出来事と何らかのつながりがある場合に用いられる。

A 文法説明

🖉準備物
- 一連の動きを示した絵4枚（①～④）と，それぞれ現在完了形と過去形を含む2種類の会話文
- 過去形と現在完了形の話し手の視点の違いを示した図
- 提示する文を書いたカード

  | I finished my homework. | | I have finished my homework. |

🖉指導手順
(1) 現在完了形の導入

〈以下のような場面を日本語で与え，その状況を描いた絵を3枚黒板に掲示する。〉

第3章　コミュニケーション志向の文法説明とタスク活動　135

T: 宿題をずっとやっていて，やり終えました。その時友達から「宿題もうできた？ 見せてくれない？」との電話がありました。「うん，宿題なら終わったよ。」と言う時，君たちだったらどのように表現しますか。

　　　　　　　　　　　　S1: I *finished* my homework. だと思います。
　　　　　　　　　　　　S2: I *have finished* my homework. だと思います。

〈カード I finished my homework.　I have finished my homework. を黒板に貼る。〉

T: どちらの表現が適切だと思いますか。

　　　　　　　　　　　　S3: I *have finished* my homework. だと思います。

〈現在完了形の本質的意味を「話し手の視点」に着目し，説明する。〉

T:「ずっとやっていてやっと終わった」と言う時は，「宿題が終わった」という過去の事実と，「やっと終わった」という今の気持ちにつながりがあるので，この場面では現在完了形で言うのが適切なのです。

(2)　現在完了形の本質的意味の指導

〈掲示してある3枚の絵の2枚目と3枚目の間に④の絵を加える〉

④

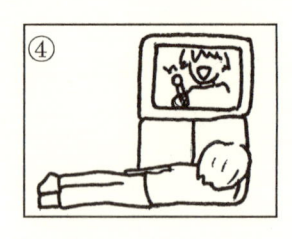

T: では，この場面ではどちらを使えばいいでしょうか。

S4: I *finished* my homework. です。

T: そうですね。この場面では「宿題なんかとっくに終わっているよ，もうずっと前に済ませたよ」という感じで，終わったという事実と今の気持ち（やっと終わったという気持ち）とのつながりがありませんね。だからこの場面では過去形が適切なのです。

〈単純過去形と現在完了形を「話し手の視点」の観点から対比し次の図を用いて説明する。〉

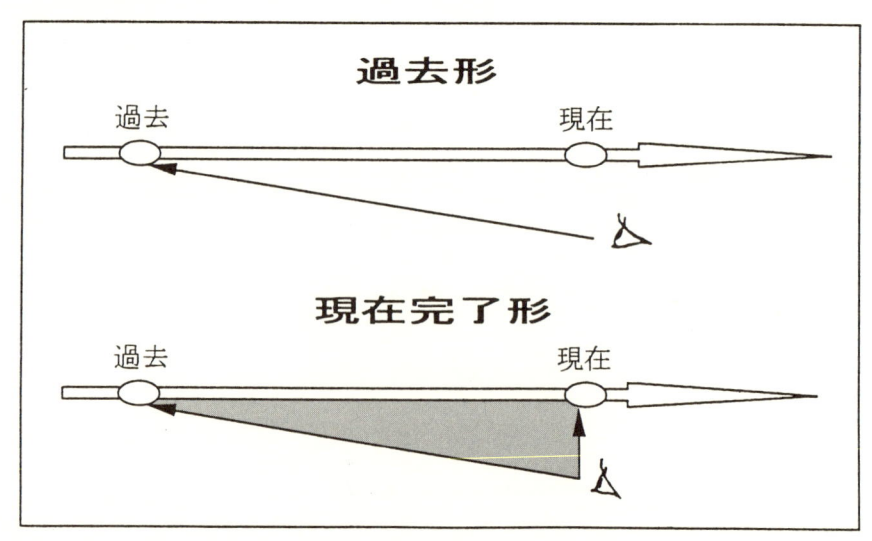

過去形

過去　　　　　　　　現在

現在完了形

過去　　　　　　　　現在

T: この図を見たらわかるように，現在完了形と過去形では使う時の話し手の気持ちに差があります。過去形は話し手の今の気持ち・状態とは関係なく「過去のある事実」を表すものです。それに対し現在完了形は過去のある出来事が，今の自分の気持ちに影響があることを表現する時に使います。

(3) 現在完了形と過去形の対比

〈それぞれ過去形，現在完了形を含む2種類の会話文を黒板に提示する。〉

A: I <u>lost</u> my watch yesterday.
B: Oh, did you? That's too bad. Do you know where you lost it?
A: I think I left it in the gym.

A: I <u>have lost</u> my watch, and I need one for the exam.
B: Oh, that's too bad. Would you like to borrow mine?
A: That's very kind of you. Thank you very much.

T: この2つの会話では過去形，現在完了形が使われていますが，どちらも日本語に訳したら「私は時計をなくしてしまった」になりますね。英語ではどうして上の会話文では過去形，下の会話文では現在完了形を使うのでしょうか。先ほどの「話し手の気持ち」を頭に置いて考えてみましょう。

〈前出の図を用い，なぜ上の会話文では過去なのか，下の会話文では現在完了形なのかを説明する。〉

T: まず，上の会話文ではどうして過去形なのでしょうか。

S5: 昨日なくしたからです。

T: そうですね。「なくした」ということはあくまで過去の出来事で，今の気持ちとは全くつながっていないから過去形で言っているのですね。では，下の会話文ではどうして現在完了形なのですか。

S6: テストがあるのに困ったなあという気持ちがあるからです。

T: なるほど。落としたということが，困ったなあという気持ちに影響していることを表現したいから現在完了形を使っているのですね。

✎留意点
- 従来の指導では現在完了形は「継続」，「経験」，「完了/結果」などの副次的意味区分にそって文の理解を中心とした指導がなされている。ここでは，現在の話し手の気持ちと過去の出来事を結びつけながら今の気持ちを伝えるという「話し手の視点」と，現在完了形の本質的意味の指導に焦点をあてる。
- カードで提示する文では縮約形を用いず，I have finished my homework. などと示されている。しかし，話し言葉では通常，I've と縮約されて発話されることに注意したい。

第3章 コミュニケーション志向の文法説明とタスク活動　139

B コミュニケーション活動

◆ねらい
- How long 〜 ?などの現在完了形の疑問文を使って，情報を交換しながらたずねたり，答えたりすることができる。　　　　　［所要時間：10分］

◆活動の手順
(1) ペアの一方の生徒に【Sheet A】，もう一方の生徒に【Sheet B】を配布する。シートは相手に見せないよう注意する。最後の空欄については，あらかじめ記入させる。
(2) 活動を始める前に会話例を用い，使用するフレーズを確実に把握させ，会話がスムーズに進むよう配慮する。
(3) まず，【Sheet A】の生徒が質問するが，どの項目からたずねてもよいことを告げておく。
　〈例〉　*A:* *Have you lived* in this town for 14 years?
　　　　B: No, I *haven't. Have* YOU *lived* in this town for 14 years?
　　　　A: Yes, I *have.*
(4) 生徒は得た情報を記入する。次に【Sheet B】の生徒が質問する。
　〈例〉　*B:* How long *have* you *studied* English?
　　　　A: I *have studied* English for 3 years. How long *have* YOU *studied* English?
　　　　B: I *have studied* English for 9 years.
　以後(3)，(4)を交互に繰り返す。
(5) すべての情報をたずね合ったらペア同士で確認させる。

◆留意点
- 最初に【Sheet A】の生徒が会話を始めるようにさせ，交互に質問し合うようにあらかじめ指示しておく。
- "Have you lived 〜 ?"で，2人目が言う時には大文字 YOU を強く読んで「あなたはどうなの」という意味を出すよう指導する。

◆アイデア
- お互いに聞き合う情報，例えば，English, Disneyland などの部分を考えさせ，生徒の興味・関心にそったものへと変更も可能である。

『お互いにたずねてみよう』
♬ 使ってみよう現在完了形 ♬

【Sheet A】

★まず，表の項目のあなたの欄に，自分ことについて記入しよう。次に，例を参考に相手と会話をして必要な情報を得よう。また最後の空欄のところでは自分のたずねたいことを書いて，相手にたずねてみよう。☆印の情報については，あなたから会話を始めます。

おたがいに聞きあう情報	あなた	相手
☆ You have lived in this town for 14 years.		
You have studied English for _____.		
☆ You have been to the USA.		
You have written (new year's cards).		
☆ You have visited Tokyo Disneyland.		
You have known Thomas (ALT's name) for _____.		
☆ You have cleaned your room.		
You have _____.		

〈会話例〉

あなた：Have you lived in this town for 14 years?
相手：No, I haven't. Have you lived in this town for 14 years?
あなた：Yes, I have.

ここで得た情報を表に書き込みます。そして次の情報に移ります。

相手：How long have you studied English?
あなた：I have studied English for 3 years. How long have you studied English?
相手：I have studied English for 9 years.

同じように他の情報についても交互に聞き合ってみよう。

『お互いにたずねてみよう』
♬ 使ってみよう現在完了形 ♬

【Sheet B】

★ まず，表の項目のあなたの欄に，自分のことについて記入しよう。次に，例を参考に相手と会話をして必要な情報を得よう。また最後の空欄のところでは自分のたずねたいことを書いて，相手にたずねてみよう。☆印の情報については，あなたから会話を始めます。

おたがいに聞きあう情報	あなた	相手
You have lived in this town for 14 years.		
☆ You have studied English for _____.		
You have been to the USA.		
☆ You have written (new year's cards).		
You have visited Tokyo Disneyland.		
☆ You have known Thomas (ALT's name) for _____.		
You have cleaned your room.		
☆ You have _____.		

〈会話例〉

　　あなた：Have you lived in this town for 14 years?
　　相　手：No, I haven't. Have you lived in this town for 14 years?
　　あなた：Yes, I have.

ここで得た情報を表に書き込みます。そして次の情報に移ります。

　　相　手：How long have you studied English?
　　あなた：I have studied English for 3 years. How long have you studied English?
　　相　手：I have studied English for 9 years.

同じように他の情報についても交互に聞き合ってみよう。

C タスク活動

♠ねらい
- ある事実を話し手が今の気持ち・状態とは関係なく「過去のある事実」としてとらえる場合は過去形，また，話し手が過去のある事実を「今の気持ち」と関連付けてとらえる場合は現在完了形を用いるということを，文脈の中で判断し，正確に使用できるようにする。

[所要時間：10分]

♠タスク活動のイメージ

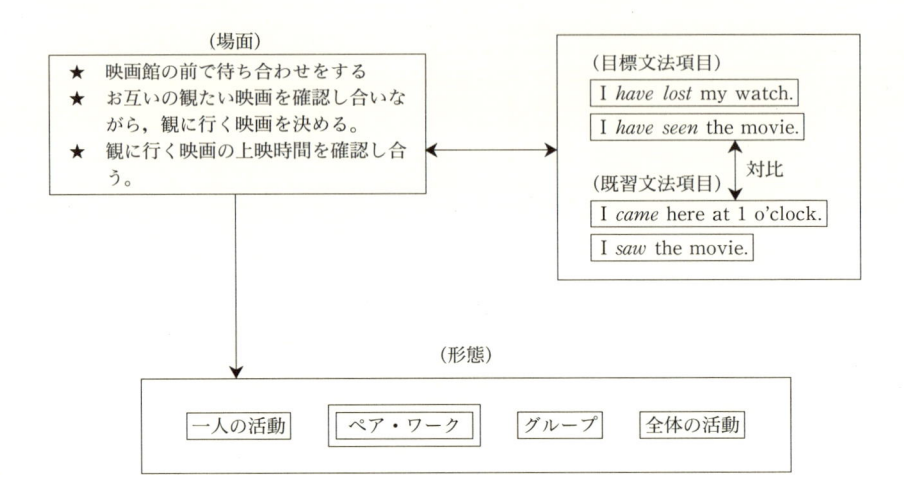

（場面）
- ★ 映画館の前で待ち合わせをする
- ★ お互いの観たい映画を確認し合いながら，観に行く映画を決める。
- ★ 観に行く映画の上映時間を確認し合う。

（目標文法項目）
I *have lost* my watch.
I *have seen* the movie.

対比

（既習文法項目）
I *came* here at 1 o'clock.
I *saw* the movie.

（形態）

| 一人の活動 | ペア・ワーク | グループ | 全体の活動 |

第3章　コミュニケーション志向の文法説明とタスク活動　143

✨ Let's go to see a movie! ✨
現在完了形

【Sheet A】
〈次の場面設定でパートナーと会話してみよう！〉

> あなたはBさんと日曜日に映画を観に行く約束をしています。この場面は，あなたがBさんと待ち合わせ場所で会話をする場面です。2人でうまく会話して映画を観に行きましょう。ただし，会話をする上でいくつかの条件があります。次の1～3の条件にしたがって会話を進めてみよう。

1. 今あなたは待ち合わせ場所のワーナーマイカル前に向かっています。待ち合わせの時間は1:00です。でも困ったことにあなたは時計を無くしていてはっきりした時間がわかりません。そのために約束の時間に遅れてしまいます。Bさんにどう言い訳しますか…？
   （あなたから会話を始めます。）

2. あなた達はどの映画を観るか決めていません。先週お兄さんと「リング2」を観に行ったので，今日は「ミスター・ビーン」を観たいと思っています。相談して，観る映画を決めましょう。
   （相手から会話を始めます。）

3. 映画が決まりました。次は上映時間です。あなたは『ぴあ』で調べて知っています。時間をBさんに教えましょう。あなたは時計を持っていませんでしたね。Bさんに時計を持っているか尋ねてみましょう。
   （あなたから会話を始めます。）

Mr.Bean	11:10	1:35	3:50
リング2	10:25	1:00	3:35

観に行く映画　[　　　]　　　上映開始時間　[　　　]

映画も決まり，始まる時間もわかりました。では，映画に行きましょう。

Let's go to see a movie!
現在完了形

【Sheet B】
〈次の場面設定でパートナーと会話してみよう！〉

> あなたはAさんと日曜日に映画を観に行く約束をしています。この場面は、あなたがAさんと待ち合わせ場所で会話をする場面です。2人でうまく会話して映画を観に行きましょう。ただし、会話をする上でいくつかの条件があります。次の1～3の条件にしたがって会話をすすめてみよう。

1. 待ち合わせ場所のワーナーマイカル前に1:00ちょうどに来ました。でもAさんはなかなか来ません。10分近くたってやっと来ました。Aさんは言い訳しますが、ちょっと腹が立ったあなたは「10分も待ったよ～」と、つい文句を言ってしまいます。
   （相手から会話を始めます。）

2. あなた達はまだどの映画を観るか決めていません。あなたは「リング2」か「ミスター・ビーン」のどちらかを観たいと思っています。Aさんとよく相談して、観る映画を決めましょう。
   （あなたから会話を始めます。）

3. さあ、映画が決まりました。次は上映時間についてです。あなたは映画の始まる時間を知りません。Aさんは知っているでしょうか？あなたはここに来る前に高島屋で買ったばかりの新しい時計を持っているので時間は分かります。Aさんに時間を教えてあげましょう。そして、ついでに時計のことも自慢しちゃいましょう。
   （相手から会話を始めます。）

観に行く映画　[　　　　　]　　　上映開始時間　[　　　　　]

映画も決まり、始まる時間もわかりました。では、映画に行きましょう。

第3章　コミュニケーション志向の文法説明とタスク活動　**145**

♠活動の手順

(1) ペアの一方の生徒に【Sheet A】，もう一方の生徒に【Sheet B】を配布し，その際互いのシートを見ないように注意する。
(2) 場面設定を読み，映画館前の待ち合わせ場面であることを確認する。
(3) 生徒に3つの条件を把握させる時間を与える。
(4) 会話に必要と考えられる単語などを補足説明する。

　　　　lose-lost-lost, see-saw-seen, check-checked-checked,
　　　　starting time, buy-bought-bought

(5) まず最初に待ち合わせに遅れてきたAさんが言い訳をする。
　　（【Sheet A】【Sheet B】の1.に対応）
　　〈例〉　*A:* I'm sorry I am late.
　　　　　　B: I *came* here at one o'clock. *I've been* here for ten minutes.
(6) 次にどの映画を観るか決める。
　　（【Sheet A】【Sheet B】の2.に対応）
　　〈例〉　*B:* Which movie do you want to see, "Ring 2" or "Mr. Bean"?
　　　　　　A: I *'ve seen* "Ring 2." (I *saw* "Ring 2" with my brother last week.)
(7) 最後にどの上映時間に行くかを決める。
　　（【Sheet A】【Sheet B】の3.に対応）
　　〈例〉　*A:* I know the starting time. I *checked* it in ぴあ. Do you have a watch?
　　　　　　B: Yes. Look! I *'ve* just *bought* a new watch.
(8) 観に行く映画が決まり，その上映時間が確認できたら各シートの欄に記入し，会話を終える。

♠留意点

・活動中自分たちが実際に発話した表現をシートの空欄に記入させ，その発話例をもとにフィードバックを与える必要がある。
・ペアの中には，目標文法項目である現在完了形を用いずに活動の目的を「達成」するペアもあるであろう。この場合には文法説明に戻り，過去の出来事を現在の気持ちと関連付けて表現する現在完了形と，過去の出

来事を述べる過去形の違いを認識させる。

♠タスク活動としての特徴
(1) **completion**
友達と待ち合わせ場所で会い，観に行く映画を決める。また，上映開始時間を確認し，どの回に観るかを話し合って決める。

(2) **message-focused**
- 「謝罪する」：待ち合わせ時間に遅れてきたことについて謝罪する。
- 「苦情を言う」：10分遅れたことについて苦情を言う。
- 「説明する」：なぜ待ち合わせの時間に遅れたかについて説明する。
- 「質問する」：観たい映画，上映時間について質問する。
- 「誘う（提案する）」：ある映画を観ようと誘う（提案する）。
- 「賛成する/反対する」：映画を観ることに賛成，あるいは反対する。

(3) **negotiation of meaning**
どの映画を観るのかを決めたり上映時間に関して話し合う際に，確認したり，聞き返したりするなどの「意味のやりとり」が期待される。

(4) **comparison of structures**
「時計を無くしてしまった」，「〜の映画は観た」など，学習者が「話し手の視点（気持ち）」を考慮して過去形と現在完了形といった2つの文法構造を比較し，使い分けが可能となるよう工夫されている。

(5) **information gap**
この例では，一方が時計を持っているが，他方は持っていない，また，一方はある映画を見ているが，他方は見ていないなどの状況設定により，学習者同士の情報（量）に差がある。

(6) **of interest**
友達と映画を観に行くという身近な状況設定により，学習者は自己関与感をもって取り組むことができる。会話内容も日頃学習者がよく話す事柄であり，取り組みへの動機付けを高める。

♠アイデア
- このタスク活動では，観る映画と上映開始時間が確認できたら活動終了としているが，例えば時刻を変更し上映開始時間までの時間に，「食事」や「買い物」をするという場面設定を加えることにより，学習者の発話量および使用される文法項目に幅をもたせることができる。

3.8 　目標文法項目：比較級

ポイント　何かと比較して特徴や状態を表すときに比較級が使われることを理解し，それを類似の形態素（形容詞の原級）と比較しながらコミュニケーションの場面で使用することができる。

＊今までの指導	＊ここでの指導
'-er' (more 〜)＋than ... ＝「…より〜である」	形態素 '-er' (more 〜)は，何かと比較して相対的な違いを表現する場合に使う。

A 　文法説明

📝準備物
- 生徒に人気のあるスポーツ選手，芸能人の似顔絵（写真）
- 提示する文を書いたカード
  (1) Akebono is tall.　　Michael Jordan is tall, too.
      Akebono is taller.
      Akebono is taller than Michael Jordan.
  (2) Ryoko is beautiful. Takako is beautiful, too.
      Ryoko is more beautiful.
      Ryoko is more beautiful than Takako.

📝指導手順
(1)　比較級 '-er' の導入

〈生徒に人気のあるスポーツ選手，芸能人の似顔絵（写真）を黒板に貼る。〉

　T: Look at those pictures.
　　　Those two men are over 190
　　　centimeters *tall*.
　　　Do you know who they are?

Ss: Akebono. Michael Jordan.

T: Yes. Akebono is *tall*. Michael Jordan is *tall*, too.

〈カード Akebono is tall.　Michael Jordan is tall, too. を黒板に貼る。〉

T: They are very *tall*. Well, who is *taller*, Akebono or Michael Jordan?
何を聞いているかわかりますか？

☞ Who is *taller* は未習事項ではあるが動作や強く読むなどして生徒の理解をはかる。

S1: 曙とジョーダンではどっちが背が高いか聞いているんだと思います。

T: そうですね。みんなどう思いますか？
Akebono is *taller*. Raise your hands.
Michael Jordan is *taller*. Raise your hands.
I'll tell you the answer.
Michael Jordan is 198 centimeters *tall*.
Akebono is 204 centimeters *tall*.
Who is *taller*?

Ss: Akebono (is *taller*).

〈カード Akebono is taller. を貼る。〉

〈ここでは，than を用いなくても，形態素'-er'が何かと比較して，相対的な違いを表現する場合に使われることを強調する。〉

T: Yes, that's right. Akebono is *taller*.
ところで Akebono is *taller*. ってどういうことを言っているのかな。

S2: 曙の方が背が高い。

T: そうです。じゃあ, Akebono is *tall*. は？

S3: 曙は背が高い。

T:「曙は背が高い」とか「ジョーダンは背が高い」という場合は *tall* と言いますね。これに対してジョーダンと比べて曙の方が背が高いと言う場合は *taller* と言います。このようにはっきりとした何か（誰か）と比べて，その違いを表す場合には形容詞に -er を付けて表します。

〈この後，tall 以外の形容詞についても説明・練習する。練習の後で次のような質問をする。〉

T: Who is *older*, Kimutaku or Katori?

S4: Kimutaku is *older*.

T: Yes. Kimutaku is *older than* Katori.
Which is *faster*, the Hikari or the Nozomi?

S5: The Nozomi is *faster*.

T: Right. The Nozomi is *faster than* the Hikari.
ちょっと付け加えて言っていたのわかったかな。のぞみの方がひかりより速いと言うように，何（誰）と比較しているのかも加えて言う場合には *than...* を付けて言います。曙はジョーダンより背が高いと言う場合はどのように言ったらいいかな？

Ss: Akebono is *taller than* Michael Jordan.

〈カード Akebono is taller than Michael Jordan. を貼る。「…より」というように何（誰）と比べているのか言う場合には，than ...を付け加えて表すことを説明し，練習する。〉

(2) 比較級 more 〜の導入

T: I think Ryoko is *beautiful*. I like her.

〈カード Ryoko is beautiful. を貼る。〉

T: Do you think she is?

S6: No, I don't.

T: Who is *beautiful*?

S6: Takako is *beautiful*.

〈カード Takako is beautiful, too. を貼る。〉

T: Oh, you think Takako is *more beautiful*?

S6: Yes, I do.

T: I think Ryoko is *more beautiful*.

〈カード Ryoko is more beautiful.　Takako is more beautiful. を貼る。〉

T: Takako is *more beautiful*.ってどんなことをS6さんは言いたいのかな？

S7: たかこの方が美しい。

T: S6さん，いいかな。
○○の方が背が高いと言う場合には *taller* と言いますね。これに対して，○○の方が美しいと言う場合には *more beautiful* と言います。

〈この後，beautiful 以外の音節数の多い形容詞について説明・練習する。その際，どのように '-er' と more 〜を使い分けるのか生徒に類推させることもできる。練習の過程で(1)の taller の場合の説明と同じようにように than ... を付け加えた文も導入し，Ryoko is more beautiful than Takako. を貼り，説明し，練習をする。〉

✎留意点

- 従来の文法説明のように，'-er' (more 〜)＋than ... ＝「…より〜である」というような公式で教えると生徒の注意は than にも向けられてしまい，'-er' (more〜)の持つ比較の意味を十分理解できないことになる。そのため実際の場面において，たとえば2つのスイカが皿にあり小さい方が欲しい場合に "Smaller piece, please." と言う表現が出にくい。そこで，比較級の基本は形態素 '-er' (more 〜)にあることを強調する。

B コミュニケーション活動

◆ねらい
- 身近な人やものを話題に，比較級を使ってお互いに意見を伝え合うことができる。　　　　　　　　　　　　　　　　　　　[所要時間：10分]

◆活動の手順
(1) シートを配布し，活動の進め方について説明する。自分の意見をシートに書くのは，意見交換をした後でよいことを伝えておく。
(2) シートの中で honesty, health などの未習の単語の発音と意味を確認する。
(3) ペアで，お互いに意見を言う。
　〈例〉　*A:* Soccer is *older than* baseball.
　　　　B: Yes, that's right.
　　　　A: Baseball is *older than* tennis.
　　　　B: I don't think so. Tennis is *older*.
(4) 意見を交換したら，相手の意見も参考にしながら，自分の考える順番をワークシートに記入する。
(5) 活動が終了したら，生徒に比較の表現を用いて答えを発表する。
　1. 正解（古い順）：　A (soccer), D (baseball), B (basketball), C (volleyball)
　2. 正解（大きい順）：　B(10 yen), D(100 yen), A(5 yen), C(50 yen)
　3. と4.についてはクラス内のアンケート結果を基準とする。

◆留意点
- この活動では意見交換の後で，ペアがお互いに意見を同じにする必要はないことを伝えておく。
- シートの3.と4.はクラス内のアンケート結果を基準とする。そのため，事前にアンケート調査をしておき，ペア活動終了後の答え合わせの時に，アンケート結果を発表する。

◆アイデア
- この活動例は形容詞の比較級を扱っているが，最上級や副詞の比較級・最上級などを使っても活用できる。

第3章 コミュニケーション志向の文法説明とタスク活動　153

『比べてみよう』
♬ 使ってみよう比較級 ♬

〈会話例〉
A: X is <u>older</u> than Y.
B: Yes, that's right./I don't think so. Y is <u>older</u>.

【SheetA・B】共通

★1.～4.をそれぞれ指示された順に並びかえてください。まず，比較級を使ってペアで会話をし，お互いの意見を言いましょう。意見を言ったら，友達の意見も参考にしながら下の欄に答えを書きましょう。（友達と同じにする必要はありません。）

1. スポーツの歴史の古い順に！
   A soccer   B basketball   C volleyball   D baseball

2. 硬貨（コイン）の大きい順に！
   A 5 yen   B 10 yen   C 50 yen   D 100 yen

3. このクラスで人気のある順に！
   A SPEED   B Kinki Kids   C Hikaru Utada   D V6

4. 結婚相手を選ぶときの条件として重要な順に！
   A looks   B honesty   D money   D health

★順番を書く欄（A, B, C, Dで書きましょう）
   1. (　)(　)(　)(　)　2. (　)(　)(　)(　)
   3. (　)(　)(　)(　)　4. (　)(　)(　)(　)

C タスク活動

♠ねらい
・旅行の目的地，交通機関，宿泊先などを決めるために，それぞれの特徴を述べ，比べる中で，形容詞の原級と比較級の使い分けができるようにする。　　　　　　　　　　　　　　　　　　　　[所要時間：15分]

♠タスク活動のイメージ

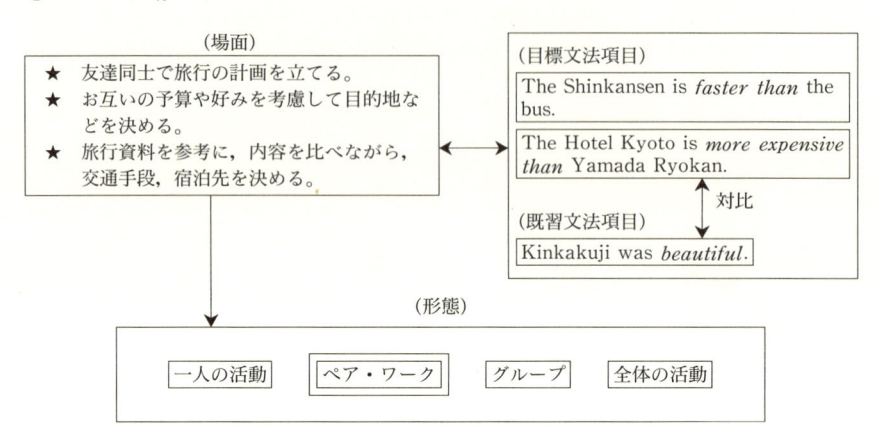

（場面）
- ★ 友達同士で旅行の計画を立てる。
- ★ お互いの予算や好みを考慮して目的地などを決める。
- ★ 旅行資料を参考に，内容を比べながら，交通手段，宿泊先を決める。

（目標文法項目）
The Shinkansen is *faster than* the bus.
The Hotel Kyoto is *more expensive than* Yamada Ryokan.

↕ 対比

（既習文法項目）
Kinkakuji was *beautiful*.

（形態）
| 一人の活動 | ペア・ワーク | グループ | 全体の活動 |

第3章 コミュニケーション志向の文法説明とタスク活動　155

C タスク活動

✨ Let's plan a tour! ✨
比較級

【Sheet A】
〈次の場面でパートナーと会話してみよう。〉

> あなたは（名古屋に住んでいる）中学生のAさんです。夏休みに弟のBさんと3泊4日で旅行する予定です。しかし、国内（京都）にするかアメリカ（ロサンゼルス）にするか迷っています。今日は目的地を決定し、旅行資料をもとに、旅行の計画を立てることになっています。この旅行でお父さんは、1人10万円まで出してくれます。あなたには貯金が20万円あるので、旅行の予算は合計30万円です。2人で旅行計画を立てましょう。

1. 最初に、京都にするかロサンゼルスに行くか決めます。
   （あなたにはアメリカに住んでいる友達がいて、危険なところに行かなければ、安全だし、面白いと聞いており、ぜひアメリカに行きたいと思っています。）
   ★はじめに弟のBさんが意見を言います。
   ※2人で決めた目的地に○をつけましょう。【京都・ロサンゼルス】

2. 目的地が決まりました。一日目は観光ツアーに行こうと2人は思っています。旅行資料のどのツアーがいいか理由も付けてBさんに伝え、Bさんの意見も聞きましょう。そして、どのツアーにするか決めましょう。（観光ツアーは交通機関の代金に含まれています。）
   ※2人で決めたツアーに○をつけましょう。【A・B・C】

3. 旅行資料の2.の交通機関の特徴を比べながら、2人でどうやって目的地に行くか決めましょう。
   ※2人で決めた交通機関または航空会社名は？　【　　　　　】

4. 旅行資料の3.の宿泊施設の特徴を比べながら、2人で宿泊先を決めましょう。
   ※2人で決めた宿泊施設の名前は？　【　　　　　】

5. 話し合った結果を右の欄に記入しましょう。

あなたの予算	300000 円
交　通　費	円
宿泊費（3泊分）	円
残　　　り	円

Let's plan a tour!
比較級

【Sheet B】
〈次の場面でパートナーと会話してみよう。〉

> あなたは（名古屋に住んでいる）中学生のBさんです。夏休みに兄のAさんと3泊4日で旅行する予定です。しかし，国内（京都）にするかアメリカ（ロサンゼルス）にするか迷っています。今日は目的地を決定し，旅行資料をもとに，旅行の計画を立てることになっています。この旅行でお父さんは，1人10万円まで出してくれます。あなたには貯金が5万円あるので，旅行の予算は合計15万円です。2人で，旅行計画を立てましょう。

1. 最初に，京都にするかロサンゼルスに行くか決めます。
   （あなたは，アメリカは危険なところだと聞いているし，お金もあまり無いので京都に行きたいと思っています。）
   ★はじめにあなたから意見を言います。
   ※2人で決めた目的地に○をつけましょう。【京都・ロスアンゼルス】

2. 目的地が決まりました。一日目は観光ツアーに行こうと2人は思っています。旅行資料のどのツアーがいいか理由も付けてAさんに伝え，Aさんの意見も聞きましょう。そして，どのツアーにするか決めましょう。（観光ツアーは交通機関の代金に含まれています。）
   ※2人で決めたツアーに○をつけましょう。【A・B・C】

3. 旅行資料の2.の交通機関の特徴を比べながら，2人でどうやって目的地に行くか決めましょう。
   ※2人で決めた交通機関または航空会社名は？　　　【　　　　　　】

4. 旅行資料の3.の宿泊施設の特徴を比べながら，2人で宿泊先を決めましょう。
   ※2人で決めた宿泊施設の名前は？　　　【　　　　　　】

5. 話し合った結果を右の欄に記入しましょう。

あなたの予算	150,000円
交　通　費	円
宿泊費（3泊分）	円
残　　り	円

○旅行資料　京都

そうだ京都に行こう！

1. 京都の見所・観光スポット

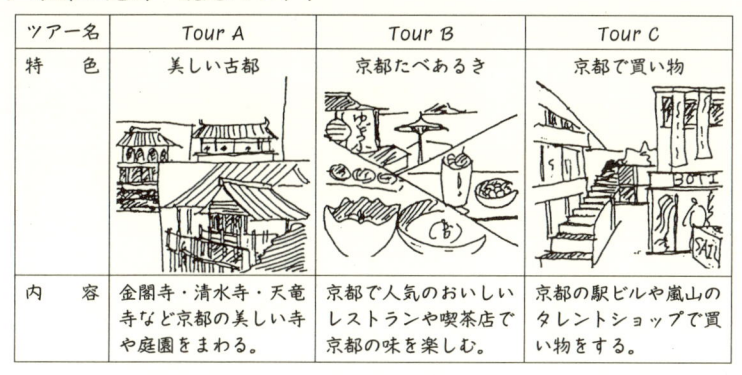

ツアー名	Tour A	Tour B	Tour C
特色	美しい古都	京都たべあるき	京都で買い物
内容	金閣寺・清水寺・天竜寺など京都の美しい寺や庭園をまわる。	京都で人気のおいしいレストランや喫茶店で京都の味を楽しむ。	京都の駅ビルや嵐山のタレントショップで買い物をする。

2. 京都への交通手段

	料金（往復）	所要時間	特典
バス	15,000円	4時間	スナック・ジュース付き
新幹線	20,000円	2時間	指定500円プラスで確実に座れる。
普通電車	10,000円	6時間	空いてるのでゆったり座れる。

3. 京都の宿泊施設

名前	サンホテル	こまつ荘	山田旅館
施設の外観			
料金（1泊）	10,000円	15,000円	8,000円
京都駅からの所要時間	駅から歩いて10分	駅から地下鉄で20分	駅から歩いて5分
部屋	★★	★★★	★
特色	窓からの眺めが素晴らしい。	料理の鉄人が作る豪華夕食付き	若いおかみさんの笑顔がいい。

※部屋の広さは★の数が多ければそれだけ広いことを表している。

○旅行資料　ロサンゼルス

Exciting Los Angeles!

1. ロサンゼルスのツアー案内

ツアー名	Tour A	Tour B	Tour C
特色	ファンタジーランド	映画の世界を楽しむ	ショッピング
内容	朝から晩までファンタジーランド！	ユニバーサルスタジオで映画のセットやアトラクションを楽しむ。	高級店が立ち並ぶビバリーヒルズで買い物をする。

2. ロサンゼルスへの交通手段

	料金（往復）	所要時間	特典
オーケーエアライン	40,000円	20時間	ゲームボーイがもらえる。
エアジャパン	100,000円	10時間	直行便
アメリカンエアウェイズ	70,000円	15時間	ホテル5,000円割引券付き

3. ロサンゼルスの宿泊施設

ホテル名	プラトンホテル	ハイアイランド	パシフィック
ホテルの外観			
料金（1泊）	20,000円	30,000円	5,000円
空港からの所要時間	2時間	30分	1時間
部屋の広さ	★★	★★★	★
特色	目の前が海で、景色が美しい。	従業員が親切で、日本語も話せる。	部屋は6人共同

※部屋の広さは★の数が多ければそれだけ広いことを表している。

♠ 活動の手順

(1) ペアの一方の生徒に【Sheet A】、もう一方の生徒に【Sheet B】を配布する。その際各々のシートを見せ合わないよう注意する。

(2) 旅行計画を立てる場面であることを確認し、旅行資料を配付する。

(3) まず、目的地をロサンゼルスにするか京都にするか話し合う。
（【Sheet A】【Sheet B】の1.に対応）
〈例〉 *A:* Where shall we go?
　　　B: I want to go to Los Angeles, but I hear it's *dangerous*.
　　　A: I don't think it is. I went there once. It was *safe* and *exciting*.
　　　B: Really?

(4) 次に、観光ツアーを決める。旅行資料の1.の表を参考に各自が気に入ったツアーとその理由をお互いに言う中で決める。決まったらシートに○をつける。（【Sheet A】【Sheet B】の2.に対応）
〈例〉 *A:* I like Tour C.
　　　B: Why?
　　　A: I like shopping. How about you?
　　　B: I like Tour A. I went to Kyoto once. Kinkakuji was *beautiful*. We can go shopping on the last day.

(5) そして、交通手段を決める。旅行資料の2.の表を参考にそれぞれの交通機関を比べながら決める。決まったらシートに交通機関名を記入する。（【Sheet A】【Sheet B】の3.に対応）
〈例〉 *A:* The shinkansen is *faster than* the bus.
　　　B: Yes, but it's *more expensive*.

(6) 最後に、宿泊先を決める。旅行資料3.の表を参考に宿泊施設を比較しながら決める。決まったらシートに宿泊先名を記入して会話を終える。（【Sheet A】【Sheet B】の4.に対応）
〈例〉 *A:* I think the Hotel Platon is *good*. What do you think?
　　　B: The Hotel Pacific is *better*. It's *cheaper*.

♠ 留意点

・話し合いをスムーズに進めるために、相手の言ったことに対してI think so.やI don't think so.などと反応したり、Why?などと聞くことが

出来るよう日頃から指導しておく必要がある。
・相手の意見を聞きながら，自分の意見を言うことが大切であることを伝えておく。

♠ **タスク活動としての特徴**
　(1)　**completion**
　　　「旅行計画の作成」のための話し合いの場面で，旅行の目的地，参加するツアー，交通手段，宿泊先を決定する。
　(2)　**message-focused**
　　　・「意見を言う」：希望する目的地，参加ツアー，交通手段，宿泊先とその希望理由などについて意見を言う。
　　　・「説明する」：アメリカの治安や旅行の予算，交通機関や宿泊先の特徴について説明する。
　　　・「賛成する/反対する」：相手の言う目的地，参加ツアーなどに賛成（反対）する。
　(3)　**negotiation of meaning**
　　　旅行の目的地を決める場面で，アメリカの治安について知っていることや旅行の予算を言ったりする際に，相手の言ったことを聞き返したり，確認するなどの「意味のやりとり」が期待される。
　(4)　**comparison of structures**
　　　いくつかの観光地，交通機関，宿泊施設の特色を比較しながら旅行計画を作成していく中で「形容詞の原級と比較級」といった2つの文法構造を比較し，使い分けるように工夫されている。
　(5)　**information gap**
　　　例えば，アメリカ（ロサンゼルス）に対して2人の持っているイメージや情報，旅行のための予算が異なるように状況設定がされている。
　(6)　**of interest**
　　　予算など一定の条件のもとで，自分の意見も言いながら話し合いを進めることにより，学習者は自己関与感を持ってタスク活動に取り組むことができる。また，旅行資料（パンフレット）を使ったり，兄弟での会話にするなど，実際の生活でありがちな状況を設定することにより，タスク活動への動機付けを高めている。

♠アイデア
- ここでは形容詞の原級と比較級を使い分けるタスク活動の例を挙げたが，形容詞の比較級と最上級，あるいは，副詞の原級と比較級を比較するタスク活動なども考えられる。
- この活動の終わりに，残りの予算を何に使うのかなどの課題を設ければ，生徒はさらに会話を発展することが可能になるだろう。

3.9 目標文法項目：冠詞

ポイント 冠詞 the, a は多くの情報をもっている。ここでは冠詞の使い方の原則を理解し，話し手がどういうことを伝えたいときに the, a を使用するのかを，活動を通じて感覚的に習得させる。

＊今までの指導	＊ここでの指導
a＝「1つの」，the＝「その」で，前の文に出てきたものを指すときに用いる。また，the は sun や world などのように世の中に1つしかないものを指すときに使う。	the, a の使い分けの基本的な原則を理解させる。 a＝「もの・ことがただ1つに決定しない時や初出の場合」 the＝「もの・ことがただ1つに決定する時や既出の場合」

A 文法説明

✏ 準備物
・提示する文を書いたカード5枚

✏ 指導手順
(1) the の使用が適切な場合

〈以下の例文を黒板に提示し，説明を加える。〉

| Hide is {*a / the} chief chef in a restaurant. | I was born in {*a / the} city of Kobe. |

T: この2つの文では the を使わないと意味的におかしな文になってしまいます。どうしてかわかりますか。

S1: 上の文ではヒデがレストランの「そのチーフシェフ」だから。下の文では，生まれたのは神戸という「その街」だから？

T: なるほど。実は，*the* と *a* の使い分けはある基本的な原則にしたがって行われているのです。その原則とは，*the* は「もの・ことがただ1つに決定する時」に使う，ということです。チーフシェフは世の中にたくさんいると思いますが，今話題になっているレストランにはチーフシェフは何人いるでしょうか。

S2: 1人だと思います。

T: そうですね。もちろん1人ですね。だから *the* chief chef なのです。では，右の文ではどうですか。

S3: 都市はたくさんあるけれど，神戸という都市は1つだからです。

T: その通りです。

(2) a の使用が適切な場合

〈3番目の例文を提示する。〉

A: What is Aki?

B: She is $\begin{Bmatrix} a \\ \text{*the} \end{Bmatrix}$ student at Hyogo University of Education.

T: この例文では，ほとんどの場合 *a* が適切です。どうしてか考えてみて下さい。

S4: アキは兵庫教育大の学生の1人だから。

T: そうですね。この文では，もし兵庫教育大学の学生がアキ1人だけであれば *the* student が適当でしょう。しかし，実際にはそんなことはありません。大学にはたくさんの生徒がいて，アキはその中の1人ですから，*a* student とならなければならないのです。「ただ1つに決定しない」場合は *a* を使わなければならないのです。つまり，*the*, *a* の使い分けは，それが「ただ1つに決定するか，決定しないか」という基本的な原則にしたがえばいいのです。

では，次にもう少し具体的に例を見ていきましょう。ここでは特に「話し手の気持ち（視点）」から，使うべき冠詞も変わってくるということに注意しましょう。

(3) the と a のどちらを使うかによって意味が変わってくる場合

〈以下の例文を提示し，解説する。〉

| This is $\begin{Bmatrix} a \\ the \end{Bmatrix}$ present from my boyfriend. |

| You will have to take $\begin{Bmatrix} a \\ the \end{Bmatrix}$ test tomorrow. |

T: この 2 つの文では *a*, *the* のどちらも使えます。しかし，それぞれで話し手の意図するニュアンスが少し違ってきます。ではどういう違いがあるのか考えてみましょう。

T: そうですね。1 つに決定しないということは，話し手がプレゼントのことを初めて話題にし，聞き手にはどのプレゼントのことかわからないので *a* present と言うのですね。1 つに決定する方は，プレゼントのことを既に話題にしていて，聞き手にはどのプレゼントのことかわかっているので *the* present と言うのですね。

S5: 初めの文の *a* present は「1 つに決定しない」ということで，*the* present は「1 つに決定する」ということです。

S6: *a* の場合は，「1 つに決定していないテスト」だから，言われた人はどんなテストなのかわからない状況だと思います。*the* の場合は「1 つに決定しているテスト」だから言われた本人は「ああ，あのテストのことか」とわかっている状況だと思います。

T: そうですね。聞き手の立場だとそういう状況でしょうね。これを話し手の立場から考えると，*a* test の場合は「明日は抜き打ちテストだ」という気持ちがあるかもしれません。また，*the* test の場合，話し手は「前に言ったテストを明日するからな」と確認する気持ちがあるかもしれません。このように話し手は *a* と *the* を使い分けることによって，微妙なニュアンスの違いを表現することができるのですね。

🖉 留意点

- 従来の指導で行われてきた具体例の列挙（例えば the sun, the world など）だけではなく，冠詞 a, the の使用は「もの，ことがただ1つに決定するか，しないか」という原則にしたがっているという点に留意する。話し手は伝えたい内容により a および the を使い分け，そこには「話し手の気持ち（視点）」が反映されるということを認識させる。例文 "She is (a, *the) student at Hyogo University of Education." については，現実的な場面ではほとんどの場合 a の使用が主である。the を使用する場合としては，例えば，異なった大学からそれぞれ各1名の出席者による大学生の会合で，ある特定の学生を指すという状況などが考えられる。

B コミュニケーション活動

✦ねらい
- シートの情報をもとに，冠詞 the, a に気を配りながらお互いに情報を交換しながら，たずねたり，答えたりすることができる。

[所要時間：5分]

✦活動の手順
(1) ペアの一方の生徒に【Sheet A】，もう一方の生徒に【Sheet B】を配布する。シートを相手に見せないよう注意する。
(2) 活動を始める前に会話例を用い，その中で使用するフレーズを確実に把握させ，会話がスムーズに進むよう配慮する。
(3) まず1.では【Sheet A】の生徒が質問し，2.では【Sheet B】，3.では【Sheet A】が質問を始める。
　　〈例〉　*A:* I have *a* car. This is *the* car.
　　　　　B: Oh, I see. Is it new?
(4) 4.では生徒に自由にものを選ばせ（例えば，鉛筆など），会話するよう指示する。

✦留意点
- good や nice などの形容詞を使っての豊かな感情表現ができるような言い方を指導する。

✦アイデア
- シート中の質問項目となる対象物を携帯電話やゲームソフトなど，生徒が興味・関心をもっているものへ変更することができる。
- 1.から3.までは，ものと形容詞をすべて指定してあるが，例えば，3.ではものについては生徒に考えさせてもよい。

『お互いにたずねてみよう』
♪ 使ってみよう冠詞 ♪

【Sheet A】

☆あなたは下の4つのものを持っています。例にならって会話してみましょう。

あなた	(例)	1. あなたから	2. 相手から	3. あなたから	4. 相手から
	車の絵	CDの絵	VIDEOの絵	風船の絵	?
	Yes	Yes	No	Yes	?
相手					?
	new	good	nice	interesting	?

〈会話例〉

あなた：I have a car. This is the car.
相手　：Oh, I see. Is it ___new___ ?
あなた：Yes, it is.
相手　：I have a bike. This is the ___bike___ .
あなた：Oh, I see. Is it ___new___ ?
相手　：No, it isn't.

★会話が終わったら上の表の中に（例）にならって絵を書き込んで見よう。

★同じように1～3の情報についても聞き合ってみよう。

★4.では,自分の身近にあるものを手にとって,自由に会話してみよう！

第3章　コミュニケーション志向の文法説明とタスク活動　169

『お互いにたずねてみよう』
♬ 使ってみよう冠詞 ♬

【Sheet B】

☆あなたは下の4つのものを持っています。例にならって会話してみましょう。

	(例)	1. 相手から	2. あなたから	3. 相手から	4. あなたから
あなた	自転車の絵	手首/腕の絵	ペンの絵	COMIC Book	?
	No	Yes	No	Yes	?
相手					?
	new	nice	interesting	pretty	?

〈会話例〉

　　　相手：I have a car. This is the car.
　　　あなた：Oh, I see. Is it ___new___?
　　　相手：Yes, it is.
　　　あなた：I have a bike. This is the ___bike___.
　　　相手：Oh, I see. Is it ___new___?
　　　あなた：No, it isn't.

★会話が終わったら上の表の中に（例）にならって絵を書き込んで見よう。

★同じように1〜3の情報についても聞き合ってみよう。

★4. では, 自分の身近にあるものを手にとって, 自由に会話してみよう！

C タスク活動

♠ねらい
・野球に関して話をしたり，試合を見に行く予定を立てるなかで，the と a を比較しながら使用し，使い分けができるようにする。

[所要時間：10分]

♠タスク活動のイメージ

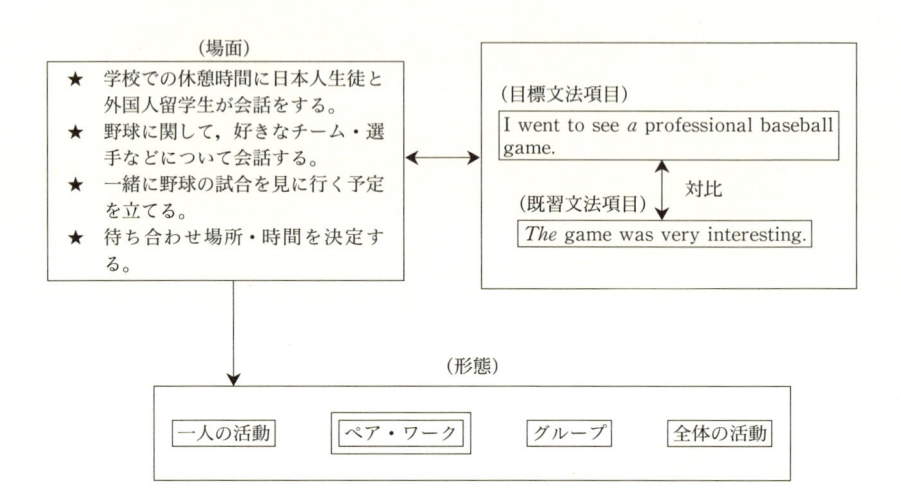

(場面)
- ★ 学校での休憩時間に日本人生徒と外国人留学生が会話をする。
- ★ 野球に関して，好きなチーム・選手などについて会話する。
- ★ 一緒に野球の試合を見に行く予定を立てる。
- ★ 待ち合わせ場所・時間を決定する。

(目標文法項目)
I went to see *a* professional baseball game.

対比

(既習文法項目)
The game was very interesting.

(形態)
一人の活動　ペア・ワーク　グループ　全体の活動

第3章 コミュニケーション志向の文法説明とタスク活動　171

✴ *Let's enjoy baseball!* ✴
冠詞

【Sheet A】
〈次の場面設定で相手と会話してみよう。〉

今あなたはアメリカからの留学生＿＿＿＿くんと，学校の休憩時間に話をしています。話題があなたの好きな「野球」になりました。シーン1〜3の情報のもと，相手と会話してみましょう。

シーン1（あなたが話し始めます。）

・あなたは野球部のメンバーで，エースピッチャーです。
・相手は野球が好きでしょうか？　たずねてみましょう。
・あなたは阪神タイガースのファンです。
・野村監督を日本一の監督だと思っています。
・阪神は今年優勝すると信じています。

シーン2（相手が話し始めます。）

・あなたは甲子園で以前，阪神・巨人戦を見ました。
・とても寒い夜だったのですが，ファンは皆，熱狂していたことを話しましょう。しかし，阪神は負けてしまいました。
・相手にプロ野球を見に行ったことがあるか聞きましょう。

シーン3（相手が話し始めます。）

・実はあなたは来週のオリックス対西武の試合のチケットを1枚持っています。
・お兄さんが買ったものですが，行けなくなったので，あなたにくれたものです。
・誰か一緒に行ける人を捜していました。
・もし，相手と行けるようだったら約束しましょう。そして，待ち合わせ場所，時間を決めましょう。

待ち合わせ場所＿＿＿＿＿＿＿＿＿＿　　時間＿＿＿＿＿＿＿＿＿＿＿＿

✶ Let's enjoy baseball! ✶
冠詞

【Sheet B】
〈次の場面設定で相手と会話してみよう。〉

あなたはアメリカ人留学生で, 今＿＿＿くんと, 学校の休憩時間に話をしています。話題があなたの好きな「野球」になりました。シーン1～3の情報のもと, 相手と会話してみましょう。

シーン1 （相手が話し始めます。）

- あなたは野球が大好きな人です。アメリカの学校ではキャッチャーでした。
- メジャー・リーグの大ファンです。特にニューヨーク・ヤンキースがお気に入りです。
- 日本の野球も好きで, オリックスのファンです。
- 中でもイチローは, 日本ではベスト・プレーヤーだと思っています。
- イチローは来年メジャーへ行くだろうと思っています。

シーン2 （あなたが話し始めます。）

- 相手が今までにゲームを見に行ったことがあるか聞いてみよう。
- あなたはニューヨークでヤンキースとブリュワーズのゲームを見たことがあります。
- 伊良部と野茂のピッチングが素晴らしかったことを話しましょう。
- あなたは日本ではまだゲームを見に行っていません。

シーン3 （あなたが話し始めます。）

- 実はあなたはお父さんが誕生日プレゼントにくれたチケットを持っています。
- 来週のオリックス対西武戦です。
- もし一緒に行けるようだったら相手と一緒に行きましょう。
- 場所は大阪ドームです。試合開始時間は6時です。どうやって行きましょうか。
- 相手と相談して, 待ち合わせ場所, 時間を決めましょう。

待ち合わせ場所＿＿＿＿＿＿＿＿＿＿　　時間＿＿＿＿＿＿＿＿＿＿

第3章　コミュニケーション志向の文法説明とタスク活動　173

♠活動の手順
(1) 2人1組のペアを組ませる。一方の生徒に【Sheet A】，もう一方の生徒に【Sheet B】を配布し，その際互いのシートを見ないよう注意する。
(2) 初めの場面設定を読み，学校での休み時間であること，そしてお互いの人物名を確認する。
(3) 生徒にそれぞれの場面での条件を把握する時間を与える。
(4) 会話に必要と考えられる単語などを補足説明する。
(5) まず最初に野球を話題として話す。(【Sheet A】【Sheet B】のシーン1.に対応)
　　〈例〉　*A:* I'm *a* member of *a/the* baseball club. And I'm *the* ace pitcher of *the* team. Do you like baseball?
　　　　　B: Yes, I do. I love baseball. I was *a* catcher in America. I'm *a* fan of *the* Major Leagues. And I love *the* New York Yankees. I like Japanese baseball, too, and I'm *a* fan of Orix.
　　　　　A: I'm *a* fan of *the* Tigers. I think Mr. Nomura is *the* best manager in Japan. I believe Ichiro is going to *the* Major Leagues next year.
(6) 次に野球の試合について会話をする。(【Sheet A】【Sheet B】のシーン2.に対応)
　　〈例〉　*B:* Have you seen *a* baseball game?
　　　　　A: Yes, I have. I saw *a* game of *the* Tigers vs. *the* Giants. It was *a* cold night but *the* fans were so excited. Unfortunately, *the* Tigers lost *the* game. Have you ever been to *a* game?
　　　　　B: Yes. I saw *the* Yankees play *the* Brewers in New York. Irabu and Nomo both pitched very well. But I've never seen *a* game in Japan.
(7) 最後に野球の試合を見に行く約束をする。(【Sheet A】【Sheet B】のシーン3.に対応)
　　〈例〉　*B:* I have *a* ticket for *the* game. My father gave it to me as *a* birthday present.

A: Oh, really? I have *a* ticket too. It is for *the* Orix vs. Seibu game next week. My brother bought it, but he found he can't go. So he gave *the* ticket to me. I'm looking for someone to come with me.
B: Let's go together.
A: All right. Yes, let's.
B: *The* game will be held in Osaka Dome. How are we going to get there? By train?
A: Yeah, I think *the* train sounds good. Why don't we meet at Sannomiya station at 4 p.m.?
B: Good idea! I'm looking forward to it.
A: Me, too.

(8) 待ち合わせ場所・時間が確認できたら各シートの空欄に記入し，活動を終える。

(9) 数人の生徒に実際に発話した文を発表させ，解説をする。

♠留意点

- このタスクではフィードバックが重要である。タスク終了後，生徒に会話中で発話した表現を発表させ，なぜこの場面では the なのか，あるいは a を使用したら適切なのかを生徒に確実に把握させることが大切である。その際には，冠詞の個々の使用例の暗記を強いるのではなく，先の文法説明の「冠詞の使用の原則」に焦点をあてて解説をする。
- このタスクでは，野球チームの名前が冠詞を伴って頻繁に用いられる。但し，会社名には原則として冠詞が付かないため，形容詞的に働く以外（例えば，the Orix vs. Seibu game），Orix は無冠詞となっている。
- 冠詞を目標文法項目にしているが，このタスク活動では過去形など様々な文法項目を使用しないと会話が進まないため，まとめ的な段階で使用することが望まれる。例えば，形容詞の最上級の学習の後に導入すると，冠詞 the の「もの・ことがただ1つに決定する」という特性が，より明確になる。

♠タスク活動としての特徴

(1) **completion**

自分たちの好きな野球について会話し，実際に野球の試合を見に行く

際の待ち合わせ場所・時間を決める。
(2) **message-focused**
- 「質問する」：野球が好きか，どのチームが好きかなどについて質問する。
- 「説明する」：自分の好きな野球チームや選手などについて説明する。
- 「誘う（招待する）」：野球の試合に行こうと誘う。
- 「賛成する/反対する」：野球の試合に行くことに賛成，あるいは反対する。

(3) **negotiation of meaning**
お互いの野球に関する思いを確認したり，試合を見に行く計画を立てる中で，「意味のやりとり」が行われる。

(4) **comparison of structures**
このタスク活動では，期待される発話文の多くで，冠詞 the, a の使い分けが必要となるよう工夫されている。

(5) **information gap**
お互いのもっている情報はどちらも野球に関してであるが，日本人とアメリカ人の会話という設定のため，好きなチームや観戦したことのある試合について情報に差がある。

(6) **of interest**
ここでは題材に中学生にとって身近な野球を取り上げ，内容は事実に基づいているため，現実味をともなった会話が期待できる。

♠アイデア
- このタスク活動では，話題を野球と設定しているが，学習者の実態に応じて，サッカーやミュージシャン等へ話題を変更することができる。
- ここでは冠詞 the と a を対比して使用するタスク活動となっているが，「形容詞の原級と最上級」「名詞の単数形と複数形」の対比のためのタスク活動を作成することも可能である。

3.10 目標文法項目：未来表現 *be going to*

ポイント 同じ未来を表す表現でも，予定がすでに立っている事に関して述べたり，根拠のある予想を述べる時は *be going to*，発話の際に下した決定や意思を伝える時は will が使われることを理解し，比較しながらコミュニケーションの場面で使用する事ができる。

＊今までの指導	＊ここでの指導
be going to＝「〜するつもりです」 will＝「〜でしょう」 be going to＝「未来形」＝will	be going to は根拠（予定）のある未来に関して使われることを理解させる。

A 文法説明

🖉 準備物
・状況を説明する絵
・提示する文を書いたカード

> He hopes it will be fine tomorrow.
> His school is going to have an excursion tomorrow.
> I will call you tonight.

🖉 指導手順
(1) be going to の導入

〈遠足の準備をして，てるてるボーズを作っている子どもの絵を見せる。〉

第3章　コミュニケーション志向の文法説明とタスク活動　**177**

T: Look at this picture.
　　What is this boy doing?

Ss: He is making a てるてるボーズ.

T: That's right. But why is he making a てるてるボーズ？
　　What do you think, S1?

S1: He wants a fine day.

T: Yes! He wants a fine day.
　　Can you guess why?

S2: 遠足？

T: You're right!

⟨ His school is going to have an excursion tomorrow. と He hopes it will be fine tomorrow. のカードを黒板に貼る。それぞれのカードを指し示しながら説明を加える。⟩

T: His school *is going to* have an excursion tomorrow.
　　これを His school *will* have an excursion tomorrow.と言ったら意味は同じだと思いますか？

S3: will も *be going to* も未来形だから同じだと思います。

S4: でも，*will* だと「明日遠足があるでしょう。」って，遠足があるのは決まってるのに，なんか変だと思います。

T: 良い所に気がつきましたね。「遠足があることは決まっていて」その予定について言う時は *be going to* を使います。

⟨He hopes it will be fine tomorrow. の文を指して発問する。⟩

T: それでは，この文では *be going to* ではなくて *will* が使ってあるのはなぜでしょう？

S5: さっきの反対で考えたら，明日が晴れるかどうかは決まっているわけじゃなくて，わからないから *will* なんだと思います。

T: そうですね。基本的にはそれでいいと思います。では，こんな場合はどちらを使いますか？

⟨A 夕焼けを見て，明日の天気を予想している絵と，B 今にも雨が降りそうな，雨雲に覆われ雷が鳴っている空を見上げている絵を見せる。⟩

A　　　　　　　　　　B

☞ Aの絵では夕焼けが，Bの絵では雨雲と雷が，話し手にとって視覚的な根拠となるため，will よりも be going to が使われる傾向にあることを押さえる。

(2) will の復習

〈別れぎわに「今夜電話するね。」と言っている絵を見せる。〉

T: Look at this picture. They are boyfriend and girlfriend. They had a date. Now they are in front of the girl's house. What does he say to her?

S6: I *am going to* call you tonight.ですか？
あれ？ I *will* call you tonight.かな？

T: この場合はさっきの遠足の場合のように決まっている予定について言っているというより，今「こうしよう」と決めてそれを伝えていますね。そんな時は *will* を使います。

☞ 発話の際に下した決定や意志を表明する時は will が使われることを押さえる。

留意点

- 書き換え問題で will＝be going to と練習する事が多いため，意志を表す未来の will と，予定が決まっている確実性の高い未来の出来事について表す be going to の使い分けが難しくなっている。上記のように比較しながら区別して指導することが大切である。
- カードで提示する文の場合には縮約形を用いず，I will call you tonight.などと示されているが，話し言葉では I'll と縮約されて発話されることに注意したい。
- 母親が子どもに向かって，"You *are not going to* play a video game until you finish your homework."などと言う場面がよくあるが，これ

は母親が子どもに対して，「宿題が終わるまでビデオゲームはできない」事を強制力をもった予定として表すために be going to が用いられている例である。

- 下の絵のように，A「お見合い相手と会う意志があるかどうか，または会わないかという勧誘」の場面での will，B「彼と会うことになったという予定を話す」場面での be going to，更に C「実際にはまだ彼に会っている訳ではないが，会う準備段階にある」場面での現在進行形の使われ方について（詳しくは本章 3.3「現在進行形」の指導を参照），下のような絵を提示して説明することも理解の一助となると思われる。

A．*Will* you meet him?

B．I*'m going to* meet him.

C．I*'m meeting* him today.

第3章 コミュニケーション志向の文法説明とタスク活動　*181*

B コミュニケーション活動

◆ねらい
- お互いの夏休みの予定を be going to を使ってたずね合い，未来の予定を表す表現に慣れる。　　　　　　　　　　　　　[所要時間：8分]

◆活動の手順
(1) 全員に【Sheet A・B】を配布し，夏休みの予定を5つメモ形式で書かせる。この際，わからない語や発音について意味を確認しておく。
(2) 教師と生徒で，どのように会話するか例を示す。
　〈例〉　*T:* What *are* you *going to* do this summer?
　　　　S: I'*m going to* visit my grandfather in Fukui.
　　　　T: Oh, are you? When are you going?
　　　　S: From August 10 to August 16. What about you? What *are* YOU *going to* do this summer?
　　　　T: I'*m going to* take swimming lessons for 3 weeks.
　　　　S: Oh, I see.
(3) 〈会話例〉にしたがって予定を交互にたずね合い，表にメモする。
(4) 予定表が埋まったら，全体で教師が生徒自身や，生徒のペアワークの相手の夏休みの計画についてたずねてまとめとする。
　〈例〉　*T:*　What *are* you *going to* do this summer?
　　　　S1: I'*m going to* do some volunteer work.
　　　　T:　Oh, good. What *is* S2 *going to* do this summer, S1?
　　　　S1: He/She *is going to* study every day.
　　　　T:　Oh, is he/she? OK.

◆留意点
- 交互に5回質問をするように始めに指示しておく。
- "What are you going to do this summer" を二人目が言う時には，YOU を強く読み「あなたはどうなの？」という意味をだすように指導する。

◆アイデア
- ペア・ワークから，教師と生徒の会話に発展させたい。
- 予定内容を宿題としてあらかじめ考えさせておくと時間の節約になる。
- 夏休みの計画を，来週の予定などに変えて作成することもできる。

『夏休みの予定は？』
♬ 使ってみよう　未来表現　be going to ♬

〈会話例〉

A: What are you going to do this summer?
B: I'm going to _____. What are you going to do this summer?
A: I'm going to _____.
B: Oh, are you? I see.

【Sheet A・B 共通】

Date	Your plan	His/Her plan	Date	Your plan	His/Her plan
July 20th			August 11th		
July 21st			August 12th		
July 22nd			August 13th		
July 23rd			August 14th		
July 24th			August 15th		
July 25th			August 16th		
July 26th			August 17th		
July 27th			August 18th		
July 28th			August 19th		
July 29th			August 20th		
July 30th			August 21st		
July 31st			August 22nd		
August 1st			August 23rd		
August 2nd			August 24th		
August 3rd			August 25th		
August 4th			August 26th		
August 5th			August 27th		
August 6th			August 28th		
August 7th			August 29th		
August 8th			August 30th		
August 9th			August 31st		
August 10th					

第3章　コミュニケーション志向の文法説明とタスク活動　*183*

C タスク活動

♠ねらい

・友達の誕生日プレゼントを考える中で,「意志」「予想」を表す will と,「予定」「(根拠のある) 予想」を表す be going to の使い分けができるようになる。　　　　　　　　　　　　　　　　[所要時間：10 分]

♠タスク活動のイメージ

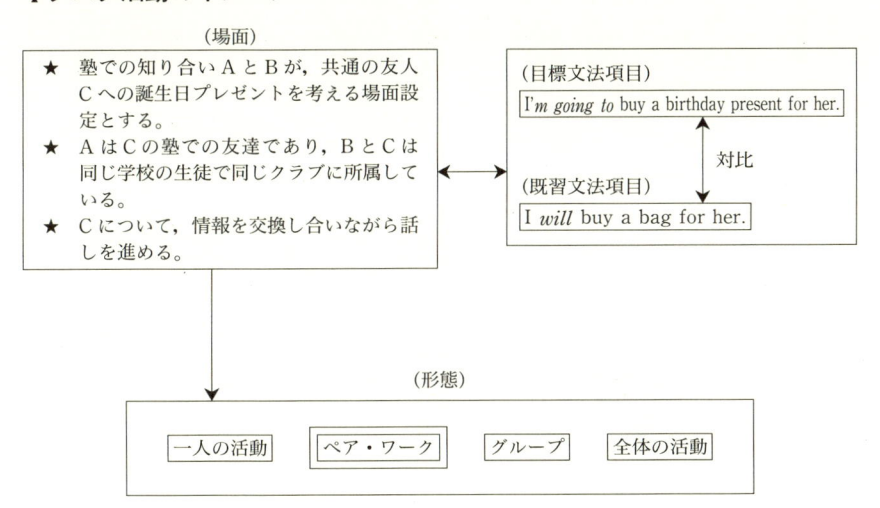

(場面)
- ★ 塾での知り合いAとBが,共通の友人Cへの誕生日プレゼントを考える場面設定とする。
- ★ AはCの塾での友達であり,BとCは同じ学校の生徒で同じクラブに所属している。
- ★ Cについて,情報を交換し合いながら話しを進める。

(目標文法項目)
I'm *going to* buy a birthday present for her.

(既習文法項目)
I *will* buy a bag for her.

対比

(形態)
| 一人の活動 | ペア・ワーク | グループ | 全体の活動 |

✦ A Birthday Present ✦
未来を表す表現

【Sheet A】
〈次の場面でパートナーと会話してみよう。〉

あなたは中学2年生のAさんです。Bさん，Cさんとは通っている中学校は違いますが，塾での友達です。来月はCさんの誕生日なのでプレゼントをしようと思っています。BさんからCさんが欲しいものの情報を聞き出しましょう。

1. 来月のCさんの誕生日にプレゼントをしようと思っていることをBさんに伝え，何がいいと思うか聞きましょう。
   *あなたから会話を始めます。

2. BさんからCさんが欲しがっている物を聞き出しました。それを買うことにすると伝えましょう。
   *パートナーから会話を始めます。

3. Bさんから良い提案がありました。その企画に参加する（join）と伝え，集合場所・時間と予算についてたずねましょう。
   *あなたから会話を始めます。
   ★集合場所・時間＿＿＿＿＿＿＿＿＿＿＿＿＿＿＿＿＿＿
   ★予算＿＿＿＿＿＿＿＿＿＿

4. 雷が鳴り出しました。今にも雨が降りそうです。あなたは傘は持っていませんが足には自信があります。走って帰るから大丈夫だと言ってBさんと別れましょう。
   *パートナーから会話を始めます。

5. 家に着きました。お母さん（お父さん）に事情を話し，おこづかいを前借りしましょう。今，あなたは￥500しか持っていません。
   ★どう言いますか？　書いてみましょう。
   ＿＿＿＿＿＿＿＿＿＿＿＿＿＿＿＿＿＿＿＿＿＿＿＿＿＿＿＿＿＿＿
   ＿＿＿＿＿＿＿＿＿＿＿＿＿＿＿＿＿＿＿＿＿＿＿＿＿＿＿＿＿＿＿
   ＿＿＿＿＿＿＿＿＿＿＿＿＿＿＿＿＿＿＿＿＿＿＿＿＿＿＿＿＿＿＿

✶ *A Birthday Present* ✶
未来を表す表現

【Sheet B】
〈次の場面でパートナーと会話してみよう。〉

> あなたは中学2年生のBさんです。Cさんとは、同じ中学校で同じクラブに入っています。Aさんは学校は違いますが、塾の友達です。来月はCさんの誕生日なので、AさんはCさんの欲しがっている物を聞きたいようです。協力してあげましょう。

1. あなたはCさんの「バッシュー入れ」(basketball shoe bag) がぼろぼろなのを知っています。そのことをAさんに教えてあげましょう。
   *パートナーから会話を始めます。

2. 実はあなたも、Cさんの誕生日プレゼントを買うつもりです。今週の金曜日からABCスポーツストアでセールがあるので、他の友達二人とCさんのために「バッシュー入れ」を買いに行く予定です。ちょうどよいのでAさんも誘ってみましょう。
   *あなたから会話を始めます。

3. 下のあなたのスケジュール帳を見て、集合場所・時間、予算を伝えましょう。
   *パートナーから会話を始めます。

   > ☼ 🗓 ABCスポーツ前 1:30
   > ￥1,000 くらい？

4. 雷が鳴り出しました。あなたの家はすぐそこですがAさんの家はまだ先です。雨が降りそうだと言って、傘を持っているかどうか聞きましょう。Aさんの答えを聞いてから別れましょう。
   *あなたから会話を始めます。

5. 家に着きました。お母さん（お父さん）に事情を話し、おこづかいを前借りしましょう。今、あなたは￥500しか持っていません。
   ★どう言いますか？ 書いてみましょう。

_____
_____
_____

♠活動の手順
(1) ペアの一方の生徒に【Sheet A】，もう一方の生徒に【Sheet B】を配布する。それぞれ内容が違うが，各々のシートを見せ合わないように注意する。
(2) 違う中学校に通うAさんとBさんが，共通の友人Cさんの誕生日プレゼントについて話をする場面であることを確認する。
(3) まず，AさんがBさんに，Cさんへの誕生プレゼントを買おうと思っていることを伝え，Cさんの欲しがっている物について話をする。
　　（【Sheet A】【Sheet B】の1.に対応）
　　〈例〉 **A:** I'm going to buy a birthday present for C. Do you know what she wants?
　　　　　B Her basketball shoe bag is old. I think a new one will be a good present.
(4) Bさんもプレゼントを買うつもりであることを告げ，すでに1.で提案した物を他の友達と買いに行く約束がある事を知らせ，Aさんも一緒に買いに行かないかと誘う。（【Sheet A】【Sheet B】の2.に対応）
　　〈例〉 **A:** That's a good idea. I'll buy a shoe bag for her.
　　　　　B: Well, some of my friends and I are going to buy one for her. Will you join us?
　　　　　The ABC sports store is going to have a big sale from this Friday.
(5) Aさんが企画に参加するのを受け，集合場所・時間，予算について確認し合う。（【Sheet A】【Sheet B】の3.に対応）
　　〈例〉 **A:** That'll be wonderful. When are you going to buy it?
　　　　　B: Next Sunday. We are going to meet at the store at 1:30.
　　　　　A: How much will it be?
　　　　　B: I'm not sure. But I think 1000 yen each will be enough..
(6) 話しているうちに雷が鳴りだし，今にも雨が降りそうな状況になる。
　　（【Sheet A】【Sheet B】の4.に対応）
　　〈例〉 **A:** I think it's going to rain soon. Do you have an umbrella?
　　　　　B: No. But it's all right. I'll run to my house.
　　　　　A: O.K. Good-bye, then.

　　　　　　B: Good-bye！
(7) Aさん，Bさんは，それぞれに手持ちのお金が足りないので，親に事情を話しおこづかいの前借りを頼む。どう言うかを書かせる。
　　（【Sheet A】【Sheet B】の5.に対応）
　　〈例〉　**A・B共通**
　　　　　Mom (Dad), C's birthday is coming next month and I*'m going to* buy a present for her. My friends and I *are going to* buy a shoe bag next Sunday, but I have only 500 yen now. Please lend me 1000 yen. I'll pay it back next month.

♠留意点
 ・「私，これ買うわ。」のように，日本語で考えると"I'll buy this."ではなく，"I buy this."と言ってしまいがちである。内容がこれから先の事を表す時は，未来形を使うことをまず押さえておきたい。
 ・予定がすでに立っていて，確実性の高い未来を表す場合は be going to，発話の際に下した決定や意志を伝える時は will を使うことに注意する。

♠タスク活動としての特徴
 (1) **completion**
 　　共通の友人の誕生日プレゼントを買う計画を立てる中で，これからしようとしていることや，自分の意志を述べ，親に事情を説明しておこづかいの前借りを頼む言い方を考えることで完了とする。
 (2) **message-focused**
 　　・「予定を述べる」：Cさんにプレゼントを買うつもりであることについて予定を述べる。
 　　・「質問する」：Cさんが欲しがっている物，プレゼントを買いに行く日時などについて質問する。
 　　・「誘う（申し出る）」：自分たちの計画に参加しないかと誘う。
 　　・「承諾する」：提案への参加を承諾する。
 　　・「説明する・依頼する」：親に計画と現状について説明し，援助を求める。
 (3) **negotiation of meaning**
 　　集合場所や時間，予算などについて話す中で，聞き返したりする事が予想される。

(4) **comparison of structures**
予定がすでに決まっているなど，確実性の高い未来を表す時は be going to を，発話の際に決めた意志や予定は will を使うことを，実際に比較しながら状況に応じて使い分けるように工夫されている。

(5) **information gap**
共通の友人 C さんについて，A さんは塾でのみの友人，B さんは中学校もクラブも一緒という設定で A さん，B さんの情報（量）には差が設けられている。

(6) **of interest**
条件を与えられた A さん B さんになりきることにより，自己関与感を持って，タスク活動に取り組むことができる。題材に誕生日プレゼント，塾，クラブなどを扱うことで，生徒にとって身近な話題を提供している。

♠**アイデア**

- ここでは will と be going to の対比でのタスク活動の例をあげたが，"I buy this every week." と "I'll buy this." などの，生徒が混同しやすい現在形と未来形での組み合わせを取り上げることも可能である。
- B コミュニケーション活動で扱った「夏休みの予定」を利用して，例えば，お互いの予定を調整して，キャンプに行くなどの計画を立てるタスク活動を作成することもできる。

第3章 コミュニケーション志向の文法説明とタスク活動　189

3.11 　目標文法構造：不定詞

ポイント　方向性を表す *to* の基本的な意味が不定詞で発展的に用いられることを理解し，発話の状況にあった表現ができるようにする。

＊今までの指導	＊ここでの指導
教科書の配列に従って，名詞的・形容詞的・副詞的用法の違いを日本語を使って区別させる。 ・名詞的用法　　　「～すること」 ・形容詞的用法　　「～するべき」 ・副詞的用法　　　「～するために」	「to＋動詞の原形」は，「方向」や「未来志向性」の意味が含まれる。

A　文法説明

✎準備物　・ to drink water ， to wash his hands のカード
　　　　・ Kenji wants some water ， Jiro wants some water
　　　　・ → のカード
　　　　・ ♡ の指示棒
　　　　・状況を説明する絵2枚（A，B）

✎指導手順

〈Aの絵を貼る。〉

T: Today is hot. Kenji comes back home and shouts, "Water! Water!"
What is he going to do?

S1: (He is going to) drink water.

T: O.K. "... *to drink* water."
What does he want?

S2: のどが渇いたから水が飲みたいと思っている。

T: Yes.

⟨He wants と黒板に書き，その後ろに to drink water のカードを貼る。⟩

⟨次に B の絵を貼る。⟩

T: Next, Jiro comes back home. He is a member of the soccer club.
His hands are dirty. "Water! Water!"
What is he going to do?

S3: (He is going to) wash his hands.

T: O.K. "... *to wash* his hands."
What does he want?

S4: 手が汚いから水で手を洗いたいと思っている。

T: Yes.

⟨ to wash his hands のカードを He wants の後ろに貼る。⟩

自分がこれから，こういうことがしたいなどという気持ちを表現する時に，このような表現を使います。

T: ところで，ケンジもジローも何が欲しいのですか？

S5: 水。

⟨ Kenji wants some water　Jiro wants some water のカードを貼る。⟩

T: 二人とも水が欲しいのですが，その水の種類が違います。

S6: ケンジは，飲み水で，ジローは手を洗う水。

第3章　コミュニケーション志向の文法説明とタスク活動　*191*

T: そうです。
ケンジは水が手に入ったら，次にその水を飲みます。
ジローの場合は，手を洗いますね。

〈 Kenji wants some water の後に drink を Jiro wants some water の後に wash his hands を書く。それぞれの間に →カードを貼る。したがって黒板には
Kenji wants some water → drink. Jiro wants some water → wash his hands. と提示する。〉

☞　ハートの指し棒を使いながらひとつの事が達成できたら次の行動へ移行することを把握させる。

T: この → を英語では *to* で表現します。

〈Kenji wants some water to drink. Jiro wants some water to wash his hands. の文をカードの下に板書する。〉

T: Jiro 君はなんで家に帰って，手を洗ったのだと思いますか？

S7: おやつを食べるため？

T: そうです。
ジロー君は，手を洗って，その次にケーキを食べたのですね。
この矢印を英語では，*to* に変えて表現します。

〈 Jiro washed his hands → eat cakes. を黒板に示し，その下に，Jiro washed his hands to eat cakes. の文を板書する。〉

✏️ **留意点**
・従来は，名詞的・形容詞的・副詞的の3用法を別々に扱い，さらに，その3用法の文法用語や用法の区別を中心に指導してきた。今回の指導で

は，そのような区別ではなく，"I go to school."などのような方向を示すtoの基本的な意味を扱う。具体的な指導例は，文法説明中の矢印 →で表された行動の方向性とtoの意味とを関連づけている部分である。
- toの基本的な意味としては，「あるものが，場所あるいは動作・状態へ到達するまでの空間」（河上（監）1989, p.443）であるということを把握させるように指導する。
- 板書の工夫として，矢印 →を示した文とtoでその部分を置き換えた文の両方を視覚的に把握することができるように示す。このように考え方の流れを理解させるような板書を工夫する。

B コミュニケーション活動

◆ねらい
- 相手の情報を聞き取りながらメモを取り，どこに，何の目的で行こうとしているのかを当てる。　　　　　　　　　　　　[所要時間：10分]

◆活動の手順
(1) 二人組のペアを組ませて一方に【Sheet A】をもう一方に【Sheet B】を配布する。インフォメーションギャップを含んだ活動であるため，ペアに自分の持っているシートを見せないように注意する。
(2) 活動をするときに，自分がどういう発言をしなくてはいけないかを時間をとって，考えさせる。（シートを一読させる。）
(3) まず【Sheet A】を持っている生徒から会話例に従ってたずね，その人物がどこに行こうとしているかを確認し，図書館の何階に行けば良いかを教える。

　　〈例〉　*A:* What does Yuka want *to do*?
　　　　　 B: She wants *to go* to the library.
　　　　　 A: Why does she want *to go* there?
　　　　　 B: She is looking for a place *to study*. She wants *to go* there to do her homework.
　　　　　 A: She should go to the third floor of the library.

(4) 次に，【Sheet B】を持っている生徒から会話例に従ってたずね，その人物がどこに行こうとしているかを確認し，デパートの何階に行け

ば良いのかを教える。

〈例〉 **B:** What does Tom want *to do*?
　　　　A: He wants *to go* to the department store.
　　　　B: Why does he want *to go* there?
　　　　A: He is looking for a place *to buy* clothes.
　　　　　　He wants *to go* there *to buy* something for his mother.
　　　　B: He should go to the second floor of the department store.

(5) お互いに聞きあった内容を空欄に書き，それぞれの人物がどこに行きたいかを当てる。最後に，お互いのシートを見せ合って，答え合わせをする。

✦留意点
・表を見て，自分がどのように聞くか，相手にどのように答えるかということをあらかじめ考えさせてから活動を始める。

✦アイデア
・発展として，自分たちでワークシートをつくらせることができる。今回のシートは，デパートと図書館というように場所の限定をしたが，自分たちの予定についての活動に変えることもできる。場所を海岸に変えたり，その目的を観光や留学などに変えることも可能である。

『どこに行くの？』
♬ 使ってみよう不定詞 ♬

【Sheet A】

★あなたは，図書館のことは詳しく知っています。ペアの人に図書館のことを聞かれたらどこに行けばいいか教えてあげましょう。でも，デパートのことはよく知りません。何階の売り場に行けば良いか相手に教えてもらいましょう。

名前	Yuka	Tom	Mari	Ken
どんな場所？		服を買うことができる。		ゆっくり話ができる場所
その場所に行く理由は？		お母さんへの誕生日プレゼントを買う場所		友だちと会う。
何階のどこ？あててみよう。	（アドバイスをしてあげよう。）		（アドバイスをしてあげよう。）	

```
4F  tea lounge

3F  study room

2F  AV room
    computer
    movie

1F  book floor
```

〈会話例〉
　　ペア：What does (名前) want to do?
　　あなた：He (She) wants to go to the department store.
　　ペア：Why does he (she) want to go there?
　　あなた：He (She) is looking for a place to ＿＿＿＿＿．
　　　　　He (She) wants to go there to ＿＿＿＿＿．
　　ペア：He (She) should go to the ＿＿＿＿＿ floor of the department store.

『どこにいくの？』
♬ 使ってみよう不定詞 ♬

【Sheet B】

★あなたは，デパートのことは詳しく知っています。ペアの人にデパートのことを聞かれたらどこに行けばいいか教えてあげましょう。でも，図書館のことはよく知りません，図書館の何階に行けば良いか相手に教えてもらいましょう。

名前	Yuka	Tom	Mari	Ken
どんな場所？	勉強できる場所		外国からの情報を得る事ができる場所	
その場所に行く理由は？	宿題をする。		コンピューターを使うことができる。	
何階のどこ？あててみよう		（アドバイスをしてあげよう。）		（アドバイスをしてあげよう。）

4F　restaurant

3F　toys

2F　clothes

1F　grocery shops

〈会話例〉

　　ペア：What does (名前) want to do?
　　あなた：He (She) wants to go to the library.
　　ペア：Why does he (she) want to go there?
　　あなた：He (She) is looking for a place to ＿＿＿＿.
　　　　　He (She) wants to go there to ＿＿＿＿.
　　ペア：He (She) should go to the ＿＿＿＿ floor of the library.

C タスク活動

♠ねらい
- 二人で「New 赤ずきんちゃん Story」を作っていく中で，方向性を表す to の使い方を認識すると共に，実際に使用する場面を確認する。

[所要時間：15分]

♠タスク活動のイメージ

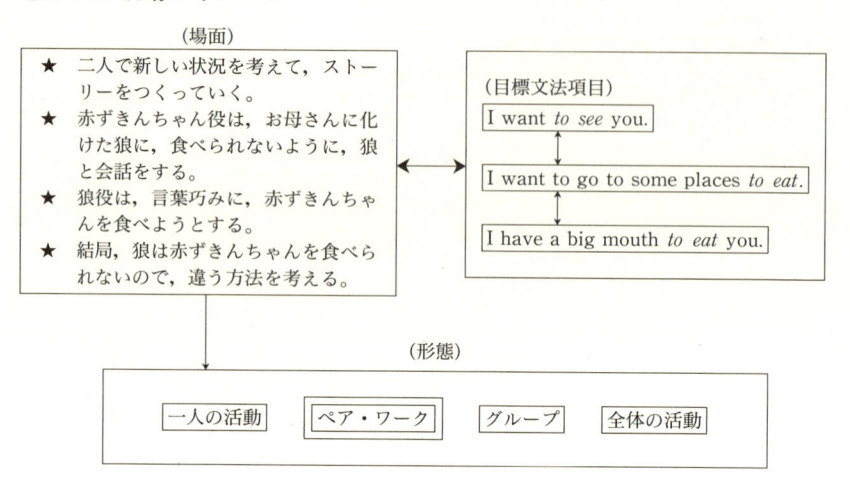

(場面)
- ★ 二人で新しい状況を考えて，ストーリーをつくっていく。
- ★ 赤ずきんちゃん役は，お母さんに化けた狼に，食べられないように，狼と会話をする。
- ★ 狼役は，言葉巧みに，赤ずきんちゃんを食べようとする。
- ★ 結局，狼は赤ずきんちゃんを食べられないので，違う方法を考える。

(目標文法項目)
I want *to see* you.
I want to go to some places *to eat*.
I have a big mouth *to eat* you.

(形態)
一人の活動　ペア・ワーク　グループ　全体の活動

♠活動の手順
(1) 「赤ずきんちゃん」の童話を簡単に説明する。さらに，今からペアで新しい現代版「New 赤ずきんちゃん Story」の話を作っていくことを把握させる。
(2) ペアにそれぞれ【Sheet A】と【Sheet B】を配布する。お互い内容が違うため，ワークシートを見せ合わないように指示する。
(3) 波線部分内での日本語の説明を読ませて，状況を思い描かせる。現代版なので，自分達の生活状況から一戸建てではなく，マンションの状況を思い浮かべてもよい。(【Sheet A】【Sheet B】の１．に対応)
(4) 活動に入る前に，それぞれの活動に応じた声や，ジェスチャーなども考えさせながら活動を進めていくように指示する。
(5) まず，【Sheet B】を持っている生徒が，自分の紹介も兼ねて中に入れてもらおうとする。(【Sheet B】の１に対応)

第3章 コミュニケーション志向の文法説明とタスク活動　197

✹ *New* 赤ずきんちゃん *Story* ✹
不定詞

【Sheet A】
あなたは"赤ずきんちゃん"役です。

むかし，むかし，ある真夏の暑い昼下がりに，あなたが家にいると，狼がセールスレディに化けてきた。狼は何をしに来たのでしょう。あなたは，食べられないように，狼を説得できるかな？

1. あなたは狼がセールスレディに化けていることを知っています。でも，狼は気がつかれていることを知りません。
   （のぞき穴から見た狼の様子を左の枠の中に描きましょう。）

2. ☆あなたから話しましょう。
   ドアの，のぞき穴からのぞいてみました。狼に，「どうして〜なの？」という質問をして，ドアを開けずに，追い帰しましょう。

   (1) どうして声がそんなに変なの？　(2) どうして耳がそんなに大きいの？
   (3) どうして色がそんなに黒いの？　(4) 自分で考えてみよう。

3. ★あなたから聞きましょう。
   狼はなかなか帰ってくれません。狼は何をしたいのか聞きましょう。

   ★狼の希望を満たすためにはどうしますか？

   A案：隣町のたけしくん（実はライオン君）の家でパーティーがあるから，先に行くようにすすめる。自分は，パーティーに行くためにおしゃれしているところだから一緒に行けない。
   B案：2件となりのとし君の家（狩猟家の家）では，いつも豪華なステーキを一緒に食べてくれる人を待っている。
   C案：自分で考えよう。

   ☆話し合いの結果，どのようにすることになりましたか？さらに，その続きを自由に考えてまとめておきましょう。

どうすることにしましたか？	
この続きは？	

✴ New 赤ずきんちゃん Story ✴
不定詞

【Sheet B】
あなたは"狼"役です。

> むかし，むかし，ある真夏の暑い昼下がり，2，3日何も食べていなくて，おなかもすき，のどもからからです。ふと目をやると，まるまる太ったおいしそうな赤ずきんちゃんがお母さんの帰りを待っています。あなたはセールスレディに化けて，赤ずきんちゃんを食べてしまいましょう。

1. ☆あなたから話しかけよう。
   お母さんが留守なので，赤ずきんちゃんの欲しそうなものを売っているふりをして，家の中に入れてもらいましょう。

（左の枠の中に，赤ずきんちゃんのイメージ画を描きましょう。）

2. ★赤ずきんちゃんがいろいろ聞いてきます。言い訳をしましょう。
3. 赤ずきんちゃんはなかなかしぶといです。家の中に入るのは無理のようなので，どこか食べに出かけようと誘いましょう。質問に狼だとばれないように答えましょう。

★あなたから話しましょう。（ひとつ選んで言いましょう。）

> 何が食べたいか言いましょう。
> A案：豪華ステーキを食べにホテルのレストランに行こう。
> B案：赤ずきんちゃん一人だと心細いから友だちたくさんと，遊んで食べられる遊園地に行こう。
> C案：自分で考えよう。

★話し合いの結果どうすることになりましたか？そして，この後の続きを自由に考えてみましょう。

どうすることにしましたか？	
この続きは？	

〈例〉 ***B:*** Hello. I'm a saleslady. I sell many cute dolls. Please open the door. I want *to show* you these dolls. Will you open the door?

(6) 赤ずきんちゃん役の【Sheet A】を持った生徒は，正体を暴こうといろいろな質問をし，それに対して適切な答えをしていく。
　　　〈例〉 ***A:*** No. Why do you have a strange voice?
　　　　　 B: I caught a cold.
　　　　　 A: Why do you have big ears?
　　　　　 B: *To* hear your voice well.
　　　（【Sheet A】【Sheet B】の２．に対応）

(6) 話の展開をして，新しい提案をして，会話を続けていく。
　　　〈例〉 ***A:*** I don't want *to buy* any dolls. Please go away.
　　　　　 B: O.K. I'll go. But I'm very hungry. Will you go to an amusement park with me?
　　　　　 A: Why do you want *to go* there?
　　　　　 B: *To eat* and *play* with you and your friend.
　　　（【Sheet A】【Sheet B】の３．に対応）

(7) 会話を進めていき，最後にどのような結論に達したか，さらに会話を続けることができるペアであれば，この後どのようになったかなどの続きを考えさせることもできる。

♠留意点
- あらかじめ「赤ずきんちゃん」の童話を簡単に説明する。理由は，何も知識の無いところであれば，会話にいきづまる場面があるからである。しかし，あまり固定観念にとらわれず，童話を参考にして，自分達で楽しい話を作っていこうとするようにうながす。

♠タスク活動としての特徴
(1) **completion**
　　お腹がすいている狼に対して，どのように対応するか，そしてその続きを考えていく。
(2) **message-focused**
　　・「依頼する」：中に入れてもらおうと狼が依頼する。
　　・「質問する」：赤ずきんちゃんが狼の様子を聞く。

- ・「説明する」：狼が赤ずきんちゃんの質問に対して自分の説明をする。
- ・「誘う」：なかなかドアを開けてくれない赤ずきんちゃんを外に連れ出そうと誘う。
- ・「断る」：狼の誘いに，自分の希望を入れながら巧みに断る。

(3) **negotiation of meaning**

狼の目的を知っている赤ずきんちゃんは，どうにかして狼の誘いにのらない言い訳をする。それに対して，狼は自分の目的を達成するために赤ずきんちゃんを説得しようとする。この活動を通して意味のやりとりを行うことができる。

(4) **comparison (of structures)**

不定詞の3つの用法を意識せずに，その場の状況に応じて使い分けるようにする。

(5) **information gap**

お互いの立場の違いや会話の目的が異なるために，必然的に情報の差が生まれてくる。さらに，お互いの状況が把握できてから，狼が何をしたいのか，それに対して赤ずきんちゃんはどういう解決をしてあげるかということについて，希望に沿うような解決をしていく。

(6) **of interest**

童話をもとにはしているが，自分たちで現代版の「赤ずきんちゃん」を作って行くところに，独自の発想を組み込むことができるため興味がわく。

♠アイデア

- ・季節感を表すために，今回は，「真夏の暑い日」としたが，「冬の寒い日」などとしてもよい。
- ・活動の後，代表のペアに発表をさせたり，全体で劇化して発表することもできる。

3.12 目標文法項目：関係代名詞 *which*

ポイント ものを限定したり，付け加えて説明するときに関係代名詞の *which* が使われることを理解し，関係代名詞 who と比較しながらコミュニケーションの場面で使用することができる。

＊今までの指導	＊ここでの指導
関係代名詞は2つの文を1つにして言う場合に使う。	関係代名詞は名詞（先行詞）を詳細に説明する文を導くものである。

A 文法説明

🖉 **準備物**
- 掲示する文を書いたカード
  - Do you know a man who can run fast?
  - Do you know a bird which can run fast?
- 人や動物の絵（封筒に入れて一部だけ見えるようにしておく。）

🖉 **指導手順**
(1) 関係代名詞 who の復習

〈封筒に入れて一部だけ見えるようにしてある有名人の絵を見せて，誰のことを言っているのかを生徒に当てさせる。〉

    T: Do you know a Japanese baseball star *who* wants to play in the USA?

                                S1: Yes, I do. Ichiro does.

T: Right.

　Do you know a man *who* can run fast?

〈 Do you know a man who can run fast? を黒板に貼る。〉

S2: Greene?

(2) 関係代名詞 which の導入

T: That's right.

　Maurice Greene is a man *who* can run fast.

　Do you know a bird *which* can run fast?

〈 Do you know a bird which can run fast? を黒板に貼る。〉

S3: Dacho.

T: Yes.

　The ostrich is a bird *which* can run fast.

　Do you know an animal *which* lives in Australia?

S4: Koala.

T: Yes.

　The koala is an animal *which* ...

S4: ... lives in Australia.

T: There is another animal in Australia *which* has a pocket. What's that?

S5: The kangaroo is an animal *which* has a pocket.

T: Right.
　人を説明する場合は *who* を付けて，どんな人か説明しましたね。人以外のものの場合には *which* を使います。

〈クラスの一部の生徒にものの絵を見せる。その特徴を関係代名詞を使って説明させ，絵を見ていない生徒に何を説明しているのか当てさせる。〉

T: Please tell everyone about this.

S6: This is a robot *which* has a special pocket.
S7: It's Tokiemon.
S6: That's right.

T: Please tell them about another one.

S8: This is a company *which* makes cars.
S9: TOYODA.
S8: Right.

✐留意点
- 関係代名詞 which は "This is an animal. It has long ears." などの2つの文を1つにする場合に使うと説明し，その後で機械的に2つの文を関係代名詞 which を使って1つにする練習を行うことがある。しかし，関係代名詞は名詞（先行詞）を詳細に説明する文を導く機能を持つことを生徒に理解させる必要があると思われる。ここでは導入の段階から，ものの説明を聞いたり，ものについて話したりするような場面を作り関係代名詞 which を導入する。
- 実際には関係代名詞 that もよく使われるが，ここでは関係代名詞 who と比較しながら関係代名詞 which を指導することとする。

B コミュニケーション活動

✦ねらい
- シートの絵を使いながら，映画のキャラクターを話題にして，関係代名詞 who/which を使ってたずねたり答えたりできる。[所要時間：5分]

✦活動の手順
(1) ペアの一方の生徒に【Sheet A】，もう一方の生徒に【Sheet B】を配布する。その際各々のシートを見せ合わないよう注意する。
(2) 【Sheet A】には「スターツアーズ5」のキャラクター名だけが，【Sheet B】には「スターツアーズ1」のキャラクター名だけが記入されている。まず，【Sheet A】を持っている生徒が質問する。
   〈例〉　*A:* Who's the boy *who* has glasses?
   　　　　B: He's Ben.
(3) 次に，【Sheet B】を持っている生徒が質問する。
   〈例〉　*B:* What's the creature *which* has big ears?
   　　　　A: It's Nanda.
   以後(2), (3)を交互に繰り返す。
(4) 交互に聞き合い，同じものをチェックしたら終了し，ペアあるいは全体で確認する。

✦留意点
- 活動の前に creature などの単語の意味を確認し，発音の練習をしておく。

✦アイデア
- この活動例は関係代名詞 who/which を扱っているが，資料の内容を変えれば，例えば The boy has a guitar. や The boy is eating an apple. などのように，動詞の現在形（have）や進行形などを使ったコミュニケーション活動にも応用できる。

『STAR TOURS』
♬ 使ってみよう関係代名詞 ♬

〈会話例〉
A: Who's the boy who ～?
What's the creature (robot) which ～?
B: He's / It's ～.

【Sheet A】
〈次の場面でパートナーと会話してみよう。〉

あなたは中学生のAさんです。今大人気の映画「スターツアーズ5」を見ましたが、「スターツアーズ1」は見ていません。「スターツアーズ1」は「スターツアーズ5」の30年前の話です。姿は変わってもどちらにも登場しているキャラクターがあるようです。友達のBさんは「スターツアーズ1」だけを見ています。それぞれのキャラクターの名前を確かめ、どちらにも登場しているキャラクターに○をつけましょう。(はじめにあなたから質問します。)

スターツアーズ1のキャラクター

boy	( )	( )	( )
creature	( )	( )	( )
robot	( )	( )	( )

スターツアーズ5のキャラクター

man	(Jim)	(John)	(Obi)
creature	(Tan Tan)	(Nan Nan)	(Nanda)
robot	(R4D2)	(R3D2)	(R3D3)

『STAR TOURS』
♬ 使ってみよう関係代名詞 ♬

〈会話例〉
A: Who's the man who ～?
What's the creature (robot) which ～?
B: He's / It's ～.

【Sheet B】
〈次の場面でパートナーと会話してみよう。〉

あなたは中学生のBさんです。「スターツアーズ1」のビデオを見ましたが、今人気の映画「スターツアーズ5」は見ていません。「スターツアーズ1」は「スターツアーズ5」の30年前の話です。姿は変わってもどちらにも登場しているキャラクターがあるようです。友達のAさんは「スターツアーズ5」だけを見ています。それぞれのキャラクターの名前を確かめ、どちらにも登場しているキャラクターに○をつけましょう。（はじめにAさんから質問します。）

スターツアーズ1のキャラクター

boy	(Ben)	(Obi)	(Tom)
creature	(Koda)	(Jan Jan)	(Tan Tan)
robot	(R3D2)	(D3R2)	(R4D3)

スターツアーズ5のキャラクター

man	( )	( )	( )
creature	( )	( )	( )
robot	( )	( )	( )

C タスク活動

♠ねらい
- ロボットを作っている人のことやそのロボットの特徴をたずねたり，答えたりする中で関係代名詞 who と which の使い分けができるようにする。

[所要時間：15分]

♠タスク活動のイメージ

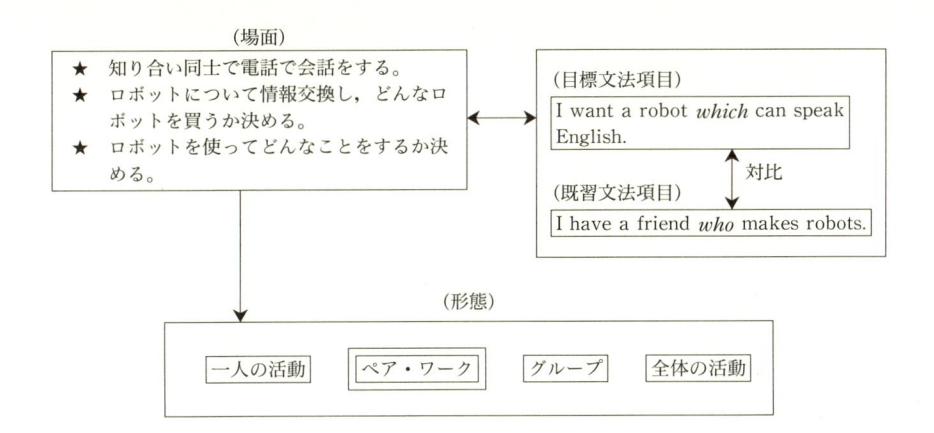

(場面)
- ★ 知り合い同士で電話で会話をする。
- ★ ロボットについて情報交換し，どんなロボットを買うか決める。
- ★ ロボットを使ってどんなことをするか決める。

(目標文法項目)
I want a robot *which* can speak English.

↕ 対比

(既習文法項目)
I have a friend *who* makes robots.

(形態)
| 一人の活動 | ペア・ワーク | グループ | 全体の活動 |

♠活動の手順

(1) ペアの一方の生徒に【Sheet A】，もう一方の生徒に【Sheet B】を配布する。その際，各々のシートを見せ合わないよう注意する。

(2) 電話で友達と会話をする場面であることを確認する。

(3) Aさん（ジョン）がBさん（富士夫）にロボットを作っている人を知らないかたずねる。（【Sheet A】【Sheet B】の1．に対応）
　〈例〉 *A:* Do you know a man *who* makes robots?
　　　　B: Yes, I do. I have a friend *who* makes robots.

(4) Aさんはどんなロボットが欲しいのか伝え，Bさんは友達のロボットについて説明する。（【Sheet A】【Sheet B】の2．に対応）
　〈例〉 *B:* What robot do you want?
　　　　A: I want a robot *which* can speak English.

(5) Bさんは資料を参考に3つのロボットの秘密道具の名前やその働きを

✻ *What robot?* ✻
関係代名詞

【Sheet A】
〈次の場面でパートナーと会話してみよう。〉

> あなたはオーストラリアに住んでいる大金持ちのジョンさんです。あなたはロボットが大好きで、新しいロボットを買いたいと思っています。日本にはすばらしいロボットを作っている人が何人かいると聞いています。そこで日本にいる友達の富士夫さんに電話することにしました。

1. あなたはまず富士夫さんに電話をかけます。かんたんなあいさつからはじめ、ロボットを買おうと思っていることを伝えましょう。そしてロボットを作っている人を知らないか聞いてみましょう。

2. まず英語を話すことができるロボットが欲しいと伝えましょう。

3. 富士夫さんが教えてくれたロボットについてその特徴を聞きながら、どのロボットがいいか決め、富士夫さんにも伝えましょう。
   ※決めたロボットの名前を書きましょう。【   】

4. 買おうと決めたロボットの秘密道具を使って富士夫さんと一緒に何かしようと思います。あなたがしようと思っていることを伝え、富士夫さんの意見も聞きながら何をするか決めましょう。
   ※決めたことを書きましょう。【   】

5. 富士夫さんから大事な話があるようです。その話を聞いて富士夫さんと一緒に考えて、あるものを決めましょう。
   ※決めたものを書きましょう。【   】

6. 最後にあいさつをして電話を切りましょう。

第3章　コミュニケーション志向の文法説明とタスク活動　209

✨ *What robot?* ✨
関係代名詞

【Sheet B】
〈次の場面でパートナーと会話してみよう。〉

> あなたは東京に住んでいる富士夫さんです。オーストラリアに住んでいる友達のジョンさんから電話がかかってきます。

1. ジョンさんはロボットに関することを知りたいようです。あなたにはロボットを作っている友達がいることを伝えましょう。そしてジョンさんがどんなロボットが欲しいかたずねましょう。

2. あなたはロボットのパンフレット（下図）を持っています。まず，ジョンさんの言った条件に合っているか伝えましょう。そして，さらに友達のロボットはポケットの中に秘密道具（secret tool）を持っているロボットであることを伝えましょう。

3. ジョンさんにそれぞれのロボットについての名前や特徴（秘密道具名とその働き）を説明し，どれがいいかジョンさんに決めてもらいましょう。
   ※ジョンさんが決めたロボットの名前を書きましょう。
   　　　　　　　　　　　　　【　　　　　　　　】

4. ジョンさんからあなたに何か誘いがあるようです。その内容を聞いて，あなたの意見も言いながら2人で決めましょう。
   ※決めたことを書きましょう。　　【　　　　　　　　】

5. 大事なことをジョンさんに伝えてください。それは秘密道具をもう1つだけ作ってもらえるということです。4．で決めたことをするのに，どんな働きのある道具があると便利か2人で考えましょう。
   ※決めたものを書きましょう。　　【　　　　　　　　】

6. 最後にあいさつをして電話を切りましょう。

○ 資料　ロボットのパンフレット（一部）
　　※この資料をジョンさんは持っていません。

名前	タケえもん	トキえもん	コヅえもん
イメージ	（図）	（図）	（図）
秘密道具	タケコップター	タイムトラベラー	ミラクル小槌（こづち）
秘密道具の働き	世界中どこにでも行かせてくれる道具	過去や未来に旅行できる道具。	人を大きくしたり，小さくさせてくれる道具。

こび太の猫型ロボット（すべて日本語・英語を話せるロボットです。）

　　　伝える。AさんはBさんの説明を参考に，買うロボットを決める。
　　　（【Sheet A】【Sheet B】の3．に対応）
　　　〈例〉　**B:** What's that?
　　　　　　　A: Miracle Kozuchi is a magic thing *which* makes you smaller or bigger.
(6)　AさんはBさんにロボットを使って何かしようと誘い，何をするか決める。（【Sheet A】【Sheet B】の4．に対応）
(7)　BさんはAさんにおまけにもう1つ秘密道具を作ってもらえることを伝え，どんな秘密道具が必要か2人で相談して決める。
　　　（【Sheet A】【Sheet B】の5．に対応）

♠留意点
- ロボットのパンフレットを持っているのはBさんだけであることを確認し，Aさんは必要に応じてメモをとるように伝えておく。
- 【Sheet A】【Sheet B】の5．に「秘密道具をもう1つだけ作ってもらえる」とあるが，これは資料の中のロボットが持っている秘密道具以外に生徒が創造力を生かして考えた秘密道具でもよい。
- 電話の基本的な会話パターンについては事前に指導しておく。

♠タスク活動としての特徴
(1)　**completion**

「ロボットの情報を得る」ために友達に相談する場面で，どんなロボットを買って何をするか決める。

(2) **message-focused**
- 「説明する」：それぞれのロボットの特徴や持っている秘密道具について説明する。
- 「質問する」：どんなロボットがあり，何ができるのか質問する。
- 「意見を言う」：ロボットを使って何をしたいか，どんな秘密道具が欲しいか意見を言う。

(3) **negotiation of meaning**
Aさんが電話をかけてきた理由を言う場面やロボットや秘密道具について情報交換する場面で，相手の言ったことを聞き返したり，確認するなどの「意味のやりとり」が期待される。

(4) **comparison of structures**
ロボットを作っている人のことやロボットの特徴を尋ねたり，答えたりする中で「関係代名詞 who と関係代名詞 which」といった2つの文法構造を比較し，使い分けるように工夫されている。

(5) **information gap**
どんなロボットが日本にあるか知らないAさんと，日本に住み，ロボットを作っている友達がいるBさんの対話にすることにより，ロボットについての2人の持っている情報に差があるように状況設定がされている。

(6) **of interest**
一定の条件のもとで，学習者自身の判断で会話を進めることにより，学習者は自己関与感を持ってタスク活動に取り組むことができる。また，秘密道具を使って何をするか考えたり，自分が欲しい秘密道具を考える場面を設定することで，活動への動機付けを高めている。

♠アイデア
- ここでは関係代名詞 who と関係代名詞 which を使い分けるタスク活動の例を挙げたが，例えば，"I want a robot." と "I want to go to New York." のような「主語＋動詞（want）＋名詞の文」と「主語＋動詞（want）＋to 不定詞の文」を比較するタスク活動も考えられる。

3.13 目標文法項目：仮定法過去

ポイント ここでは，*if* 節省略型仮定法からの導入によって，（助）動詞の過去形のもつ意味を理解し，類似した形態である条件文と比較しながら，話し手の気持ちによって形態を使い分けることができる。

＊今までの指導	＊ここでの指導
仮定法＝ "If＋主語＋動詞の過去形（助動詞の過去形＋動詞の原形）〜，主語＋助動詞の過去形〜."という，公式的指導。	助動詞の過去形は，話し手が ① 時間的な距離（過去） ② 相手との距離（丁寧表現） ③ 現実からの距離（仮定） を表現する時に用いられる事を理解させる。

A 文法説明

準備物
- Eric Clapton の *Change the World* の CD または，カセットテープと歌詞カード2種類（穴埋め形式のものとその答え）
- 掲示する会話文，基本文型，そして文を書いたカード

(1)
> **Ken:** John needs some help. Can anyone help him?
> **Mary:** I can.

> **Mary:** I could. But I'm too busy at the moment.

(2)
> (a) If I had enough time, I could help him.
> (b) If I have enough time, I can help him.

(3)
> (a) If I could change the world, I would be the sunlight in your universe.
> (b) If I can change the world, I will be the sunlight in your universe.
> (c) If I could be king even for a day, I would take you as my queen.

指導手順
(1) 助動詞の過去形の復習

第3章 コミュニケーション志向の文法説明とタスク活動　213

〈次の語句を板書し，助動詞の過去形には以上の3つの意味があることを説明する。〉

助動詞の過去形 ── ① 時間からの距離（過去）
　　　　　　　　── ② 相手からの距離（丁寧表現）
　　　　　　　　── ③ 現実からの距離（仮定）

〈次の会話文を黒板に貼る。〉

> **Ken:**　John needs some help. Can anyone help him?
> **Mary:** I can.

T: この2人の会話の意味はどういう内容ですか？　S1？

　　　　　　　　　　　　S1: Ken は手伝いを必要としているので，誰か手伝ってくれませんかと尋ねたら，Mary が「できます」と答えています。

T: そうだね。では，このMaryの言った *can* が過去形の *could* になったらどういう意味になるだろうか？

〈上記のカードのMaryの部分に(1)の2枚目のカードを上から貼る〉

> **Ken:**　John needs some help. Can anyone help him?
> **Mary:** I could. But I'm too busy at the moment.

　　　　　　　　　　　　S2: 私はできた … しかし，今はすごく忙しい。

T: 「できた」となると少しおかしくないですか？この *could* は，現在形ではなく過去形を使っている分だけ現在から離れていますね。したがって，「もし時間

があれば手伝ってあげたいのだけれども忙しくて，できない」という現実の可能性からの遠さを表しているのです。

(2) If 節を伴った仮定法過去の導入

〈If 節を補った文と条件文を提示する。〉

> (a) If I had enough time, I could help him.
> (b) If I have enough time, I can help him.

T: この(a)と(b)の文を比較してみると，何が違っていますか？ S3 ?

S3: (a)は過去形で，(b)は現在形。

T: そうですね。過去形は，現実からの遠さを表しますから，この場合，現在形の(b)の文と比べて「手伝ってあげたいけど手伝うことができない」という気持ちが強いわけです。このことを考えて次に歌を聞いて，歌詞の中で *can* と *could*, *will* と *would* に線を引いて，意味の違いに注意して聞いてみましょう。

(3) If 節を伴った仮定法過去の展開

〈Eric Clapton の *Change the World* の歌詞を配り，歌を聞かせる。〉

T: 今みんなが線を引いた助動詞の入った文のいくつかがこれです。

〈歌詞の一部をカードにしたものを貼る。〉

(a) If I could change the world, I would be the sunlight in your universe.
(b) If I can change the world, I will be the sunlight in your universe.
(c) If I could be king even for a day, I would take you as my queen.

T: では，(a)と(b)の文をまず見て下さい。よく似た文ですが，少し違います。何が違ってますか？　S4？

S4: 助動詞が(a)の文では過去形になっています。

T: そうだね。では，先ほど説明したように，過去形が現実からの遠さを意味しているとすれば，この(a)と(b)の文では，話をしている人の気持ちはどう違っていますか？　S5？

S5: (a)は，自分が世界なんて変えれるわけがないと思っていますけど，もし変えることができるならば，君の世界の光となろう，と言っています。(b)の文では，世界を変えることができるという可能性が(a)の文と比べて少し高いのだと思います。

T: そのとおりだね。簡単に言うと，(a)の文の方が(b)と比べて実現する可能性が低いわけです。したがって，世界を変えることのできる可能性は，(a)の方が低いわけです。同じように考えたら(c)はどういう意味ですか？ま

た，話し手の気持ちはどんな感じでしょうか？ S6？

S6: 王様になんてなれるわけがないと思いつつも，一日だけでもなれるとすれば，君を女王として迎えたい，という意味でしょうか？

T: 過去形を使っている分，なれるという気持ちがあまりないわけですね。では，歌詞を書いた人の気持ちを考えてながら，最後にもう一度歌詞を聞いてみましょう。

✏️留意点
- 助動詞（if 節では動詞）の時制の違いによって話し手の気持ちが現実から遠ざかり，仮定の意味を表すことを明確にする。
- 最後に理解できた段階で，もう一度歌を聞かせ，気持ちの変化を気付かせる。
- 歌詞中では I will と I would は，それぞれ I'll, I'd となっている事にも注意を向けさせる。

〈歌詞カード〉

CHANGE THE WORLD

If I can reach the stars
Pull one down for you
Shine it on the heart
So you could see the truth
5　Then this love I have inside
is everything it seems
But for now I find
It's only in my dreams

If I can change the world
10　I'll be the sunlight in your universe（君の世界の）
You would think my love was really something good
Baby if I could change the world

If I could be king
Even for a day（たった一日でも）
15　I'd take you as my queen（take〜as…＝…として〜をむかえる）
I'd have it no other way
And our love will rule
In this kingdom we have made
Till then I'd be a fool
20　Wishing for the day

If I could change the world
I would be the sunlight in your universe
You would think my love was really something good
Baby if I could change the world
25　Baby if I could change the world
Baby if I could change the world

JASRAC　出 0003467-506　　（©表示は次ページにあります。）

B コミュニケーション活動

✦ねらい
・各個人の選択した答えをもとに，情報を交換しながら仮定法過去を用いてたずねたり，答えたりできるようにする。　　　[所要時間：10分]

✦活動の手順
(1) Step 1 の用紙を配り，A〜D の文を読み，意味の説明をする。
(2) 学習者は説明を聞いて，各 if 節の後に続く従属節を選ぶ。
(3) Step 2 の用紙の会話例にしたがい会話練習させ，意味の確認をする。
(4) 生徒は自由に教室を動き回り，名前をたずねることから，質問をはじめる。制限時間内になるべく多くの人にインタビューできるように競わせる。

　〈例〉　*S1:* What is your name?
　　　　S2: I'm S2. How about you?
　　　　S1: My name is S1. Well, S2, what *would* you do *if* you *had* one million yen?
　　　　S2: Um ... *if* I *had* one million yen, I *would* save it for my wedding.
　　　　　　　How about you?
　　　　S1: I *would* buy one big expensive thing.

★この例の場合，S 1 は Interview Sheet に聞いた相手の名前を記入した後，A の質問欄の wedding に○をつける。S 2 は Interview Sheet に聞いた相手の名前を記入した後，A の質問欄の thing に○

CHANGE THE WORLD
Words & Music by Tommy Sims/Gordon Kennedy/Wayne Kirkpatrick
© Copyright 1996 by UNIVERSAL-POLYGRAM INT'L PUBL. INC./
UNIVERSAL-MCA MUSIC PUBLISHING, A DIVISION OF UNIVERSAL STUDIOS, INC.
All Rights Reserved. International Copyright Secured.
Print Rights for Japan jointly controlled by K.K. MUSIC SALES.

第3章 コミュニケーション志向の文法説明とタスク活動

をつける。以後質問を繰り返し，一人につき B〜D までの項目について質問を行う。

(5) 時間制限がきたところで，自分の選択と相手の選択したものの一致した数を記入する。

(6) 最後に，教師が A〜D の各文を自分の場合にあてはめて読み上げ，生徒はそれを聞いてチェック欄にチェックする。

◆留意点
- 交互に質問をするように教師は活動前に指示する。
- A の文であれば，単に wedding, thing といった単語のみの発話にならない様に机間巡視をして指導する。

『あなたならどうする？』
♫ 使ってみよう仮定法過去 ♫

Step 1

> A. B. C. D. それぞれの文の後に続く文を選択肢の中から自分に合うように選んで，○をつけましょう。

A. If I had one million yen,
- I would save it for my wedding.
- I would buy one big expensive thing.

B. If I had another holiday in the week,
- I would enjoy myself with friends as much as I wanted.
- I would work to get more money.

C. If I had children of my own,
- I would let them play as much as they wanted.
- I would not allow them to be lazy in their studies.

D. If I were told right now that I can do anything I want,
- I would go home and sleep.
- I would go to the cafeteria.

第3章　コミュニケーション志向の文法説明とタスク活動　**221**

| Step 2 | Interview Sheet |

Step 1 でしたことをインタビューします。自分と同じ意見を持った人が何人いるかできるだけ多くの人にペアになって交互にインタビューしましょう。そして、以下のインタビューシートにインタビューしたことをメモしましょう。また、下の会話例を参考に理由などを付け加えて会話をふくらませましょう。

《会話例》
Tatsuaki:　Hi, I'm Tatsuaki. What's your name?
Chisato:　Hi, I'm Chisato.
Tatsuaki:　<u>Chisato, what would you do if you had one million yen?</u>
Chisato:　<u>I would save it for my wedding.</u> How about you, Tatsuaki?
Tatsuaki:　I would buy one big expensive thing.
Chisato:　What would you like to buy?
Tatsuaki:　I would like to buy a motor cycle.
Chisato:　Sounds nice.
Tatsuaki:　Thank you.

Name:
　A − wedding/thing　B − enjoy/work　C − play/study　D − sleep/cafeteria
Name:
　A − wedding/thing　B − enjoy/work　C − play/study　D − sleep/cafeteria
Name:
　A − wedding/thing　B − enjoy/work　C − play/study　D − sleep/cafeteria
何個あなたのものと同じ答えがありましたか？　　　　＿＿＿＿個

先生の選んだものを、よく聞いてチェックしましょう。あなたの選んだものと全部一緒であれば、いいことがあるかも……
Sensei's choice
A − wedding/thing　B − enjoy/work　C − play/study　D − sleep/cafeteria

C タスク活動

♠ねらい
・交渉する相手や自分の事情に応じて，正確に仮定法過去と条件文の使い分けができるようになる。　　　　　　　　　　　　　　[所要時間：15分]

♠タスク活動のイメージ

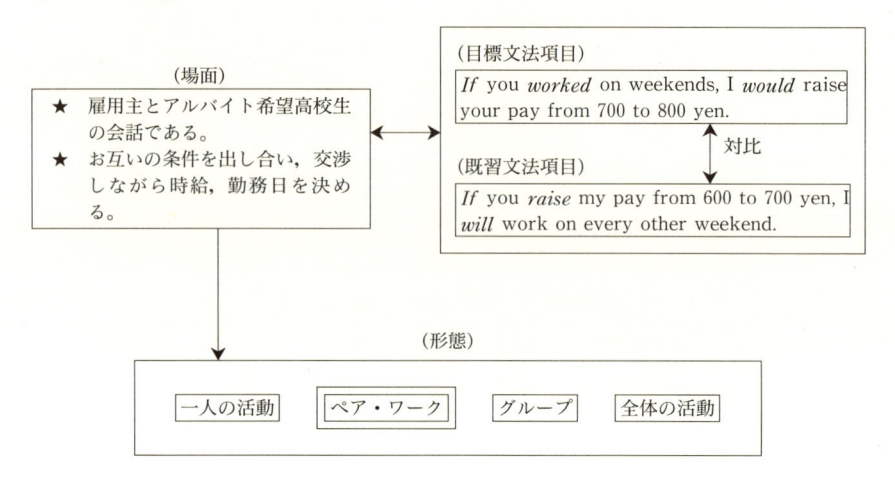

（場面）
★ 雇用主とアルバイト希望高校生の会話である。
★ お互いの条件を出し合い，交渉しながら時給，勤務日を決める。

（目標文法項目）
If you *worked* on weekends, I *would* raise your pay from 700 to 800 yen.

対比

（既習文法項目）
If you *raise* my pay from 600 to 700 yen, I *will* work on every other weekend.

（形態）
| 一人の活動 | ペア・ワーク | グループ | 全体の活動 |

第3章　コミュニケーション志向の文法説明とタスク活動

交渉人
仮定法過去

【Sheet A】

Family Restaurant SOMEDAY

waitperson
¥600/h〜　　　　　　　¥650/h〜
10:00a.m.〜8:00p.m.　　8:00p.m.〜12:00a.m. and weekends

We are looking for a person who is able to work on <u>weekends</u>!
<u>Call: 0120-14-＊＊＊＊</u>

　あなたはアルバイトを雇う側の人です。週末も営業するため，<u>特に週末にアルバイトが必要です</u>。あなたのところにいかにも苦労している様子の高校生（あなたのパートナー）がアルバイトを探しにやってきました。ところが時給と勤務日に不満がありそうです。なんとかして時給の交渉と勤務日の交渉を行い，雇いなさい。しかし，雇う上で以下の制限があります。
1. 相手のまじめさ，容姿によって<u>100円程度なら時給を上げても大丈夫</u>ですが，それ以上は予算が許しません。
2. 勤務日は土曜日と日曜日に続けて来れる人を雇うようにすること。

では，あいさつからはじめましょう。

Useful Expressions（役に立つ表現）

see an ad（広告を見る）	I've already offered you (700) yen.
hire（雇う）	(700円出すとすでに言いました)
ask for a raise（給料をあげるようたのむ）	work on weekends (weekdays)
raise the pay from 600 to 700 yen	（週末（平日）に働く）
（給料を600円から700円にあげる）	work at a restaurant（レストランで働く）
Have you ever worked at a restaurant before?	Is it possible?（それは可能ですか）
（以前にレストランで働いたことがありますか）	It depends on your effort.（あなたの努力による）
What days of the week (can you work)?	agree to work on weekends
（何曜日に働けますか）	（週末に働くことを了解する）
weekends and weekdays as well	Do you agree with that?（それでいいですか）
（平日と同様に週末も）	We'll look forward to seeing you.
We have a lot of customers on weekends.	（あなたに会えるのを楽しみにしています）
（週末はお客さんが多いです）	I'll pay you (600) yen per hour.
	（時給600円払いましょう）

交渉結果
　　勤務日：＿＿＿＿＿＿＿　　　　　時給：＿＿＿＿＿＿＿

交渉人
仮定法過去

【Sheet B】

Family Restaurant SOMEDAY

waitperson
¥600/h〜   ¥650/h〜
10:00a.m.〜8:00p.m.   8:00p.m.〜12:00a.m. and weekends

We are looking for a person who is able to work on <u>weekends</u>!
<u>Call: 0120-14-****</u>

あなたは親からの小遣いも少なく，苦労をしている高校生です。大好きな彼／彼女のためにプレゼントを買いたいのですが，お金がなくて困っています。そこで，アルバイトをして稼ぐことを決意しました。今日はその面接の日です。しかし，時給が少し低いことと，週末に働かないといけないことに不満があります。また，あなたは以下の1．，2．の手順にしたがって交渉をし，その店で働きなさい。

1. 時給に不満があるので，まず初めに，<u>時給を 700 円に上げるように</u>様々な理由をつけて交渉してください。
2. 実は，彼女とのデートをする予定の週末ですが，土曜，日曜に連続で働くのであれば，<u>800 円まで時給を上げるように</u>交渉してください。

では，あいさつからはじめましょう。

Useful Expressions（役に立つ表現）

see an ad（広告を見る）	every other weekend（週末は一週間おき）
I'm short of money.（お金に困っている）	work on weekends (weekdays)
need to save money（お金をためる必要がある）	（週末（平日）に働く）
The pay is too low.（給料が安すぎる）	I'm free on (Monday).（月曜日は時間がある）
ask for a raise（給料をあげるようたのむ）	I'm busy on (Tuesday).（火曜日は忙しい）
raise the pay from 600 to 700 yen	work at a restaurant（レストランで働く）
（給料を 600 円から 700 円にあげる）	Is it possible?（それは可能ですか）
weekends and weekdays as well	offer you（あなたに申し出る）
（平日と同様に週末も）	agree to work on weekends
Do you agree with that?（それでいいですか）	（週末に働くことを了解する）

交渉結果
　　勤務日：＿＿＿＿＿＿＿　　　　時給：＿＿＿＿＿＿＿

第3章　コミュニケーション志向の文法説明とタスク活動　225

♠ **活動の手順**
(1) ペアを組ませ，一方に【Sheet A】を，もう一方に【Sheet B】を持たせる。
(2) 確認のため，状況設定を教師が読み，それぞれの立場を把握させる。この場合，【Sheet A】雇い主，【Sheet B】はアルバイトを探している高校生という状況設定である。
(3) まず最初に，あいさつからはじめ，時給について話し合う。(【Sheet A】【Sheet B】の1．に対応)
　　〈例〉　*A:* We can pay you 600 yen per hour for daytime work, and 650 yen for night time. Is that OK?
　　　　　B: Um ... I'm short of money. *If* you *pay* me 700 yen, I *will work*.
(4) 次に勤務日を話し合う。(【Sheet A】【Sheet B】の2．に対応)
　　〈例〉　*A:* Then, *if* you *can work* on weekends, I *will raise* the pay from 600 to 650 yen.
　　　　　B: I wish I *could*. But I have dates on weekends. So *if* you *could raise* pay from 650 to 800 yen, I *could work* on weekends.
(5) この様に会話を続け，それぞれ与えられた条件をだしながら，勤務日と時給を決め，それぞれメモをし，会話を終える。

♠ **留意点**
・特に交渉をする上での制約はないが，シートの1．，2．の条件をよく把握した上で交渉をさせる。
・タスク活動を終えた時点で，いくつかのペアを指名し，クラスの前でどのような会話を行ったか発表してもらい，どのような意識でその表現を使ったかを確認することが重要である。
・役割を変えて，再度活動を行うことで，豊富な表現活動が可能となるように配慮する。

♠ **タスク活動としての特徴**
(1) **completion**
　　英語を用いて「勤務日」と「時給」を決定する。なお，必ず【Sheet A】の人は【Sheet B】の人を雇わなければならない。つまり，交渉

が成立した場合にのみタスクが完了する。

(2) **message-focused**
- 「説明する」：自分の事情や条件について説明する。
- 「質問する」：時給を上げることが可能か，週末の勤務が可能かどうかなどについて質問する。
- 「申し出る」：条件によっては時給を上げる事を申し出る。
- 「承諾する/断る」：それぞれの要求を承諾する，または断る。
- 「確認する」：決まったことがらについて確認をする。

(3) **negotiation of meaning**
相手が時給を上げるよう要求する際，金額について聞き直したり，勤務日についての要求を確認したりするなどの「意味のやりとり」が行われる。

(4) **comparison of structures**
時給を800円に上げるように頼む時や，週末に働いてほしいと要求する時に，自分の気持ちや相手の反応によって，仮定法や条件文を使い分ける。

(5) **information gap**
雇う側と雇われる側という立場が違うため，必然的に持っている情報が違う。ここでは，さらにお互いにかみ合わない条件を与えることで，必然的に交渉をしなくてはならないようになっている。

(6) **of interest**
生徒達にとって，アルバイトを行うといった身近に起こりうる場面設定をすることで，学習者の興味を引くことが可能である。

♠アイデア
- この場面はアルバイトを雇う上での交渉の場面設定であったが，この他にも様々な交渉の場面を設定することで豊富な種類のタスク活動が可能となる。
- 外国においては様々な交渉場面が見受けられる。そこで，場面を外国に移したり，雇い主を外国人にするという設定に変えることで，より積極的な交渉がなされ，文化的な違いについて触れることができる。

3.14　目標文法項目：比較の特殊構文

ポイント　no more ~ than ... と no less ~ than ... の二つの比較の特殊構文における話し手の視点を明らかにして理解を促進し，両者を使い分けながらコミュニケーションの場面で使用することができる。

＊今までの指導	＊ここでの指導
no more ~ than ... ＝「… 同様に～ない」 no less ~ than ... ＝「… 同様に～である」 鯨の公式の暗記 "A whale is no more a fish than a horse is."	人（物）の性質，状態，特徴などについて比較しようとする場合，話し手の視点や気持ちの動きが表現形式に表れてくることを理解させる。

A　文法説明

🖉準備物
- 提示する文を書いたカード
  (1) Tom is more careful than Mary.
  (2) Tom is no more careful than Mary.

  > **Mary:** I wish I was as careful as Tom.
  > **John:** But you ARE! Tom is no more careful than you.
  > 　　　　　　　　　　　　　　　　　　　　　　(= Mary)

  (a) Tom is much more careful than Mary.
  (b) Tom is a little more careful than Mary.
  (3)
  　　(c) Mary is much less careful than Tom.
  　　(d) Mary is a little less careful than Tom.
  　　　Mary is no less careful than Tom.
- (A), (B), (C), (D)の図とカード メアリーの注意深さのレベル, トムの注意深さのレベル

指導手順

(1) 比較級の復習をする。

〈カード Tom is more careful than Mary. を貼る。〉

T: この文はどういう意味ですか？

S1: トムはメアリーよりも注意深い。

T: そうですね。トムの方がメアリーよりも注意深いという意味になります。

Tom　　carefulness　　Mary
　　　　　　>

(2) no more 〜 than ... を導入する。

〈カード Tom is no more careful than Mary. を貼る。〉

T: この文の意味はどうなりますか？

S2: トムはメアリー同様注意深くない。

T: そうですね。それでは，次の会話文を見てみましょう。

〈次の会話文を，一人二役で状況がはっきりとわかるように演じる。〉

Mary: I wish I was as careful as Tom.
John: But you ARE! Tom is no more careful than you.
(= Mary)

▲このカードは前ページ(2)と同じもの。

John　　Tom　　Mary

T: さて，ジョンはメアリーに対してどういうことを言っているのかわかりますか？
Tom is *no more* careful *than* you.はどういう意味ですか？

S3: トムはメアリー同様注意深くない。

T: なるほど。では，ちょっと次の文を見てみましょう。

〈Tom is *no more* careful *than* you.を場面によって，良い意味になる場合があることを理解させるために，カード(a) Tom is much more careful than Mary. , (b) Tom is a little more careful than Mary. を貼り，説明する。〉

T: (a)，(b)とも，ジョンが言った英語です。それぞれの文はどういう意味ですか？

S4: (a)は「トムはメアリーよりすごく注意深い」で，(b)は「トムはメアリーより少し注意深い」という意味です。

T: そうですね。ジョンはメアリーを基準にトムがどの程度注意深いかについて述べています。

〈much more は基準線よりもはるかに高く，a little more は基準線よりもわずかに高いという意味があることを下の図を用いて説明する。〉

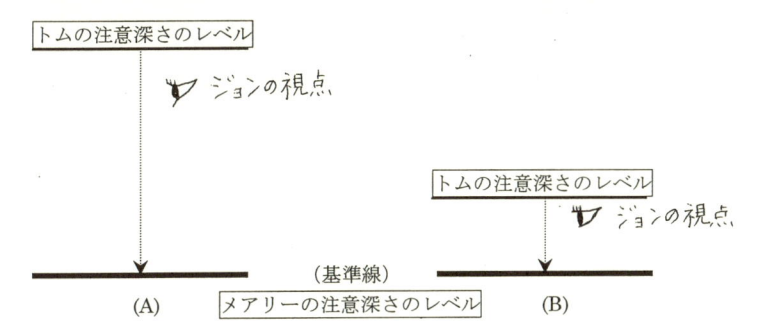

〈次に，(B)の図を利用して Tom is *no more* careful *than* Mary. を説明する。〉

T: この図を参考に, Tom is *no more* careful *than* Mary. の文はどういうことを言っているかわかりますか？

〈カード トムの注意深さのレベル をカード メアリーの注意深さのレベル の横に下ろしながら〉

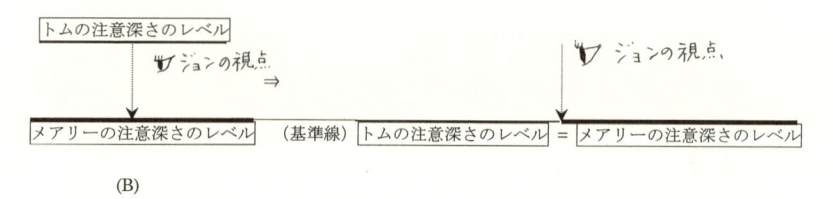

```
トムの注意深さのレベル
       ↓ ジョンの視点                    ▽ ジョンの視点
          ⇒
メアリーの注意深さのレベル  (基準線)  トムの注意深さのレベル = メアリーの注意深さのレベル
```
(B)

S5: メアリーの注意深さのレベルとトムの注意深さのレベルは同じだと言っていると思います。

T: そうです。トムの注意深さのレベルはメアリーの注意深さのレベルまでおりてきます。ジョンがメアリーのことを注意深くないと思っているとしたら，S2が答えてくれたように，トムはメアリー同様注意深くないという意味になります。
それでは，もう一度ジョンとメアリーの会話文を見てみましょう。ジョンはメアリーのことを注意深いそれとも注意深くないと思っていますか？

S6: 注意深いと思っている。

第3章 コミュニケーション志向の文法説明とタスク活動　**231**

T: では，この会話文の Tom is *no more* careful *than* Mary. はどういう意味ですか？

S7: メアリーもトムと同じくらい注意深い。

T: そうですね。「メアリーだってトム同様に注意深い」とジョンがメアリーを励ましているのです。

(3) no less ～ than ... を導入する。

〈Mary is *no less* careful *than* Tom. を *no more* ～ *than* ... と比べて正反対の視点の移動であることを理解させるために，(c) Mary is much less careful than Tom. ，(d) Mary is a little less careful than Tom. の文を使って説明する。〉

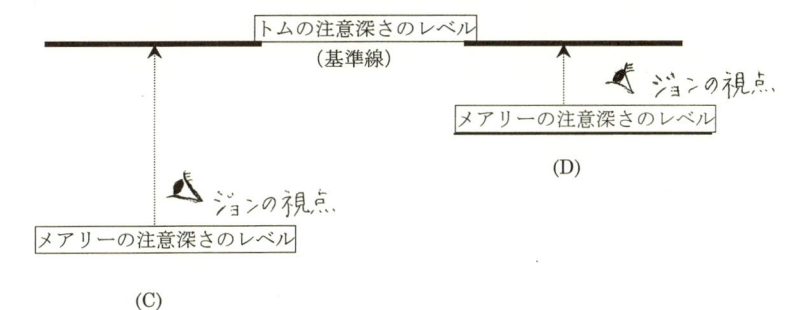

（図：トムの注意深さのレベル（基準線），メアリーの注意深さのレベル，ジョンの視点）
(D)

(C)

〈次に，(D)の図を利用して Mary is *no less* careful *than* Tom. を説明する。カード メアリーの注意深さのレベル を トムの注意深さのレベル まで移動させながら〉

（図：トムの注意深さのレベル（基準線）＝メアリーの注意深さのレベル，ジョンの視点）

(D)

T: (d)は，ジョンはメアリーのことをトムと比べたら少し注意深くないと言っています。less careful と思っていたのが *no less* careful と言うことでメアリーの注意深さのレベルがトムの注意深さのレベルまで，ぐっと上がります。メアリーの注意深さのレベルがトムの注意深さのレベルまで上がり，結局は同じであることを言っています。

🖉留意点

- 従来の文法説明は，no more 〜 than ... ＝「... 同様に〜ない」，no less 〜 than ... ＝「...同様に〜である」というような公式で教えるため，その結果学習者は日本語の訳に頼ってしまい，実際の場面で理解したり，使用することができない恐れがある。
- Tom is no more careful than you are.という文は，文脈によって，「トムもメアリーも両者とも注意深い」という意味になる。メアリーとジョンの会話において (p.228)，But you ARE! Tom is no more careful than you are.の But you ARE!という前提の文がでているため，このように「メアリーだってトム同様に注意深い」といった，ジョンがメアリーを励ます意味となる。このように no more 〜 than ... の構文は二つの解釈が考えられるため，前後の文脈をはっきり提示することが必要となる。

B コミュニケーション活動

◆ねらい
- シートの情報をもとに，お互いに情報を交換しながら，no more ～ than ... と no less ～ than ... を用いて表現する。　　　　[所要時間：5分]

◆活動の手順
(1) ペアの一方の生徒に【Sheet A】，もう一方の生徒に【Sheet B】を配布する。シートはインフォメーションギャップを含んだものであるから，ペアの相手にみせないよう注意する。
(2) 活動をする前に，まず，1．から4．を各自読み，自分の意見となる項目を確認する。
(3) まず，【Sheet A】を持っている人が，快適なシーズンについて，【Sheet B】を持っている人に質問する。(【Sheet A】【Sheet B】の1．に対応)
　　〈例〉　*A:* What do you think is the most comfortable season?
　　　　　B: Fall.
　　　　　A: How about spring?
　　　　　B: Well, spring is comfortable, too — but it is *no more* comfortable *than* fall.
　　シートの2．も同様に活動を進める。
(4) 次に，日本で人気のあるスポーツについて質問をする。(【Sheet A】【Sheet B】の3．に対応)
　　〈例〉　*A:* What do you think is the most popular sport in Japan?
　　　　　B: Baseball.
　　　　　A: Maybe, but I think soccer is *no less* popular *than* baseball.
　　シートの4．も同様に活動を進める。
(5) 最後に，いくつかのペアに発表させる。

◆留意点
- 単に会話例を参考にして与えられた単語に置き換えて発話するのではなく，no more ～ than ... の場合は上から下への動き，no less ～ than ... の場合は下から上の動きを意識しながら練習するように指導する。

◆アイデア
- この活動例は，＿＿＿ is no more/no less 〜 than …. を扱っているが，他の比較構文，〜er (more 〜) than … や as 〜 as … などを使った比較構文のコミュニケーション活動としても活用できる。
- 〈会話例〉にあるようにフォーマットに沿って進めていくが，学習者は I think ＿＿＿ is no more/no less 〜 than …, because ＿＿＿.のようにどうしてそう思うのか理由を更に付け加えるなどして会話を更に膨らますことも可能である。
- ここでは，答える項目があらかじめ設定されているが，ペアの一人が相手の言った項目以外で答えを自由に考えて活動することも考えられる。
- この活動で以下のような表現が活用される。
  ① *A:* What do you think is the most comfortable way to travel long distances?
  　 B: By train.
  　 A: How about by plane?
  　 B: Well, traveling by plane is comfortable, too — but it is no more comfortable than taking a train.
  ② *A:* What do you think is the most exciting way to spend a vacation?
  　 B: Going scuba diving.
  　 A: How about surfing?
  　 B: Well, surfing is exciting, too — but it is no more exciting than scuba diving.
  ③ *A:* What do you think is the most useful invention of the 20th century?
  　 B: The telephone.
  　 A: How about television?
  　 B: Well, television is useful, too — but it is no more useful than the telephone.

これらは，no less 〜 than … にも応用可能である。

『比べてみても…』
♫ 使ってみよう no more 〜 than ... / no less 〜 than ... ♫

〈会話例〉

no more 〜 than ...

> A: What do you think is the most (comfortable season)?
> B: (Fall).
> A: How about (spring)?
> B: Well, (spring) is (comfortable), too — but it is no more (comfortable) than (fall).

no less 〜 than ...

> A: What do you think is the most (popular sport in Japan)?
> B: (Baseball).
> A: Maybe, but I think (soccer) is no less (popular) than (baseball).

【Sheet A】

★1. と2. は no more 〜 than ..., 3. と4. は no less 〜 than ... を使って言ってみましょう。下に書かれている項目があなたの意見です。上の〈会話例〉に従って会話をして、お互いの情報・意見を交換します。

1. 快適なシーズンは?　　　spring
　→（あなたから会話を始めます。）

2. 言語を学習するときに一番重要なものは?　　speaking
　→（パートナーから会話を始めます。）

3. 日本で一番人気のあるスポーツは?　　soccer
　→（あなたから会話を始めます。）

4. 日本で危険な動物は?　　the bear
　→（パートナーから会話を始めます。）

『比べてみても…』
♫ 使ってみよう no more 〜 than … / no less 〜 than … ♫

〈会話例〉

no more 〜 than …

> A: What do you think is the most (comfortable season)?
> B: (Fall).
> A: How about (spring)?
> B: Well, (spring) is (comfortable), too — but it is no more (comfortable) than (fall).

no less 〜 than …

> A: What do you think is the most (popular sport in Japan)?
> B: (Baseball).
> A: Maybe, but I think (soccer) is no less (popular) than (baseball).

【Sheet B】

★ 1．2．は no more 〜 than …，3．と 4．は no less 〜 than … を使って言ってみましょう。下に書かれている項目があなたの意見です。上の〈会話例〉に従って会話をして、お互いの情報・意見を交換します。

1. 快適なシーズンは？　　　fall
   → （パートナーから会話を始めます。）

2. 言語を学習するときに一番重要なものは？　　listening
   → （あなたから会話を始めます。）

3. 日本で一番人気のあるスポーツは？　　baseball
   → （パートナーから会話を始めます。）

4. 日本で危険な動物は？　　the mamushi
   → （あなたから会話を始めます。）

第3章　コミュニケーション志向の文法説明とタスク活動　237

C タスク活動

♠ねらい
・話し手の視点の動きによって，no more 〜 than ... と no less 〜 than ... を文脈に応じて使い分け，正確に理解及び使用できるようにする。

[所要時間：15分]

♠タスク活動のイメージ

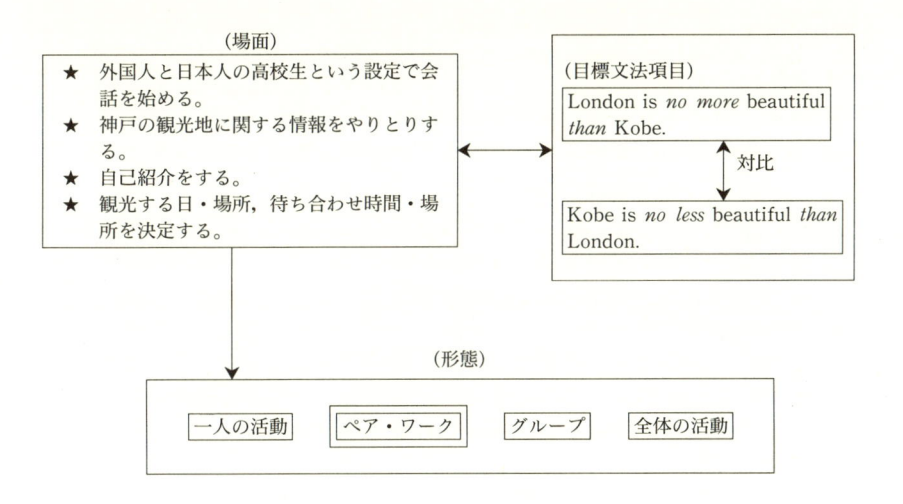

（場面）
- ★ 外国人と日本人の高校生という設定で会話を始める。
- ★ 神戸の観光地に関する情報をやりとりする。
- ★ 自己紹介をする。
- ★ 観光する日・場所，待ち合わせ時間・場所を決定する。

（目標文法項目）
London is *no more* beautiful *than* Kobe.

対比

Kobe is *no less* beautiful *than* London.

（形態）
| 一人の活動 | ペア・ワーク | グループ | 全体の活動 |

✷ *Have a nice trip!* ✷
比較の特殊構文

【Sheet A】
〈次の場面でパートナーと会話してみましょう。〉

> あなたは（神戸に住んでいる）高校生＿＿＿＿＿＿（自分で好きな名前をつけましょう）です。今は夏休みで、中学校時代の同級生と会うため、神戸駅にいます。はやく着いたので、駅周辺を歩いていると、外国人観光客が何やら困っている様子。声をかけて、お友達になりましょう。

1. 困っている様子の外国人観光客に声をかけてみましょう。神戸の観光地マップをもとに、おすすめの観光地を4つ紹介してあげます。神戸駅からの所要時間と行き方もあわせて、教えてあげましょう。
   → （あなたから会話を始めます。）

   彼（彼女）はどこに行くことになりましたか？（　　　　　　　）

2. 自己紹介をして、お友達になりましょう。
   　　（パートナーから会話を始めます。）

   相手の名前は？　（　　　　　　　　　）

3. 彼（彼女）は日本は何度目なのか、聞いてみましょう。彼（彼女）が行ったことのある場所に負けず、神戸も人気がある観光地だと伝えます。また、神戸には毎年多くの観光客が訪れているなど、神戸について教えてあげましょう。
   → （あなたから会話を始めます。）

4. 一人で旅行をしている彼（彼女）。彼（彼女）のように、自分も積極的で行動的な人間になりたいという気持ちを伝えます。
   → （あなたから会話を始めます。）

5. 彼（彼女）に、案内すると申し出て観光する日・場所、待ち合わせ場所・時間を決めましょう。今日は友達との約束があるので、明日以降で計画を立てることになります。
   　　（パートナーから会話を始めます。）

観光する日	
観光場所	
待ち合わせ場所	
待ち合わせ時間	

第3章　コミュニケーション志向の文法説明とタスク活動　239

（【Sheet A】の別紙）

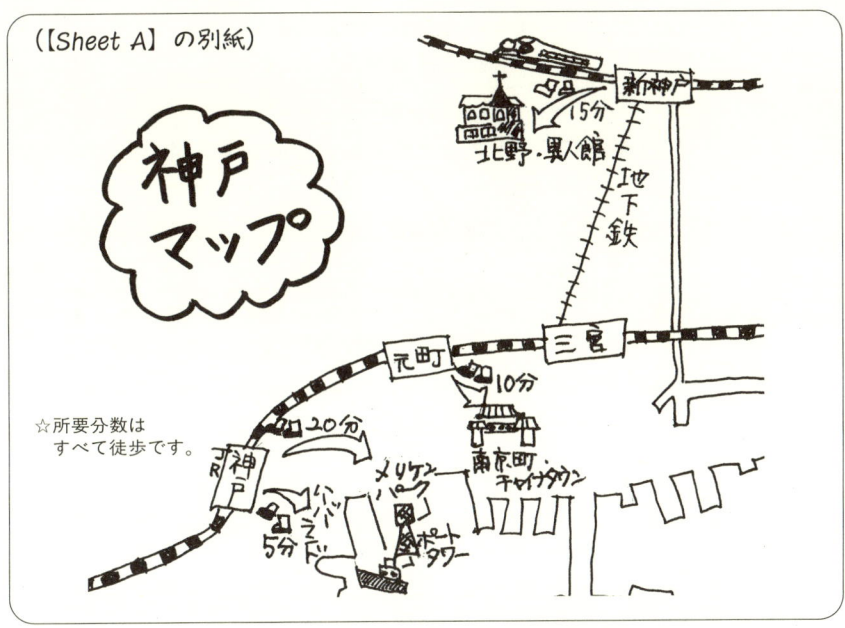

神戸マップ

新神戸
北野・異人館　15分
地下鉄
元町　三宮
10分
20分
南京町 チャイナタウン
JR神戸
メリケンパーク
5分　ポートタワー

☆ 所要分数は
　すべて徒歩です。

（【Sheet B】の別紙）

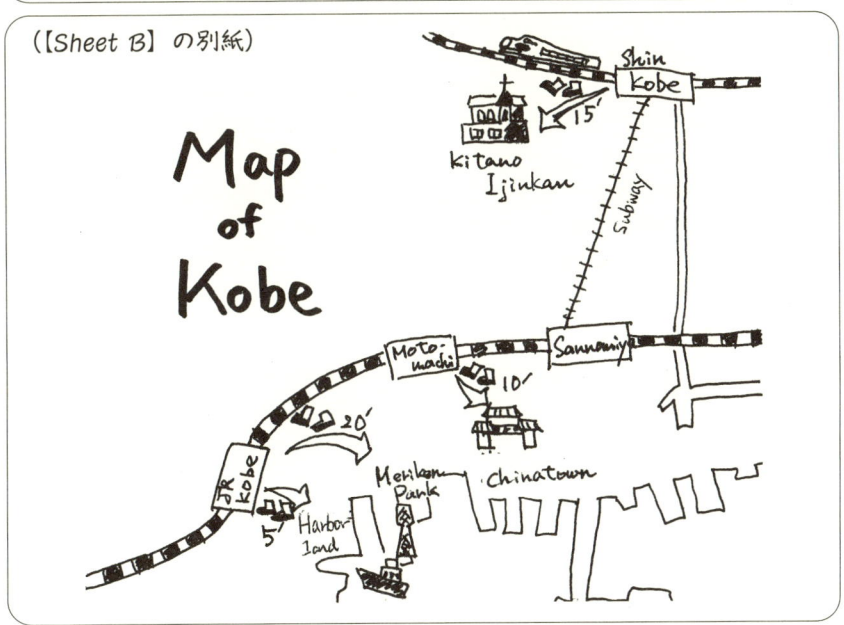

Map of Kobe

Shin Kobe
Kitano Ijinkan　15'
Subway
Motomachi　Sannomiya
10'
20'
Chinatown
JR Kobe
Meriken Park
5'　Harbor land

✨ *Have a nice trip!* ✨
比較の特殊構文

【Sheet B】
〈次の場面でパートナーと会話してみましょう。〉

> あなたはイギリス人の大学生＿＿＿＿＿＿（自分で好きな名前をつけましょう）です。今あなたは神戸駅で，観光マップを見ながらどこに行こうか迷っているところです。

1. 日本人の高校生が話しかけてきて，神戸の観光地を教えてくれます。今日は疲れているので，できるだけ近い所にしようと考えています。所要時間や行き方を確かめて，観光する所を決めましょう。
   （パートナーから会話を始めます。）
   どこに行く？　　　（　　　　　　　　　　　）

2. 自己紹介をして，お友達になりましょう。
   →（あなたから会話を始めます。）
   相手の名前は？　　（　　　　　　　　　　　）

3. 日本は2度目で京都に行ったことがあります。京都もいい所だったと伝えます。神戸は知らないので教えてもらい，故郷ロンドンと同じくらい神戸も美しい所だと感想を言います。
   （パートナーから会話を始めます。）

4. Aさんは親切で積極的です。自分と似ているなと思っています。
   （パートナーから会話を始めます。）

5. あなたは，神戸に明後日まで滞在します。一緒に観光する日・場所，待ち合わせ場所・時間を決めましょう。明日か明後日かに決め，待ち合わせ場所は神戸駅がよいということも伝えておきましょう。
   →（あなたから会話を始めます。）

観光する日	
観光場所	
待ち合わせ場所	
待ち合わせ時間	

第3章 コミュニケーション志向の文法説明とタスク活動

♠ **活動の手順**
(1) ペアの一方の生徒に【Sheet A】，もう一方の生徒に【Sheet B】を配布し，各々のシートを見せ合わないよう注意する。
(2) 日本人の高校生が神戸を旅行するイギリス人に観光地を教え，友達になり，近いうちに一緒に神戸を観光する約束をする場面であることを確認する。
(3) 神戸駅から観光地までの所要時間について尋ねる。その観光地が駅から遠くないかを心配しているBさんに対して，ほんの5分しか，かからないことを強調してAさんが答える。(【Sheet A】【Sheet B】の1. に対応)
　〈例〉 **B:** Is Harborland far from here?
　　　　A: No. (It is) *no more than* 5 minutes' walk from here.
(4) 「以前観光した京都は素晴らしく，人気がある場所だ」というBさんに対して，Aさんは，「京都に劣らず神戸も人気がある」と言う。
　(【Sheet A】【Sheet B】の3. に対応)
　〈例〉 **B:** I've been to Kyoto once. It's a popular place to visit.
　　　　A: Kobe is popular, too. Kyoto is *no more* popular *than* Kobe.
　　　　(Kobeを主語にする場合は，Kobe is no less popular than Kyoto.と言う。)
これに対して，Bさんは，「ロンドンと同様，神戸も美しい所である」とコメントを言う。
　〈例〉 **B:** Kobe is *no less* beautiful *than* my hometown London.
　　　　(あるいは，Kobe is beautiful, too. London is *no more* beautiful *than* Kobe.ということも可能である。)
(5) 「自分もあなたのように積極的に行動できるような人になれたらいいな」と言うAさんに対して，「あなただって自分と同じくらい積極的な人だよ！」と言ってBさんが励ます。(【Sheet A】【Sheet B】の4. に対応)
　〈例〉 **A:** I wish I was as positive as you!

　　　　　　B: You are *no less* positive *than* I am （あるいは，But you
　　　　　　ARE! I am *no more* positive *than* you），because you
　　　　　　spoke English to me and helped me.
　(6)　神戸を観光する約束ができて，観光する日・場所，待ち合わせ場所・
　　　時間が決まり次第，各シートの表の中に記入し，会話を終える。

♠留意点

- 目標文法項目である比較の特殊構文を用いなくても，タスク活動そのものは「また会う約束をする」という目的を果たすことができれば完結してしまう。例えば，No more than 5 minutes. の代わりに，Only 5 minutes. と，Kobe is no less beautiful than London. を Kobe is as beautiful as London. などと表現する可能性がある。この場合には，文法説明に戻り，活動の中で使用可能であった目標文法項目を含む文例を挙げるなどして，今後の類似の活動における言語使用につなげる配慮をする。
- このタスク活動の中で，どのような表現を使ったのかをいくつかのペアに発表させるなどして，その発話例をもとにフィードバックを与えることが重要である。no more ～ than ... , no less ～ than ... を使った際には，どういう気持ちでそのような表現を使ったのかをはっきりとさせる。
- 「神戸だってロンドンと同じくらい美しい」については，Kobe is no less beautiful than my hometown London. または Kobe is beautiful, too. London is no more beautiful than Kobe. という文が用いられると予想される。話し手に神戸も美しいという気持ちがあれば，前提となる Kobe is beautiful, too. と言わなくても，London is no more beautiful than Kobe. で表現できるということも説明をしておく。

♠タスク活動としての特徴

(1) **completion**
　　英語を用いて「神戸を観光する日・場所，待ち合わせ日時・場所を決定する」ことができればタスク活動は完結する。

(2) **message-focused**
　・「質問する」：神戸の観光地，神戸駅からの所要時間・行き方，一緒に観光する日・場所，待ち合わせ場所・時間について質問

する。
- 「招待する（誘う）」：AさんがBさんに，神戸の観光地を案内すると誘う。
- 「確認する」：観光地を回る日・場所，待ち合わせ日時，場所を確認する。
- 「意見を言う」：どの観光地がおすすめなのか，自分の意見を言う。

(3) **negotiation of meaning**
一緒に観光する日・場所，待ち合わせ時間・場所を決定する際，相手の言ったことを聞き返したり，確認するなどの意味のやりとりが行われる。

(4) **comparison of structures**
この例では，必要に応じて「no more 〜 than ...と no less 〜 than ...」といった二つの文法構造を比較し，使い分けるように工夫されている。

(5) **information gap**
この例では，お互いが初対面であるという状況設定となっている。そのため，双方が言うことをしっかり聞き，自分の持っている情報（量）と相手の持っている情報（量）の差を埋めて活動するようにデザインされている。

(6) **of interest**
一定の条件のもとで学習者自身の判断で対話を進めていくことにより，学習者は自己関与感をもって活動に取り組むことができる。現実生活において，実際に起こり得る状況を設定し，学習者自身がよく知っている観光地などの説明をさせる。そのことにより，活動の取り組みへの動機付けを高めることができる。

♠アイデア
- ここでは，no more 〜 than ...と no less 〜 than ...とを使い分けるタスク活動の例を挙げたが，(not) as 〜 as ... などといった他の比較構文を使った活動なども考えられる。
- この活動の場面設定は神戸となっているが，生徒がよく知っている場所に変えて，タスク活動を作成する必要がある。

第4章
タスク活動の作成と評価

　第3章では，14の文法項目に絞り，それぞれ，文法説明からタスク活動までの流れを具体的に取り上げた。この14項目はあくまで例示であり，プロトタイプである。実際には，各教師の授業の目標，学習者を取り巻く教室環境，学習者の興味・関心，地域の特性などを視野に入れ，学習者に見合った構成と内容にしていかねばならない。

　授業を計画する際に教師が考えなくてはならない事は多岐に及び，学習者の生活指導や学級経営にも忙しく，CAを考えるだけでも手一杯というのが現実であろう。このため，本章では，主にタスク活動の作成に焦点を絞り，具体例を基にその手順や活動を行う際に考慮しなくてはならない点，さらには，フィードバックと評価の方法についても考えていきたい。

4.1　タスク活動の作成

　タスク活動の第一の目標には，文法知識を学習者に内在化させ，「使える文法知識（動的な文法知識）」，つまり，コミュニケーションにつながる文法知識とするための，より実践的かつ具体的な方策とすることがある。そのために，タスク活動は実際の言語使用「場面」を設定し，言語の「働き」を考えた上で，特定の文法構造が表出しやすくなるようにデザインされなくてはならない。その構成は，構造シラバスを基本とした検定教科書の利点を最大限に生かしながらも，目標文法項目が対比文法項目と共に使用されるように工夫された活動になる。この活動の中で，「言いたいのに言えない」「もっと自分の言いたいことを伝えるためにはどう言えばよかったのだろう」など，自分の知識と運用力とのギャップや正確性の大切さに学習者は気がつく事が期待される。同時に，教師によるフィードバックは，正確性を高めることの

みならず，学習者に「気づき」を促す点でも重要となる。第2章でも述べたように，このような段階を経て，外国語は時間をかけて習得されていくものと考えられる。

タスク活動の作成は教師の独創性に負うところが大きい。したがって，教師は，活動というものはこうあるべきであるという固定観念にあまり捕われず，発想を豊かにし，普段から「このような場面でこそ，このような表現が生きてくる」「この場面であの構文が使えたら，相手の心に響く英語が使えることになる」などのヒントを探すため，情報収集のためのアンテナを高くしておくことが必要となる。例えば，映画の一場面などで，「その通り！」という表現が"You're right!"ではなく，"You can say that again!"となったり，"I'm fine."ではなく，"Can't complain."となるなど，「なるほど，こんな時にこういう表現方法もあるのか」と，表現の幅広さに驚くことがある。このように，基本的な助動詞の指導を越えた幅広い表現の知識を教師は求めていく必要がある。

タスク活動の作成には，原則として，以下のような段階を経て教材作成上の決定をするとよいが，作成方法は一様である必要はない。ここでは，*There is/are* 構文を一例として作成手順を紹介する。第3章でもこの文法項目についてのタスク活動が掲載されているが，同一文法項目でも，場面設定と達成目標によって，異種のタスク活動の作成は可能であり，多くの方向性を持つ活動を作成することができる。

4.1.1 場面設定

タスク活動の作成は，目標文法項目の実際の使用場面を思い浮かべることから始まる。学習させたい文法項目の特徴を把握し，その特徴が顕著に現れる場面，または，既習の文法項目では充分に伝えきれない内容を表現する状況を設定することになる。いつ，どこで，誰が，どのような状況で，いかなる会話をするのが学習者にとって自然な場面となるかを想定するのである。ここで重視したいことは，学習者の平素の生活をよく知っている教師の発想である。学校生活や日常生活の中から，さらには，教師としての経験や知識から，学習者が自己関与感を持って積極的に活動したくなるようなトピック，場面設定や以下に述べる活動の形態などの組み合わせを工夫したい。そうすることによって，学習者にとって，より身近で興味深い，自己表現力の育成につながる活動となり得るからである。

この例では，*There is/are* 構文が使用されることが自然となる場面設定としている（第2章の注27参照）。恋人の美保さんとのデートのために，兵庫にある公園やレストランについての情報を得たい孝夫君と，兵庫に詳しい真一君との電話での会話になっている。

4.1.2 目標文法項目と対比文法項目の選択

タスク活動では，目標文法項目と関連した既習文法項目を組み込むことが必須条件である。このためには，日・英語の構造の違いのために理解し難いもの（例えば，過去形と現在完了形）や日本語では区別をしないが英語では区別するもの（例えば，現在形と現在進行形），あるいは，話し手の視点によって選択する構造が異なるもの（例えば，能動態と受動態）などが挙げられる。

この例の目標文法項目は，一般的に存在について言う場合に用いられる「*There is/are* 構文」であり，対比文法項目は，すでに言及のあったものの存在について言う「S＋*be* 動詞＋前置詞」である。これまでの指導では，「*There*＋*be* 動詞＋ ～ ＋前置詞＋…」の文は，「…に～がある」と指導してきている。このため，学習者は，「～にある」という日本語にとらわれ，「S＋*be* 動詞＋前置詞…」の表現との区別がわかりにくいようである。街のレストランの自慢をしようと，「素敵なレストランが私の町にある。」と言いたいとしよう。学習者は，be 動詞が「～にある」という意味を持つため，誤って，"*A nice restaurant is in my town." と言ってしまう。しかし，あるものの存在を初めて導入する場合には，"There is a nice restaurant in my town." とならなくてはならない。この対比が，会話を進める中で学習者に自然と，しかも，必然的に使用する体験ができるように場面設定がなされる必要がある。

4.1.3 活動の形態の選択

次に，タスク活動の形態を決めることになる。想定した場面設定で活動をするにはどれくらいの人数が必要なのか，どのような種類の活動にするのが適切かを考えなくてはならない。具体的には，ペア・ワークか，数人で行うグループ・ワークか，あるいは，人数を決めずにクラス全体で行う活動なのか，もしくは，個人で行うリスニングやスピーキング活動なのかといった形態を決定する。これらのことが決定された段階で，タスク活動の概要が浮か

び上がってくることになる。
　第3章では，全体像が把握できるよう個々のタスク活動の始めに，〈♠タスク活動のイメージ〉として図式化して提示している。この例の場合は図4-1のようになる。

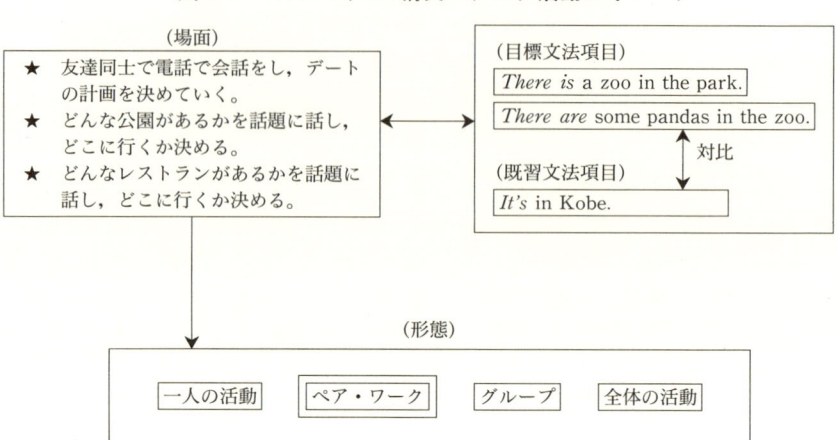

図 4-1　There is/are 構文のタスク活動のイメージ

(場面)
- ★ 友達同士で電話で会話をし，デートの計画を決めていく。
- ★ どんな公園があるかを話題に話し，どこに行くか決める。
- ★ どんなレストランがあるかを話題に話し，どこに行くか決める。

(目標文法項目)
There is a zoo in the park.
There are some pandas in the zoo.

対比

(既習文法項目)
It's in Kobe.

(形態)
一人の活動　ペア・ワーク　グループ　全体の活動

4.1.4　流れ・展開の作成

　場面設定と活動形態が決まったら，次に，場面の流れ・展開を考える。まず，【Sheet A】と【Sheet B】を持つ学習者の間に情報量に差があるように役割と課題を設定する。このタスク活動例では，【Sheet A】役の孝夫君は兵庫の情報を欲しがっており，【Sheet B】役の真一君は兵庫在住でガイドブックも持っている。レストランや公園の存在をたずね合う中で，目標文法項目である There is/are 構文を用い，例えば，"Are there any flower parks in Kobe?"や"There are three nice flower parks."などというやりとりがなされるような流れを作っている。さらに，対比文法項目である「S＋be動詞＋前置詞」は，話題に上った場所の所在地やその特徴など，詳しい情報を求めたり提供したりする中で，"It's in Himeji city."などの表現が自然に用いられるような場面展開となっている。それと同時に，【Sheet A】と【Sheet B】を持つ学習者が，話の流れの中で，何をたずねたり伝えたりすればよいのかを場面毎に番号を打って明確に記し，更にやりとりの結果どの

タスク活動の例（Sheet A）

✺ *A Date in Hyogo* ✺
There＋be 動詞＋〜

【Sheet A】
〈次の場面でパートナーと会話してみよう。〉

　あなたは岡山に住んでいる孝夫君です。あなたには美保さんという可愛い恋人がいます。今度の日曜日は美保さんの誕生日で、兵庫でデートすることになっています。あなたは兵庫に行くのが初めてなので、兵庫に住んでいる友達の真一君に電話で相談することにしました。真一君は以前同じクラスで、1年前に兵庫に引っ越しました。この特別な日のためにあなたには15,000円の予算があります。今回のデートではあなたは美保さんの分も支払おうと考えています。また美保さんへの誕生日プレゼントもこの予算の中から出すつもりです。

1. あなたはまず真一君に電話をかけます。かんたんなあいさつからはじめましょう。そして、美保さんとのデートのことを伝えましょう。（美保さんのことは真一君は知りません。）

2. 美保さんは花や動物が好きです。そこであなたは公園でデートしようと考えています。兵庫にいい公園があるか真一君に聞きましょう。そして公園の特徴（場所や入場料や何があるかなど）も聞きながら、どこにするか決めましょう。決めたら公園の名前を真一君に伝えましょう。
　　※決めた公園の名前を書きましょう。　　【　　　　　　公園】

3. 次にレストランを決めましょう。兵庫と言えば牛肉が有名です。あなたも美保さんも肉は大好きです。真一君にレストランについても聞きましょう。決めたらレストランの名前を真一君に伝えましょう。
　　※決めたレストランの名前を書きましょう。　【　　　　　　　】

4. 最後に真一君にお礼を言って電話を切りましょう。

　　※話し合った結果を右の欄に記入しましょう。

あなたの予算	15,000 円
公　　園（2人で）	円
レストラン（2人で）	円
残　　り	円

タスク活動の例（Sheet B）

✸ A Date in Hyogo ✸
There＋be 動詞＋～

【Sheet B】
〈次の場面でパートナーと会話してみよう。〉

> あなたは兵庫に住んでいる真一君です。あなたは1年前まで岡山に住んでいました。岡山で仲の良かった孝夫君から電話がかかってきます。孝夫君はあなたに聞きたいことがあるようです。

1. まず孝夫君から電話がかかってきます。かんたんなあいさつからはじめましょう。そして，孝夫君の話を聞きましょう。

2. どうやら兵庫の公園について聞きたいようです。あなたにはガイドブックがあります。まず孝夫君の話を聞いて，下のガイドブックを見ながら3つの公園の特徴を伝えましょう。
   ※孝夫君が決めた公園の名前を書きましょう。
   　　　　　　　　　　　　　　　　　　　【　　　　　公園】

3. 次にレストランについても知りたいようです。まず孝夫君の話を聞き，ガイドブックを見ながらレストランの特徴を伝えましょう。
   ※孝夫君が決めたレストランの名前を書きましょう。
   　　　　　　　　　　　　　　　　　　　【　　　　　　　】

4. 最後にあいさつをして電話を切りましょう。

○ Sheet B の資料　兵庫ガイドブック（一部）　※この資料を孝夫君は持っていません。

自然とふれあう（公園）

公園名	所在地	料　金（1人分）	特　　　色
動物公園	姫路市	1,000 円	パンダの親子がいることで有名な動物園がある。ウサギなどの小動物やポニーと遊べる。
海浜公園	神戸市	2,000 円	巨大ざめのいる水族館と5種類のローラーコースターのある遊園地がある。
自然公園	明石市	500 円	たくさんのきれいな花がある。池があってボートを楽しめる。

ステーキを味わう（レストラン）

名前	グレートシェフ	コルクス	一田屋（いちだや）
店の様子			
所在地	神戸市	宝塚市	西宮市
1人あたりの予算	6,000 円	1,000 円	3,000 円
特色	最高級の神戸牛の鉄板焼きの店。シェフのパフォーマンスあり。誕生日の人は料金が半額になる。	ステーキセットのあるファミリーレストラン。50の野菜を自由に選べるサラダバーが人気。サラダとご飯はおかわりできる。	グルメランキングでステーキ部門1位の有名店。神戸牛のステーキにハムのオードブル、スープ、サラダがつく。ロマンティックなピアノ演奏あり。

ような課題を達成しなくてはならないのかがはっきりとわかるように，シート上に話し合いの結果を記す欄を設けたりなどして，目標までのプロセスを細分化すると学習者の負担が少なくなるであろう。詳しくは，前頁の【Sheet A】と【Sheet B】を参照されたい。

会話の展開の際に用いる英語は大切である。しかし，同様に，活動の最初と最後に「あいさつをする」といった，話をする際の基本的なマナーや表現の指導も忘れてはならないと考えている。これらのことは，指導の際に同時に学習されることによって，発話の際にも自然と現れてくると考えられるからである。

4.1.5　文法説明や他の活動との関連

学習者のタスク活動へのスムーズな移行のためには，タスク活動を作成する段階で，文法説明，ドリル，エクササイズ，CAといった他の活動との関連性を予め考え，活動に一貫性を持たせることが大切である。タスク活動は，現実世界でのコミュニケーションに極めて近い活動ではあるが，教室における言語活動の総仕上げ的活動でもあるため，それぞれの活動が関連のないものであってはならない。つまり，前項までの手順を参考にタスク活動を作成し，この活動を目標文法項目の指導の最終到達目標として，段階を追った指導を考え，文法指導の内容や他の活動の形態や分量を決めるのである。

中学校の英語授業では，文法説明の後，ドリルやエクササイズで口慣らしや，形式の理解により重きを置いた活動（第2章　図2-3を参照）や教科書などを扱い，CAを行ってタスク活動への橋渡しとする方法が現実的であろう。例えば，前項のタスク活動を行う前には，次の例のようなCAを行っておきたい。このCAでは，目標文法項目である，*There is/are* 構文を用いた会話例を提示し，それを使って昔と今の学校の風景の違いを探すために情報交換をするようになっている（p.253の図A，図B参照）。

教師による文法説明は，さまざまな活動を通してはじめて理解と定着が図られ，学習効果をもたらすものと考えられる（第2章　2.7「授業実験によるタスクの活動の有効性」を参照）。このため，文法説明からCA，そしてタスク活動へと移行するにあたり，様々な活動を通して，理解のための足がかりを与え，目標文法項目の使われ方や使い方を習得させる手だてを考えなくてはならない。習得は必ずしも直線的になされるものではなく，また，ただひとつの方法でなされるものでもないからである。

第4章　タスク活動の作成と評価　253

図A　　　　　五十年前の学校の風景

図B　　　　　現在の学校の風景

4.1.6　作成のヒント

　これまで，*There is/are* 構文を例にとって，タスク活動の作成手順を述べてきた。タスク活動は現実性の高いコミュニケーションを生み出す活動であり，それ自体が活動として有意義である。しかし，目標文法項目の選択に関して，すべての文法項目をタスク活動に仕立て上げる必要はないのである。

　では，どのような文法項目についてタスク活動を作成すればよいのであろうか。教師が学習者にどのような力をつけたいと考えるかによって基準は異なるが，おおよそ，次の3点にまとめられる。コミュニケーションの場面において，①　頻度が高く，運用範囲が広い，②　言葉の裏にある心の動きを伝えることができる，③　使い分けが困難であったり，明確に意図を伝えるために使い分けができる必要がある，ものを扱うことが有用である。

　①の例としては，形容詞や副詞の比較表現がある。人や物を描写する機会は頻度も高く，「S＋be 動詞＋形容詞（＋名詞）」は基本的表現法であるが，比較級，最上級が使えると学習者の表現力は飛躍的に広がる。比較して意見を述べたり，自分の好みなどについてもより的確に伝えることができるようになるからである。②の例としては，現在完了形があげられる。食事をご馳走になり，「充分いただいたので，もうこれ以上いただけません。」という気持ちを伝えることができるのは，過去形の "I had enough." ではなく，現在完了形の "I've had enough." である。現在の気持ちを過去のこととまとめて表現し，聞き手に現在の状況を正確に伝える働きを現在完了形が持っているからである。③の例は現在分詞と過去分詞の使い分けである。現在分詞には，「動作の進行や，物事を生き生きと思い描くなどの動きが見える」という意味を，過去分詞は，「何らかの動作を受けた」という意味を持つことを，タスク活動の中で対比させて使わせることで経験できる。"I'm interested." ではなく，"I'm interesting." などと言ってしまうのは学習者によく見られる誤りであるが，分詞の意味を理解することは，進行形，受動態，分詞の形容詞としての用法など，多くの項目に通じることもタスク活動として取り上げる基準のひとつである。

4.2　タスク活動の実際

　「実践的コミュニケーション能力」の育成を目指すのであれば，タスク活

動の導入が必要であることはこれまで繰り返し述べてきた。しかし，これはあくまでもひとつの活動であって，これが実践的コミュニケーション能力育成の全てを担う万能薬ではない。また，タスク活動が実際の言語使用に極めて近い活動であるがゆえに起こる困難点も充分予想される。この活動が言語活動としての側面のみならず，コミュニケーションの実態に付随する様々な局面を併せ持つからである。ここでは予想される困難点を挙げながら，タスク活動を取り入れる場合に考慮すべきことを3つの観点から考えてみたい。

4.2.1 教室における言語活動としてのタスク活動

　タスク活動を導入するに当たって考えなければならない点は，いつ，また，どの程度の割合で行えばよいのか，などの授業におけるタスク活動の取り扱いである。教科書以外にオリジナルな教材としてタスク活動を作成し，それを授業で行う時間と労力は，教師にとって大変な負担である。タスク活動を毎時間行うなどということは現実的ではない。むしろ，単元や学期のまとめのための活動とするなど，学習者の実態に応じた活用を考えていかなくてはならない。

　筆者達の考えは，今まで授業で行ってきた様々な活動を否定し，替わりにタスク活動の導入を提案するというものではない。これまで通りの指導過程の最終段階として，タスク活動を導入することにより，個々に学び，学習者の頭の中に整理されないまま分散している言語知識を，実際に使ってみることで結束させ，活性化する事が必須であると考える。第2章で概観したように，教室で行われる言語活動は色々あるが，このように，練習のための練習を越えた，真の意味での言語使用をさせる活動が，指導過程のどこかに必要なのである。

　タスク活動は，指導過程の中で他の活動や文法説明とのバランスを考えて行わなくてはならないが，必ずしも授業や単元の最終に位置付ける必要はない。高校でタスク活動を行う場合など，ある程度学習が進んで，使用できる言語知識があるレベルに達している場合，はじめにタスク活動を行わせ，その中で自分が「言いたいのに言えなかった」表現を取り上げる中で，目標文法項目を取り上げ，文法説明をすることも可能である。

　また，活動がスムーズに行われるためには，タスク活動の形態についても考える必要が出てくるだろう。第3章で提案したタスク活動は，ペアで行う形式が多いが，学習者同士のペアで活動を行うことが事情により困難な場合

は，話し合って考えさせるために，グループで行うことも可能である。これにより，グループ対グループやグループ対教師などの組み合わせも考えられる。通常，教室においてペア・ワークやグループ・ワークをさせると，英語が得意な学習者があまり得意でない者の手助けをするような場面が見られる。このような学習者同士が教え合い，学び合うといった観点も，本書で提案している活動の意義のひとつであると考える。

4.2.2　自己表現力とタスク活動

　タスク活動はその性格上，設定される場面や条件，話す相手との情報差が与えられる中で，相手に説明したり，説得したり，意見を述べたり，譲歩したりしてある結論を導く問題解決型活動である。つまり，学習者は，与えられた用件や情報だけでなく，これまでの経験や知識を駆使し，英語を媒体として自分の意思を相手に伝え，また，英語で話される内容を聞いて相互に理解を深めるという側面も持つのである。問題は，ある学習者にとっては，その過程が日本語で行うのも難しいという現実にある。日本語の基礎力，日本語で意見を述べたり，説得したりする素地を育てる必要が一方ではあるだろう。グループ討議などで，他人の意見を聞き，それについて自分の意見を述べる訓練も一案かと思われる。同時に，普段の英語の授業の中で，教師は学習者との英語によるコミュニケーションを図り，やりとりの中で簡単なことについて感想や意見を述べさせる習慣をつけておきたい。また，show & tell のように自分に関わる事をクラスの前で発表させるなど，考え，発表する経験を積み上げることが必要であろう。いずれにせよ，英語で話すことに対する学習者の不安を取り除き，自由に意見が交換できるような雰囲気を作ることが大切である。

　タスク活動は，その内容によって現実世界へと大きく広がり，英語教育の枠を越えて「生きる力」をはぐくむ教育の一端としても機能することが可能である。ますます国際化が進む世界で生きていく私達にとって，英語を使って異文化理解を深めることは「生きる力」を育てる上でも重要な視点のひとつである。異文化「相互」理解という言葉の方が適切かも知れない。第3章の助動詞 have to を目標文法項目とするタスク活動において，情報差として話し手Aと話し手Bを日本人と外国人に設定する中で，自国の文化について説明したり，異質な文化や考えを受け入れるといった素地を作ることをねらいのひとつとした。このように状況の設定を工夫することで，言葉を使っ

たコミュニケーションを通して理解し、理解される努力をしなくてはならない現実世界のコミュニケーションへの橋渡しをすることも可能なのである。そのためには、タスク活動を英語の授業での言語活動としての狭い枠組みでとらえるのではなく、学習者に考えさせ、自分の意見を持たせる教育、他教科との連携などの様々な観点からもとらえる事が肝要である。

4.2.3 現実のコミュニケーションとしてのタスク活動

　タスク活動は、現実のコミュニケーションに極めて近い状況の設定の中で行う活動である。そのため、学習者がオリジナリティをもって活動に積極的に臨むほど、その発話は多様性を増してくると考えられる。コミュニケーションの実態に即して考えた場合に、学習者の表現形式には2つの方向性が考えられる。

　まず、同じ内容のことを伝達するのに異なった表現形式を用いることがある[1]。例えば、*There is/are* 構文が、目標文法項目である時、"Is there a good Indian restaurant in Kobe?"と聞く代わりに、"Do you have a good Indian restaurant in Kobe?"と尋ねても、"Do you know a good Indian restaurant in Kobe?"でも、何らコミュニケーション上問題はなく、そのような表現が学習者から発せられたならば、フィードバックの際に積極的に誉めながら、それらの文を目標文法項目と並べて、同一内容について複数の表現が可能であることを伝えたい。

　いまひとつは、不完全で誤りが見られる文が多く出ることが充分予想できる。学習者の誤りはコミュニケーションをしようとする努力の中で結果として生じ、これは学習者の言語運用能力の実態を反映していると見なすべきである。むしろ、この実態を教師はしっかりと把握するための貴重な資料を目の当たりにしたことになる。学習者がお互いを理解しながら、積極的にコミュニケーションを図ろうとする態度に努めているのであれば、文法に関する正確性は、より効率的なコミュニケーションが可能となる援助として考えるというグローバルな視野が必要となってくる。

　いずれにせよ、タスク活動は目標文法項目を組みこんだものではあるが、あくまでも活動の目標は、目標達成のために相手に分かるように英語で何か

---

[1] 同じ形式で、異なった表現を現すこともある。たとえば、"Yes."という表現でも、"Yes!!" "Yes?" "Yeees."などと音調や強勢の置き方によって、"Definitely!" "Are you sure?" "OK, but ..."などの意図が表現される。

を伝え理解し合うことである。指導した表現を正しく使うことを強要することは，タスク活動をCAにきわめて近いものとする。コミュニケーションの必要性の中で学習者自らが選び取った文法形態を使用していることにはならないからである。それよりも，まず学習者に自分の力で，自分なりに発話させることを奨励し，活動後フィードバックをしたり，もう一度文法説明に戻ったり，更にもう一度同一のタスク活動を行うなど，様々な工夫が大切である。言葉の実態としてこれらの観点から学習者の活動を見つめなければ，コミュニケーションのダイナミズムが教室に生じることはなく，常に単発的な発話で終始してしまうことになると思われるからである。

4.3 フィードバックと評価

　授業の一環としてタスク活動という新しい活動を行う場合，フィードバックと評価の在り方を考えなくてはならない。前項で述べたように，タスク活動における学習者の発話例には2つの方向性があるが，これに対するフィードバックの与え方にも，活動中に行う場合と活動後に行う場合の2つが考えられる。現実的には，いったん活動が始まってしまうとそれを中断して一斉フィードバックを行うことは難しいので，活動後に自己評価と結びつける形で行うことが有効な方法であると考えられる。

　例えば，活動前に学習者一人一人に「できる限り沈黙しない」「単語でなく文で答える」などと自己目標を決めさせ，活動後に目標達成度を自己評価させる。また，何組かのペアに発表させたり，使用した英語とその場面を思い出させてシートに書き出させる中で，目標文法項目についての知識を再確認させることも大切なことである。このような内容は，授業における個人の軌跡として残し，ポートフォリオ化していくことも可能である[2]。また，ALTの協力を得て，学習者とALTでタスク活動を行いその様子をビデオテープに録画・再生しながら，コミュニケーションに支障をきたした場面などで，どう言えばよかったかをクラス全員で考えさせるのも効果的であると考えられる。

　実践的コミュニケーション能力を育成するためには，文法知識を測るテス

---

[2] ポートフォリオに関しては，寺西和子「連載　その子の学びと学習ファイル（ポートフォリオ）」（『授業研究21』明治図書　1999年4月号）を参照されたい。

トだけでなく，英語をコミュニケーションの手段として現実の場面で実際に使う能力を測るテストも行っていくべきである。そのためには，与えられた場面で複数の構造を比較しながら情報交換を行う活動，つまりタスク活動の中での発話を評価する方法を考えていくことも必要とされる。LL教室などがあればタスク活動中の個々の学習者の発話内容を録音し，評価することも可能である。しかし，すべての学校で学習者の会話を録音し，分析できるような設備が整っているわけではない。また，実際の教室の活動では，ペア活動での相手の言語運用能力によって学習者の発話内容が変わってくる。このような設備面や学習者個々の言語運用能力の差を補って評価を行うために，教師と学習者個々とでタスク活動を行うことも考えられる。ある場面設定の中で，教師は学習者と英語で会話，録音し，評価するのである。

次の「比較級」を使った例では，携帯電話で店員（学習者）が客（教師）に電話を売り込むという場面設定で，教師と学習者がタスク活動を行い会話を録音し評価する。後で聞き直すなどの時間的余裕がなければ，その場で評価することも可能である。まず，教師は学習者に次のようなカードを渡し，場面設定を確認する。

> あなたは，DOMO（ドーモ）という携帯電話を売る店の店員です。(教師の名前)先生があなたの店にやってきました。(教師の名前)先生にDOMOの良さを積極的に売り込みましょう。

さらに，学習者には，DOMOの実寸大のカラー写真とセールスポイントが書かれたチラシを渡す。簡単なあいさつを交わしたあとで，学習者はチラシを使いながら，DOMOのセールスポイントを伝えるために，"DOMO is small, light, colorful and useful. The monitor screen is big."などと言う。学習者がセールスポイントを伝え終えたら，教師はDOMOとライバル会社のSO-KAの携帯電話のチラシを見せて，"SO-KA is small, light, colorful and useful, too. And the monitor screen is also big."などと，SO-KAのセールスポイントを伝え，どちらの携帯電話にしようか迷っていることを伝える。そこで，学習者は2つの携帯電話を見比べながら，"DOMO is smaller, more colorful and more useful. The monitor screen is bigger."などと比較級を使い，DOMOの携帯電話の良さを売り込むのである。この活動では，ものを具体的に描写するために，形容詞の比較級を正確かつ適切に口頭で使

上が学習者用資料/下が教師用資料

DOMO

〈実寸大〉

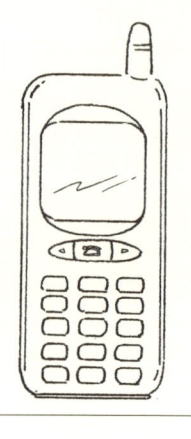

小さい！
軽い！（73 g）
安い！（2,850 円）
画面（モニタースクリーン）
が大きい！（画面に 120 文字表示できる。）
カラフル！ 
役に立つ！（E メールを送ることができる。また，ニュースやチケットなどの情報を得ることができる。）

SO-KA

〈実寸大〉

小さい！
軽い！（69 g）
安い！（3,000 円）
画面（モニタースクリーン）
が大きい！（画面に 100 文字表示できる。）
カラフル！
役に立つ！（E メールを送ることができる。）

用しているかを評価のポイントとしている。

　評価は，どの程度の頻度で，どれ位正確に用いられたかを基準とすることになる。同時に，内容を把握し，両者による総合判断とする。学習者には，話す力は，話す力で測定することを認識させるよい機会となるのみならず，学習者の隠れた能力を見いだす機会にもなることがある。積極的に評価し，必要であれば，成績に加味することを言明することにより，学習者が，より意欲的に活動に取り組むことが期待できる。中には，自分の話す力や表現力の不充分さに気づき，より幅広く知識を求めようとする学習者も出てくるであろう[3]。

4.4　21世紀のコミュニケーション志向の英語教育に向けて

　「実践的コミュニケーション能力」をつけることが教科の目標として挙げられているのは，この能力をつけることが21世紀を国際人として生きぬくために必要な力となるからである。つまり，タスク活動を取り入れたコミュニケーション志向の英語授業は，「自ら考える力」「豊かな人間性や社会性」「個性を生かす教育」を実現する授業にもなり得るのである。「実践的コミュニケーション能力」をつけることは，究極的には，これらの「生きる力」を育てるためと言い換えることもできる。しかし，その実現には，教科の枠を越えて，普段から自分の考えを持たせ，それを相手にわかってもらおうと努力する学習者を育てなくてはならない。

　一方，学習者を育てると共に，教師も常に自己研鑽に努める必要もあろう。「教師が変われば学習者も変わる」とは，よく言われることである。本書では，日々学習者との人間的関わりを基礎に教育に携わる現場教師を対象に，できる限り具体的な提案をしてきた。コミュニケーション志向の英語授業のための方向性を示す一助となれば幸いである。同時に，本書で提案してきたタスク活動にせよ，文法説明にせよ，完璧な物ではなく，それらは，一例にすぎない。今後，実践をくり返す中で修正を加え改善していくべきものであると考えている。

　コミュニケーション志向の英語教育は，一朝一夕に成し遂げることはできないかもしれないが，まず，できることから少しずつ始めてみることが大切

---

[3] これは，backwash effect と呼ばれているものである。

ではないだろうか。最初はほんのわずかな違いと思われる修正が，時を経て大きくなっていくことは，分度器の中心でのわずか一度の違いが，末広がりに大きな違いになっていく様子に似ているように思われるからである。

第5章
用語の解説

　本章では，本文を読み進める上で参考と思われるような専門的な用語を取り上げて解説する。解説文の*印の語句は，「用語の解説」の中で別に項目として挙げていることを示す。なお，一般的な定義に加えて，本書での立場を明確にするために，若干の説明を加えている項目もある。

communicative approach（コミュニカティブ・アプローチ）あるいは communicative language teaching（コミュニカティブ言語教授法）
　この教授法は，言語学習の目標としてコミュニケーション能力（communicative competence*）の養成を特に強調している。学習の初期の段階から情報差のある教材と活動を用意し，目標言語によるコミュニケーションを学習の過程でたえず経験させることを目指している。そのため以下のような特徴を持つ。
　(1)　「意味・内容（メッセージ）」に焦点をあてる。
　(2)　機能や概念を教材の構成に取り入れる。
　(3)　対話者間に情報差のある伝達活動を行い，その過程で意味のやりとりが行われやすい状況を設定する。
　(4)　文法能力をコミュニケーション能力の一部として捉え，伝達活動の過程の中で言語形式を意識的に扱い，状況におけることばの適切性にも留意して指導する。

　ただ，コミュニカティブ・アプローチには，natural approach (Krashen and Terrell 1983) や procedural syllabus*のように，意味・内容の伝達に重きを置く立場と，task-based syllabus*のように，意味・内容の伝達をする中で言語形式にも意識を向けさせる必要性を主張する立場とが

ある。日本の英語教育の現状を考えた場合，文法構造の理解と練習を行い，伝達活動を行うという指導法の良さを認めながら自然なコミュニケーションの場面をさらに大胆に取り入れることが必要となる。

communicative competence（コミュニケーション能力）

現実的な場面でメッセージを適切に伝えたり，受けたりする能力である。その構成要素として，以下の4つの能力が含まれる（Canale and Swain 1980; Savignon 1997）。

(1) grammatical competence（文法能力）

言語の音声，語彙や文法の知識のことである。ただ，本書ではこの知識を，抽象的な理解の段階にとどめておくのでなく，話者の視点や文法形態素の核となる本質的な意味を加味し，実際に具体的な言語使用の場面で使えるような段階にまで持っていく必要があると考えている（第2章参照）。

(2) sociolinguistic competence（社会言語学的能力）

言語が使われている社会的背景や状況，相手との関係，目的などに配慮し，適切に言語を使用できる能力である。例えば，レストランで店員として客と話す場合の丁寧な表現と，学校で友達と気軽に話す場合の砕けた表現を使い分けるためには，特定の状況で使用される言語の違いを理解し，使い分ける必要がある。

(3) discourse competence（談話能力）

文章を読む，発話を聞くなどして，その全体の文脈から，書き手や話し手が何を伝えたいのかを理解したり，状況や主題に沿った，一貫性のある文章を書く，あるいは発話できる能力である。例えば，雑誌や新聞を読んで，その要点をつかんだり，スピーチやディベートなどで自分の考え方を論理的に述べることができる能力である。

(4) strategic competence（方略的能力）

限られた知識を補い，コミュニケーションを効率よく行うために，繰り返し，強調，あるいは，ジェスチャーを使ったり，絵を描いたりするなど，様々な工夫をしてコミュニケーションを続けていく能力である。例えば，店で買いたい商品の名前を知らない場合に，別の表現で言い換えたり，聞き返すなどして伝達の内容が正しく伝わっているか確認できる能力が必要とされる。

以上の4つの構成要素の関係は，文法能力を習得した後に，社会言語学的能力を習得していくというような段階的なものではなく，学習の初期段階から，4つの能力がそれぞれに密接に関わり合い，コミュニケーション能力が育成されていくと考えられる。指導にあたっては，4つの能力を駆使することが必要とされるタスク活動（task*）を行うことが効果的であると思われる。

consciousness-raising（意識活化）

　学習者に，ある特定の文法構造に意図的に注意を向けさせることをいう。言語形式への意識活化は「言語学習を促進させるためのものであり，目標ではなく手段であると見なすべきである」（Rutherford 1987）とされる。例えば，特定の文法構造の文字のサイズを変えたり，色や印を付けたり，音声面では，特に強調して発音したりするなどの様々な方法がある。このように，学習者に与えるインプット（input*）を意図的に操作するために，この用語は input enhancement と呼ばれる場合もある（Sharwood Smith 1993）。

delayed effect（遅延効果）

　ある指導を受けた学習者が一定期間を経た後で示す学習効果のことである。学習者の言語発達段階などの関係で，指導を受けた直後にはその効果が表れなくても，一定期間を経た後で効果が表れることがあるとされる。

explicit/implicit knowledge（明示的文法知識/言語運用知識）

　前者の explicit knowledge とは，学習者が自覚し，言葉で言い表すことができる文法の知識のことである。学習者は目標言語を正確に話そうとする場合，文法を意識しながら言語使用をすることがある。これに対して，母語を話す場合，文法をほとんど意識しないで言語使用をしているが，必ずしもその文法について説明ができるわけではない。このように，ほとんど意識されていないにもかかわらず存在し，それなしには自然に言語を使うことができない知識が implicit knowledge である。言語学習においては，explicit knowledge の学習が implicit knowledge の習得を促進するとする立場がある。学習者は，この explicit knowledge により，入力（input*）の中の特定の文法構造に気づくこと（noticing*）が可能

となるのである (Ellis 1997)。

feedback (フィードバック)

　一般的には行動の結果についての報告やコメントを与えることを指すが，言語学習においては学習者に対する教師の対応や反応などのことを言う。とりわけ，文法指導においては，学習者が文法的に誤った発話をした場合，正しい形態を与えたり，学習者から正しい形態を引き出そうとしたりする corrective feedback の有用性が主張されている。例えば，Lyster & Ranta (1997) は，このような教師のフィードバックを次のように分類している。

1．教師が学習者に正しい形態を与える場合
- explicit correction
  "Oh, you mean ...." とか "You should say ...." などと言ってはっきりと発話に誤りがあることを指摘し，正しい形態を言う。
- recast
  発話に誤りがあることは指摘しないで，発話を正しい形態に言い換えて教師が言う。

2．学習者から正しい形態を引き出そうとする場合
- clarification request
  "Pardon me?" "What do you mean?" などと言って，もう一度発話するよう促す。
- metalinguistic feedback
  "Can you find your error?" などと言って，誤りがあることを指摘し，"It's plural." などと正しい形態が出るように文法に関する情報を与える。
- elicitation
  例えば，"I played soccer. And I goed home." などと誤った発話をした場合，教師は "You played soccer. And you ..." などと言って，間 (pause) をとることにより，誤りに気づかせ，続きをもう一度言い直すように促す。また，"How do we say *Ieni Kaetta* in English?" と尋ね，正しい発話を引き出すような質問をすることもできる。
- repetition

誤った発話を教師が繰り返すことにより，誤りに気づかせる。

focus on form（形態にも焦点をあてたコミュニケーション指導）

タスク中心シラバス（task-based syllabus*）のように，現実の言語の使用場面を念頭に置いた意味・内容中心のコミュニケーション活動を行う中で，目標言語形式に焦点をあてて指導することをいう（Long 1991）。このような指導を行うと，学習速度が速まり，その正確さを保つのに有効であり，流暢で正確なコミュニケーションができるようになるという第二言語習得理論研究の成果が報告されている。

focus on forms（伝統的文法指導）

focus on form*と対比して使われており，あらかじめ選定された個々の言語形式を，ブロックを積み上げるようにひとつずつ指導していくことをいう（Long 1991）。理論的根拠は行動主義心理学と構造言語学に置かれ，構造シラバス（structural syllabus）やオーディオリンガル・アプローチ（audiolingual approach）などがこれにあたる。しかし，一度にひとつずつの言語形式が完全に習得されることを前提に指導していくのには無理がある。また，学習者が言語形式を別個に学習したとしても，現実のコミュニケーションで，それらを組み合わせたり，選択するなどして運用することはできないなどという批判がある。

input（インプット・入力）

言語学習において，聞いたり，読んだりして受け取る情報全体のことをいう。それに対して，学習者が産出する言語のことを，アウトプット（output）という。

interlanguage（中間言語）

第二言語学習者の習得途上にある，目標言語とも母語とも異なった独自の構造を持つ言語体系のことである。従来，学習途上にある学習者は間違いの多い不完全な言語使用者としてしか認識されていなかったが，彼らの間違いを分析していくにつれ，その誤りが系統立ったものであり，学習者独自の法則に従っていることが明らかになってきた（Selinker 1972）。そのような構造を持った学習途上にある言語は，「中間言語」と名付けられ，

その研究は第二言語習得理論の発展のみならず，教室における指導において，学習者の誤りは自然なもので，学習過程にあることの証拠であると捉える考え方に大きく寄与した（Corder 1967）。

learnability（学習可能性）/teachability（指導可能性）

両者は表裏一体のように考えられるが，異なる概念である。前者の learnability は，どのようなインプット（input*）により，言語が習得・学習されうるかを問題とする。すなわち，言語習得は誤答に対する訂正のない「正の入力（positive input）」のみで可能であるのか，あるいは，誤答の訂正などのフィードバック（feedback*）を伴う「負の入力（negative input）」もなくてはならないのか，さらには，母語の影響によって普遍文法（universal grammar）が十分に機能せず，言語学習が遅れたり不可能になったりするのか，といった議論を含むものである。

これに対して，teachability は，Pienemann（1984）によって提唱された指導可能性仮説（teachability hypothesis）の中で用いられている用語である。この仮説では，文の認知処理方略の複雑さによって言語発達を数段階に分け，第二言語の習得もその段階に沿ってなされ，指導などの外的な要因によってはこの順序は左右されないとする。指導によって学習が促進され得るのは，学習者の中間言語（interlanguage*）が，次に学習されるべき項目の発達段階に近い場合だけに限られるとされる。

negotiation of meaning（意味のやりとり）

コミュニケーションの際によく意味を理解できなかったり，誤解が生じたりした場合に，対話者間で，修正や言い直しなどを行うことである。例えば，相手が自分の言っていることを理解しているか意味の明確化（clarification request）を要求することなどである。"What do you mean?" "I beg your pardon?" "Sorry?"などが意味のやりとりで使われる。第二言語習得理論研究では，意味のやりとりが言語習得を促すとする研究が報告されている（Larsen-Freeman and Long 1991; Long 1996）。

noticing（気づき）

入力（input*）中のある特定の文法構造に気づくことである。Schmidt（1990）は，言語学習におけるこの「気づき」の重要性を強調し，「気づ

く」ことなしには，文法構造についての学習が困難であると述べている。

notional-functional syllabus（概念・機能シラバス）

　このシラバスは，Wilkins (1976) によって提唱されたもので，意思伝達能力の育成を目指し，現実的な場面で言語を使用することを重視する。学習内容は，言語を通して表現する必要のある意味（概念）と，言語の働き（機能）にしたがって配列される。なお，概念は，時間，量，空間や話題（家庭，職業，買い物など）の中で取り扱われる。機能は言語使用の目的をさし，挨拶，許可，謝罪，要求などである。また，シラバス編成上，スパイラル方式が採用され，同じ文法項目，同じ言語機能が異なった学習段階で登場し，段階を追ってそれらの内容が深められるように構成される。

procedural syllabus（手順シラバス）

　このシラバスは，Prabhu を指導者に 1979 年から 1984 年にかけてインドで行われた Bangalore Project で使われたものである。従来のあらかじめ選択された文法項目や語彙の固定的な配列に代わり，「意味・内容」（meaning-content）に焦点をあてている。例えば，時刻表から情報をつかむ，地図を読む，物語を完成させるといった課題（タスク）を中心にシラバスが編成される。このシラバスにおけるタスクは英語教育者の実践の場での問題意識から派生した，教師主導（teacher-directed）の活動である。この点では，Long たちが提唱している第二言語習得理論研究を基盤にした task-based syllabus*における学習者中心のタスク（task*）とは異なっている。

process syllabus（過程シラバス）

　このシラバスは，Breen (1984) らによって提唱された。はじめは ESP (English for Specific Purposes) の指導法だったが，やがて一般の英語の指導法としてヨーロッパやオーストラリアに広がった。学習目標，目標タスクがあらかじめ設定されず，授業の過程で，教師と学習者による話し合いの中から，生徒のニーズにあったシラバスが自由に決定できるようになっており，そのための様々な活動や課題の選択肢が用意されている。したがって，言語知識そのものより，言語学習並びにコミュニケーシ

ョンが行われる過程や方法が重視される。学習者主体による自由主義教育観に基づいたシラバスでもある。

synthetic/analytic syllabus（統合的/分析的シラバス）

統合的/分析的シラバスとは，Wilkins (1976) が挙げた，シラバスデザイン上の2つのアプローチのことである。統合的シラバスでは，学習者はあらかじめ選定された言語項目を別々に教えられ，最終的に自分で個々の項目を全体的な言語構造に結びつけなければならないもので，演繹的な手法がとられる。構造シラバス（structural syllabus），場面シラバス，概念・機能シラバス（notional-functional syllabus*）などがこれにあたる。一方，分析的シラバスでは，学習者は言語上の統制をされていない形で言語を与えられ，後で自分で分析して規則性を導き出さなければないので，帰納的手法がとられる。手順シラバス（procedural syllabus*）やタスク中心シラバス（task-based syllabus*）がこれにあたる。

task（タスク）

この用語の原初的意味は「仕事・作業」であるが，言語教育においては，言語を処理したり，理解したりすることにより，学習者に何らかの課題達成を要求する活動を指す。このため，教室におけるすべての言語活動をタスクと呼ぶ傾向も見られるが，最近の第二言語習得理論研究の分野では，ドリルやエクササイズといった活動と区別して使われ，communicative task と呼ばれることが多い。

多くのタスクの定義に共通するのは「意味・内容の伝達に焦点をあてた完結する活動」という点である（Long 1985; Prabhu 1987; Nunan 1989; Skehan 1996; Willis 1996）。これを受け，本書ではタスクを「与えられた課題を遂行するために，学習者がメッセージの授受をする中で，言語形式を選択し使用する言語活動」と捉え，以下の6つの特徴をタスク活動の条件として挙げている。

① 意味・伝達内容が中心であること（message-focused）
② 言語を用いて与えられた活動を達成することが第一義であること（completion）
③ 意味のやりとりがあること（negotiation of meaning）
④ 2つ以上の構造の比較があること（comparison of structures）

⑤ 話し手と聞き手に情報（量）の差があること（information gap）
⑥ 活動や得られる情報が興味深いものであること（of interest）
　本書で提案するタスク活動の最大の特徴である④を含むタスクは，structure-based communication task（Loschky and Bley-Vroman 1993）や focused communication task（Ellis 1997）と呼ばれる（理論的背景については第2章を，具体例については第3章を参照）。

task-based syllabus（タスク中心シラバス）

　　　Long（1985）や Long and Crookes（1992）が提唱している「意味・内容」の伝達をする活動を軸としたシラバスである。実際の言語使用に基づいたタスク活動を学習者に体験させることを主張している。目標文法項目に焦点をあてる方法としては，活動の過程で生じてくる一定の誤りに焦点をあて，意図的に指導する場合（Long 1991）や，活動後に説明・練習を行う場合（Willis 1996）などある。このシラバスは，第二言語習得理論研究に根拠を置いており，インタラクションや意味のやりとり（negotiation of meaning*）を通して，言語は習得されていくとする立場をとる（Pica 1994）。

参 考 文 献

Breen, M.P. 1984. "Process Syllabus for the Language Classroom," in Brumfit, C.J. (ed.) *General English Syllabus Design, ELT Documents*, 118, 47-60.
Canale, M. and M. Swain. 1980. "Theoretical Bases of Communicative Approaches to Second Language Teaching and Testing," *Applied Linguistics*, 1, 1, 1-47.
Carroll, S. and M. Swain. 1993. "Explicit and Implicit Negative Feedback: An Empirical Study of the Learning of Linguistic Generalizations," *Studies in Second Language Acquisition*, 15, 357-386.
Corder, S.P. 1967. "The Significance of Learner's Errors," *IRAL*, 5, 149-59.
Doughty, C. and J. Williams. 1998. *Focus on Form in Classroom Second Language Acquisition*. Cambridge: Cambridge University Press.
Ellis, R. 1994. *The Study of Second Language Acquisition*. Oxford: Oxford University Press.
―――. 1997. *SLA Research and Language Teaching*. Oxford: Oxford University Press.
Gass, S.M. 1997. *Input, Interaction, and the Second Language Learner*. Mahwah, NJ: Lawrence Erlbaum Associates.
Iyoda, M. 1996. *Output Enhancement in Second Language Acquisition: Some Tasks Facilitating Intake from Input and Output with Special Reference to the Present Perfect*. Unpublished Master's Thesis. Hyogo University of Teacher Education.
Kiba, H. 1996. *Grammar Instruction Toward Communication Focusing Particularly on Negation plus Comparative Patterns*. Unpublished Master's Thesis. Hyogo University of Teacher Education.
Krashen, S. and T. Terrell. 1983. *The Natural Approach: Language Acquisition in the Classroom*. Oxford: Pergamon.
Larsen-Freeman, D. 1995. "On the teaching and Learning of Grammar: Challenging the Myths," in Eckman, F.R., D. Highland, P.W. Lee and R. rutkow-

ski Weber (eds.) *Second Language Acquisition Theory and Pedagogy*, Mahwah, NJ: Lawrence Erlbaum Associates, 131-150

―――. 1991. "Teaching Grammar," in Celce-Murcia, M. (ed.) *Teaching English as a Second or a Foreign Language*, Boston, Mass.: Heinle & Heinle, 279-296.

Larsen-Freeman, D. and M. Long. 1991. *An Introduction to Second Language Research*. Harlow, Essex: Longman.

Lewis, M. 1986. *The English Verb—an Exploration of Structure and Meaning*. (1990.『動詞革命:新しい英文法へのアプローチ』 黒川泰男 監訳 三友社).

Long, M.H. 1983. "Does Second Language Acquisition Make a Difference: A Review of the Research," *TESOL Quarterly*, 17, 359-382.

―――. 1985. "A Role for Instruction in Second Language Acquisition: Task-based Language Teaching," in Hyltenstam, K. and M. Pienemann. (eds.) *Modelling and Assessing Second Language Acquisition*. Clevedon: Multilingual Matters, 77-99.

―――. 1988. "Instructed Interlanguage Development," in Beebe, L. (ed.) *Issues in Second Language Acquisition: Multiple Perspectives*, Rowley, Mass.: Newbury House, 115-141.

―――. 1991. "Focus on Form: A Design Feature in Language Teaching Methodology," in K. de Bot, R.G. Ginsberg, & C. Kramsch (eds.) *Foreign Language Research in Cross-Cultural Perspective*. Amsterdam: John Benjamins, 39-52.

―――. 1996. "The Role of the Linguistic Environment in Second Language Acquisition," in Ritchie, W.C. and T.K. Bhatia (eds.) *Handbook of Second Language Acquisition*, San Diego: Academic Press, 413-468.

Long, M. and G. Crookes. 1992. "Three Approaches to Task-based Syllabus Design," *TESOL Quarterly*, 26, 1, 27-56.

Loschky, L. and R. Bley-Vroman. 1990. "Creating Structure-based Communication Tasks for Second Language Development." *University of Hawai'i Working Papers in ESL*, 1, May, 161-212.

―――. 1993. "Grammar and Task-based Methodology," in Crookes, G. and S. Gass (eds.) *Tasks and Language Learning: Integrating Theory and Practice*. Clevedon: Multilingual Matters, 123-167.

Lyster, R. and L. Ranta. 1997. "Corrective Feedback and Learner Uptake: Negotiation of Form in Communicative Classrooms," *Studies in Second*

Language Acquisition, 19, 37-66.

Maeda, A. 1997. *Focus on Form Through Structure-based Tasks in Second Language Learning: An Experimental Study on the Learning of the Subjunctive Mood*. Unpublished Master's Thesis. Hyogo University of Teacher Education.

McLaughlin, B. 1990. "Restructuring," *Applied Linguistics*, 11, 2, 113-128.

Mitchell, R. and F. Myles. 1998. *Second Language Learning Theories*. London: Arnold.

Murakami, M. 1999. *Input Processing Through Listening Comprehension — Learning Verb Forms at Japanese Junior High School Level—*. Unpublished Master's Thesis, Hyogo University of Teacher Education.

Nelson, N. 1987. "Some Observations from the Perspective of the Rare Event Cognitive Comparison Theory of Language Acquisition," in Nelson, K. & A. van Kleek (eds.) *Children's Language Volume 6*. Hillsdale, NJ: Lawrence Erlbaum Associates, 289-331.

Nunan, D. 1989. *Designing Tasks for the Communicative Classroom*. Cambridge: Cambridge University Press.

—————. 1993. "Task-based Syllabus Design: Selecting, Grading and Sequencing Tasks," in Crookes, G. & S. M. Gass (eds.) *Tasks in a Pedagogical Context: Integrating Theory and Practice*. Clevedon: Multilingual Matters, 55-68.

Onodera, T. 1998. *Form-Focused Instruction Through Structure-Based Tasks for Second Language Learning: A Study of the Learning of the Present Perfect*. Unpublished Master's Thesis. Hyogo University of Teacher Education.

Paulston, C. 1971. "The Sequencing of Structural Pattern Drills," *TESOL Quarterly*, 5, 3, 197-208.

Pica, T. 1991. "Classroom Interaction, Negotiation, and Comprehension: Redefining Relationships," System, 19, 4, 437-452.

—————. 1994. "Review Article Research on Negotiation: What Does It Reveal About Second-Language Learning Conditions, Processes, and Outcomes?" *Language Learning*, 44, 3, 493-527.

Pica, T., R. Kanagy and J. Falodun. 1993. "Choosing and Using Communication Tasks for Second Language Instruction and Research," in Crookes, G. and S. Gass (eds.) *Tasks and Language Learning: Integrating Theory and Practice*, Clevedon: Multilingual Matters, 9-34.

Pienemann, M. 1984. "Psychological Constraints on the Teachability of Lan-

guages," *Studies in Second Language Acquisition*, 6, 186-214.
Prabhu, N.S. 1983. *Procedural Syllabuses*. Singapore: SEAMEO Regional Language Center.
―――――. 1987. *Second Language Pedagogy*. Oxford: Oxford University Press.
Rutherford, W.E. 1987. *Second Language Grammar: Learning and Teaching*. London: Longman.
Savignon, S.J. 1983. (1997) *Communicative Competence: Theory and Classroom Practice Texts and Contents in Second Language Learning*. (Second Edition). Reading, Mass.: Addison-Wesley. (New York: McGraw-Hill).
Schmidt, R.W. 1990. "The Role of Consciousness in Second Language Learning," *Applied Linguistics*, 11, 129-158.
―――――. 1994. "Deconstructing Consciousness in Search of Useful Definitions for Applied Linguistics," *AILA Review*, 11, 11-26.
Schmidt R.W. and S.N. Frota. 1986. "Developing Basic Conversation Ability in a Second Language: A Case Study of an Adult Learner of Portuguese," in Day, R.D. (ed.), *Talking to Learn: Conversation in Second Language Acquisition*. Rowley, MA: Newbury House, 237-326.
Selinker, L. 1972. "Interlanguage," *IRAL*, 10, 209-31.
Sharwood Smith, M. 1981. "Consciousness-raising and the Second Language Learner," *Applied Linguistics*, 2, 159-168.
―――――. 1993. "Input Enhancement in Instructed SLA: Theoretical Bases," *Studies in Second Language Acquisition*, 15, 165-179.
―――――. 1994. *Second Language Learning: Theoretical Foundations*. Harlow: Longman.
Skehan, P. 1996a. "A Framework for the Implementation of Task-based Instruction," *Applied Linguistics*, 17, 1, 38-62.
―――――. 1996b. "Second Language Acquisition Research and Task-based Instruction," in Willis, J. and D. Willis (eds.) *Challenge and Change in Language Teaching*, Oxford: Heinemann, 17-30.
Sokolov, J.L. and Snow, C.E. 1994. "The Changing Role of Negative Evidence in Theories of Language Development," in Gallaway, C. and Ricahrds, B.R. (eds.) *Input and Interaction in Language Acquisition*, Cambridge: Cambridge University Press, 38-55.
Suzuki, T. 2000. *Form-Focused Instruction Through Structure-Based Tasks for Second Language Learning: A Study on Learning the Comparative*. Unpublished Master's Thesis. Hyogo University of Teacher Education.

Swain, M. 1985. "Communicative Competence: Some Roles of Comprehensible Input and Comprehensible Output in the Development," in Gass, S.M. and G. C. Madden (eds.) *Input in Second Language Acquisition*, Rowley, Mass: Newbury House, 235-253.
―――. 1995. "Three Functions of Output in Second Language Learning," in Cook, G. & B. Seidlhofer (eds.) *Principle and Practice in Applied Linguistics*, Oxford: Oxford University Press, 125-144.
―――. 1998. "Focus on Form Through Conscious Reflection," in Doughty, C. and J. Williams (eds.) *Focus on Form in Classroom Second Language Acquisition*, Cambridge: Cambridge University Press, 64-81.
Takashima, H. 1995. *A Study of Focused Feedback, or Output Enhancement, in Promoting Accuracy in Communicative Activities*. Unpublished Doctoral Dissertation. Temple University, USA (Available from UMI Dissertation Services, Ann Arbor, Michigan).
Takashima, H. and R. Ellis. 1999. "Output Enhancement and the Acquisition of the Past Tense," in Ellis, R. (ed.) *Learning a Second Language Through Interaction*, Amsterdam: John Benjamins, 173-188.
Templin, S.A. 1997. *Communicative Tool Box*. Tokyo: Seido Language Institute.
Uematsu, C. 1998. *The Effects of Form-Focused Instruction in the Learning of the Present Progressive*. Unpublished Master's Thesis. Hyogo University of Teacher Education.
VanPatten, B. 1996. *Input Processing and Grammar Instruction: Theory and Research*. Norwood, NJ: Ablex.
Widdowson, H.G. 1990. *Aspects of Language Teaching*. Oxford: Oxford University Press.
―――. 1998. "Context, Community, and Authentic Language," *TESOL Quarterly*, 32, 4, 705-716.
Wilkins, D.A. 1976. *Notional Syllabuses*. Oxford: Oxford University Press.
Willis, D. 1996. "Accuracy, Fluency, and Conformity," in Willis, J. and D. Willis (eds.) *Challenge and Change in Language Teaching*, London: Heinemann.
Willis, J. 1996. *A Framework for Task-Based Learning*. London: Longman.
Yamada, F. 1999. *Task-Based Instruction in Second Language Learning: An Experimental Study Focusing on the Progressive Form*. Unpublished Master's Thesis. Hyogo University of Teacher Education.
Yule, G. 1999. *Explaining English Grammar*. Oxford: Oxford University Press.

安藤貞雄．1983．『英語教師の文法研究』 大修館書店．
池上嘉彦．1991．『〈英文法〉を考える〈文法〉と〈コミュニケーションの間〉』 筑摩書房
茨山良夫・大下邦幸．1992．『英語授業のコミュニケーション活動』 東京書籍．
伊藤健三，他（編）．1976．『英語指導法ハンドブック1〈導入編〉』 大修館書店．
河上道生（監）．1989．『図解英語基本語義辞典』 桐原書店．
桑原茂夫．1982．『だまし絵百科〈不思議の部屋2〉』 筑摩書房．
小島弘道．1999．「知識編重の学校教育を克服」『教員養成セミナー3月号別冊』 Vol.21 No.10 pp.47-49．
小寺茂明・森永正治・太田垣正義．1992．『英語教師の文法指導研究』 三省堂．
髙島英幸．1995a．「コミュニケーションのための文法指導—文法指導をより動的なものに—」『英語通信 9』 大修館書店 pp.4-5．
―――．（編著）1995b．(1999再版)『コミュニケーションにつながる文法指導』 大修館書店．
―――．1998．「コミュニケーションのための文法指導とタスクの重要性」 茨山良夫（監）『これからの英語教育—研究と実践—』 東京書籍 pp.88-107．
―――．2000．「実践的コミュニケーション能力を養う指導」『英語教育』 1月号 大修館書店 pp.12-15．
髙島英幸・森安奈緒子．1997．「コミュニケーション志向の文法指導—現在完了（形）をどのように学習者に指導するか—」『英語授業研究学会紀要』第6号 pp.3-17．
髙島英幸・伊與田恵美．1997．「コミュニケーションのための教室におけるタスクの重要性—現在完了形の指導を中心に—」『兵庫教育大学研究紀要』 第17巻 第2分冊 pp.11-24．
髙島英幸・木場英雄・前田哲宏．1999．「比較の特殊構文と仮定法の指導—発信者の視点を考えさせる—」『英語教育』 6月号 大修館書店 pp.47-51．
滝沢秀男．1999．「「〜すること」ing形とto不定詞」『英語教育』 7月号 大修館書店 pp.40-41．
新里眞男．1999a．「新学習指導要領を先生に読んでほしい」『英語通信 21』 大修館書店 pp.18-19．
―――．1999b．「実践的コミュニケーション能力の育成を目指した英語教育の展開」『中等教育資料』 5月号 文部省 pp.68-69．
―――．1999c．「生徒と教師が創る21世紀の英語教育"新学習指導要領のねらいと授業実践への期待"」『英語展望』 夏号 ELEC pp.8-14．
樋口忠彦（編）．1989．『英語楽習』 中教出版．
平田和人（編著）．1999a．『改訂中学校学習指導要領の展開 外国語（英語）科

編』 明治図書.
———（編著）．1999 b．『中学校新教育課程の解説（外国語）』 第一法規．
前田哲宏・髙島英幸．1998．「コミュニケーション志向の文法指導とタスクの有効
　　性―仮定法過去を中心に―」 未発表論文　兵庫教育大学．
文部省．1989．『中学校指導書外国語編』 開隆堂．
———．1998．『中学校外国語（英語）学習指導要領』 12 月．
———．1999．『高等学校外国語（英語）学習指導要領』 3 月．
———．1999．『中学校学習指導要領（平成 10 年 12 月）解説―外国語編―』
　　東京書籍．
吉田正治．1995．『英語教師のための英文法』 研究社．
米山朝二．1996．「コミュニカティブとはどういうことか―CA の基本的理念と背
　　景―」『現代英語教育』 12 月号　pp.8-10．
リチャーズ，J．他　1988．『ロングマン応用言語学辞典』 南雲堂．
和田稔．1995．「新学習指導要領とコミュニケーション」 高梨庸雄，他著 『英語
　　コミュニケーションの指導』 研究社　pp.3-15．
———．1998．「連載　Task-Based Language Teaching」『現代英語教育』
　　研究社．

索　引

[人名索引]

Bley-Vroman, R.　29, 35, 271
Breen, M.P.　270
Carroll, S.　22
Corder, S.P.　268
Crookes, G.　271
Canale, M.　18, 264
Doughty, C.　18
Ellis, R.　22, 34, 35, 266, 271
Kiba. H.　25
Krashen, S.D.　263
Larsen-Freeman, D.　17, 19, 23, 24, 269
Lewis, M.　81
Long, M.H.　19, 34, 267, 269, 270, 271
Loschky, L.　29, 35, 271
Lyster, R.　34, 266
Maeda, A.　39
McLaughlin, B.　21
Mitchel, R.　37
Murakami, M.　26
Myles, F.　37
Nelson, K.　38
Nunan, D.　34, 271
Onodera, T.　38
Pica, T.　21, 29, 37, 271
Pienemman, M.　268
Prabhu, N.S.　36, 270, 271

Ranta, L.　34, 266
Rutherford, W.E.　265
Savignon, S.J.　18, 264
Selinker, L.　268
Schmidt, R.W.　21, 38, 269
Sharwood Smith, M.　21, 38, 265
Skehan, P.　21, 34, 35, 271
Snow, C.E.　37
Sokolov, J.L.　37
Suzuki, T.　38
Swain, M.　18, 21, 22, 34, 264
Takashima, H.　22, 34
Templin, S.A.　32
Terrell, T.　263
Uematsu, C.　25
VanPatten, B.　21, 26
Widdowson, H.G.　24, 31, 33
Wilkins, D.A.　269, 270
Willis, D.　31, 271
Williams, J.　18
Yamada, F.　17, 38
Yule, G.　81

茨山良夫　32
大下邦幸　32
河上道生　192
木場英雄　25, 36, 38
新里眞男　4, 5, 9, 13

前田哲宏　25, 36, 38
樋口忠彦　32
髙島英幸　14, 18, 23, 25, 31, 36, 38, 40, 43, 81, 102
森安奈緒子　25, 36
寺西和子　260
和田稔　6

[事項索引]

ALM (audio-lingual method)　17
clarification request　22, 34, 266, 269
cognitive comparison　38
communicative competence　18, 263, 264
comparison of structures　28, 36, 37, 62, 76, 91, 103, 119, 133, 146, 160, 175, 188, 200, 211, 243, 271
completion　35, 36, 43, 61, 75, 90, 102, 118, 132, 146, 160, 174, 187, 200, 211, 225, 226, 242, 271
comprehensible input　21
comprehensible output　34
computational model　20
consciousness-raising　21, 265
developing system　20
ESL　17, 19, 25, 35, 36
EFL　18, 19, 25
explicit grammar explanation　21
focus on form　18, 267
focused-communication task　35, 37, 271
form　24, 25, 31, 37, 39
grammar instruction　3
grammar [grammatical] explanation　3
hypothesis formulation　21

hypothesis testing　21
information gap　11, 36, 62, 76, 91, 103, 119, 133, 146, 160, 175, 188, 200, 211, 226, 243, 271
input　20, 21, 26, 38, 265, 268
input enhancement　21, 265
input processing　21, 26
intake　20, 21, 38
interaction　21, 34
interaction hypothesis　34
interlanguage　20, 268
message-focused　30, 36, 43, 61, 76, 91, 102, 118, 132, 146, 160, 175, 188, 200, 211, 226, 242, 271
negative feedback　34, 35, 268
negotiation of meaning　28, 32, 34, 36, 62, 76, 91, 103, 118, 133, 146, 160, 175, 187, 200, 211, 226, 243, 269, 271
noticing　20, 31, 38, 266, 269
of interest　29, 36, 38, 62, 76, 91, 103, 119, 133, 146, 160, 175, 188, 200, 211, 226, 243, 271
output　20, 268
output enhancement　22
output hypothesis　34
practical communicative competence　3
pragmatic meaning　24, 25, 27, 31, 33
pragmatics　23, 24, 32, 39
pre-modified input　21
pushed output　34
restructuring　20
semantic meaning　24, 27, 31, 33
short-term memory　20
structural syllabus　36
structure-based communication

task　35, 37, 271
recast　34, 37, 266
task　31, 34, 265, 270, 271
be 動詞　24, 43, 44, 47, 53, 60, 76, 77, 81, 93, 104, 247, 254
There is/are 構文　43, 63, 66, 246, 252, 254
意味のやりとり　32, 34, 37, 62, 76, 91, 103, 119, 133, 146, 160, 200, 211, 226, 243, 271
エクササイズ（練習）　8, 27, 28, 30, 32, 38, 41, 252
学習活動　5, 6, 7
学習指導要領　3, 5, 9, 10, 12, 13, 22, 43
過去進行形　77, 78, 81, 82, 91, 92, 95, 97, 102
仮定法（過去）　39, 43, 212, 214, 218, 222, 226
冠詞　43, 162, 166, 167, 174
関係代名詞　201, 202, 204, 207, 211
言語活動　5, 8, 9, 12, 40, 252, 255, 271
現在進行形　24, 26, 77, 85, 91, 92, 180, 247
現在完了（形）　10, 11, 25, 27, 37, 39, 134, 136, 137, 139, 142, 247, 254
構造シラバス　15, 16, 245, 267, 270
コミュニケーション活動（CA）　3, 8, 10, 14, 19, 22, 27, 30, 31, 36, 39, 43, 48, 67, 82, 95, 111, 125, 139, 152, 167, 181, 192, 204, 218, 233, 245, 252, 258

時制　77, 92, 104
実践的コミュニケーション能力　3, 5, 9, 10, 14, 17, 18, 27, 28, 30, 40, 43, 255
受動態　37, 43, 104, 109, 111, 114, 117, 247, 255
助動詞　120, 123, 133, 212, 213, 246, 257
相互作用　7, 27, 34, 37
タスク活動（TA）　3, 7, 8, 13, 14, 15, 19, 27, 30, 34, 36, 38, 39, 40, 43, 70, 75, 85, 114, 128, 142, 154, 174, 183, 196, 207, 222, 237, 245, 247, 248, 252, 255, 256, 257, 271
単純現在形　77, 85
ドリル　3, 7, 8, 27, 29, 30, 31, 32, 252
話し手の視点　25, 38, 39, 134, 135, 136, 138, 154, 155, 164, 166, 252
比較級　39, 147, 150, 152, 160, 228, 261
比較の特殊構文　25, 26, 43, 227, 242
フィードバック　21, 22, 34, 245, 257, 258, 266, 268
不定詞　43, 189
文法指導　3, 8, 18, 41, 245, 252
文法説明　3, 8, 13, 15, 25, 26, 39, 40, 41, 43, 145, 151, 245, 252, 255, 256, 262
未来（を表す）表現　43, 176

執筆者一覧

小野寺達明（おのでら　たつあき）　岡山市立旭東中学校教諭
鈴木　利弘（すずき　としひろ）　静岡県島田市立六合中学校教諭
髙島　英幸（たかしま　ひでゆき）　東京外国語大学教授
田中　知聡（たなか　ちさと）　山梨県立甲府工業高等学校教諭
前田　哲宏（まえだ　あきひろ）　奈良女子大学文学部附属中等教育学校教諭
村上美保子（むらかみ　みほこ）　星城大学准教授
山田富美子（やまだ　ふみこ）　九州国際大学付属高等学校教諭
山本　明子（やまもと　あきこ）　神戸市立筒井台中学校教諭

英文校閲
Albert John Chick　　　　　元兵庫教育大学外国人講師

（所属は 2008 年 4 月現在）

［編著者紹介］

髙島英幸（たかしま　ひでゆき）
福井県出身。
広島大学大学院・カリフォルニア大学ロサンジェルス校（UCLA）大学院・ペンシルベニア州立テンプル大学大学院修了。教育学博士（Ed.D.）。専門は英語教育学。
鹿児島大学助教授，兵庫教育大学教授を経て，現在，東京外国語大学 外国語学部 言語・情報講座（英語教育学専修・特化コース）教授。
平成10年度『中学校学習指導要領解説外国語編』作成協力者。評価規準，評価方法等の研究開発（中学校英語）のための協力者。平成13・15年度 小中学校教育課程実施状況調査問題作成委員会・結果分析委員会（中学校英語）委員。EURO SLA 学会員。
主な著書に，『コミュニケーションにつながる文法指導』（編著，大修館書店）,『文法項目別 英語のタスク活動とタスク』（編著，大修館書店），*Learning a Second Language Through Interaction*（共著，John Benjamins）などがある。

実践的コミュニケーション能力のための
英語のタスク活動と文法指導

Ⓒ Hideyuki Takashima, 2000　　　　NDC 375 / ix, 284 p / 21 cm

初版第1刷──2000年4月20日
　　第7刷──2008年9月1日

編著者──────髙島英幸
発行者──────鈴木一行
発行所──────株式会社大修館書店
　　　　　　〒101-8466　東京都千代田区神田錦町3-24
　　　　　　電話　03-3295-6231（販売部）03-3294-2357（編集部）
　　　　　　振替　00190-7-40504
　　　　　　出版情報　http://www.taishukan.co.jp

装丁者──────杉原瑞枝
本文イラスト───赤坂青美，KAKU，執筆者
印刷所──────壮光舎印刷
製本所──────ブロケード

ISBN978-4-469-24454-0　　Printed in Japan

Ⓡ本書の全部または一部を無断で複写複製（コピー）することは，著作権法上での例外を除き禁じられています。

コミュニケーションにつながる文法指導

髙島英幸 編著

「いくら文法を覚えても英語が使えるようにならない」と批判されてきた教室での「文法指導」だが、本当に「コミュニケーションに役立つ文法」を教えることは出来ないのだろうか。本書はその方策を理論と実践の両面から探り、従来の文法指導からコミュニケーションにつながる方向への軌道修正を提案する。

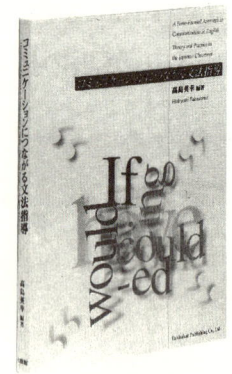

● A5判・171頁　本体1,900円

大修館書店　　書店にない場合やお急ぎの方は、直接ご注文ください。☎03-3934-5131

文法項目別 英語のタスク活動とタスク
——34の実践と評価

髙島英幸 編著

教室言語活動の集大成——理論と実践の両面から

限られた時間で、言語習得・学習の効率を最大限高めるためには、どんな言語活動をすればいいか？　小学校から高校まで、「実践的コミュニケーション能力の育成」につながる授業の形と評価法を、実践例で紹介する。言語活動を評価する具体的な文法項目別観点付。

主要目次
- 第1章　実践的コミュニケーション能力の育成に必須の言語活動
- 第2章　タスク活動・タスクなどの言語活動の実施と評価
- 第3章　タスク活動・タスクの具体例と評価
- 第4章　小・中・高等学校における英語教育の連携
- 第5章　用語の解説

● A5判・306頁　定価2,520円（本体2,400円）

大修館書店　　書店にない場合やお急ぎの方は、直接ご注文ください。☎03-3934-5131

定価＝本体＋税5％（2008年9月現在）